디지털 시대의 글쓰기

구교태

media writing in the digital age

도서출판 청람

■ 서문

오랫동안 글쓰기는 논리적 커뮤니케이션 행위로 인식되어 왔다. 대상을 그려내기 위한 단어의 선택과 조합 과정뿐만 아니라 독자를 참여시켜 의미를 전달하고 공유하는 체계적인 과정이 필요했기 때문이다. 미디어 글쓰기를 통한 의미 생성은 일정 수준의 자격을 갖춘 소수의 특권층에게만 할애된 듯이 보였다.

하지만 디지털 시대가 되면서 미디어 글쓰기는 우리의 상상을 뛰어넘는 다양한 방식으로 진행되면서 글쓰기도 급격한 변화를 경험하고 있다. 인터넷이 숙의(熟議)와 유희(遊戲) 공간이 되면서 서로의 의견과 감정을 교환하는 커뮤니케이션 행위들도 주목받게 되었다. 온라인을 통한 다양한 글쓰기 행위가 이제 모든 이의 일상이 된 것이다.

미디어 정보의 의미는 사회적, 집단적으로 끊임없이 재구성된다. 이러한 환경에서는 기존의 완결적인 글쓰기가 굳이 고집될 필요도 없다. 연결을 통해 지속적인 의미 창출이 가능하고 소비가 새로운 생산으로 이어지는 모습도 가능하기 때문이다. 그러다 보니 뉴스도 속보를 전하는 스트레이트 뉴스보다 분석, 해설, 주장을 담아내는 방향으로 무게가 옮겨가고 있다.

이제 미디어를 통해 서비스되는 정보나 스토리는 고정된 완결된 형태가 아니라 일시적 편집 형태로서 존재한다. 후속 정보에 따라 지속적인 업데이트가 가능하고 네트워크를 통해 다양한 정보 양식과 연결될 가능성이 상존하기 때문이다. 예를 들어 기존 정보는 하이퍼링크를 통해 보완되고 다른 사이트와도 연결될 수 있다. 파편화된 짧은 글쓰기들이 매체와 플랫폼을 넘나들며 상호 연계되면서 견고한 지식체계로 거듭나고 있다. 이는 텍스트의 지속적 확장을 도우면서 지적 네트워크를 더욱 정교하게 강화시키는 요인이기도 하다.

디지털 시대로 접어들면서 미디어 글쓰기 영역과 주제도 확장되고 있다. 기존의 뉴스 주제로부터 사적 관심과 경험에 대한 평가와 의견까지 글쓰기 주제는 다양해지고 있다. 뉴스는 사실을 토대로 작성된 객관적 정보라는 시각이 사적 글쓰기를 포괄하는 개념으로 확대되는 양상이다. 정보와 의견을 이분법적으로 구분, 배제하기보다 보완적인 방식으로 바라볼 수 있는 길이 열렸다. 디지털 시대에 글쓰기 참여가 더욱 주목받는 이유이다.

또한 미디어 접근에서 소수가 누렸던 글쓰기 특권이 약화되고 개인들의 글쓰기 활동이 상대적으로 강화되고 있다. 언론사가 제공하는 뉴스에 대한 독자들의 댓글이 새로운 저널리즘 현상을 만들고 소셜 미디어에 게재한 글이 기성 언론의 주목을 받는 시대가 된 것이다. 이제 미디어 글쓰기는 전문 언론인에게 한정되지 않는다. 글쓰기 채널인 미디어는 누구에게나 열려있다. 그래서 미디어를 활용한 글쓰기를 독려하고 안내하고자 본 저서가 집필되었다.

비록 글쓰기 방식이 다양화되고 있지만 여전히 전통적 방식의 미디어 글쓰기를 간과할 수는 없다. 기존의 정보 전달식 뉴스가 효율적 커뮤니케이션 수단으로 평가받고 여론형성에 보여준 긍정적 기능도 소홀히 여길 수 없기 때문이다. 여전히 많은 가능성을 가지고 있기에 창의적인 글쓰기의 출발점으로서 기존 뉴스 작성 방식을 점검하고 새로운 시대에 적합한 글쓰기 방식을 탐색하고자 한다. 따라서 본 저서는 기존 글쓰기 방식을 토대로 디지털 시대의 글쓰기 변화를 폭넓게 다루고자 하였다. 이러한 과정은 공적, 사적 글쓰기 수준을 높여 개인 채널을 통한 소프트한 글쓰기로부터 전통적 미디어에도 적합한 체계적인 글쓰기까지 학습하는 데 도움이 될 것이다.

본 저서는 글의 주제를 잡고 소재별 구성안을 만드는 기획 과정에서부터 취재를 통한 정보수집과 글쓰기 기법들을 다루고자 하였다. 이러한 집필 과정은 다양한 장르의 뉴스를 검토하고 그 특징과 기법들을 조사하는 요인이 되었다. 나아가 뉴스가 미디어 기술에 따라 형식적, 내용적으로 변화되는 모습들도 정리하였다. 앞으로의 글쓰기 흐름을 이해하고 디지털 기술을 적극적으로 활용하기 위함이다.

본 저서의 구성은 다음과 같다. 제1장은 글쓰기 관련 기본적 사항을 이해하고 좋은 글을 만들기 위한 필요사항들을 다루었다. 제2장은 창의적 글쓰기 절차와 구성에 대한 논의를 통해 미디어 글쓰기에 필요한 요소들을 집중적으로 살펴보았다. 제3장은 다양한 글쓰기 유형들, 즉 전통적 미디어 글쓰기 유형으로부터 디지털 시대의 변화된 글쓰기 관련 정보들을 논의하고 있다. 제4장에서는 공적 미디어 글쓰기에 필요한 법적, 윤리적 이슈들을 분석, 정리하였고, 마지막 제5장은 디지털 시대 올바른 미디어 글은 무엇인지를 간략히 다루었다.

2018년 6월

구교태

차례

Chapter 01
미디어와 글쓰기

Chapter 02
창의적 글쓰기 절차와 구성

Chapter 03

미디어 글쓰기 유형

Chapter 04

언론 법과 윤리의 이해

Chapter 05

맺음말

표 차례

그림 차례

1 Chapter

미디어와 글쓰기

디지털 시대의 미디어 글쓰기

제1절 글의 유형과 서술 방식

글쓰기는 문명사회에서 가장 효과적인 커뮤니케이션 수단이자 가치표현의 매개체라 할 수 있다. 독자들은 글을 통해 글쓴이와 커뮤니케이션[1]하면서 제기된 다양한 가치들을 간접적으로 경험할 수 있다. 또한 글을 통해 시공간적으로 형성된 글쓴이의 문화적, 사회적, 심리적 요인들도 파악할 수 있다. 이러한 측면에서 글은 독자의 사유를 자극하고 지적 능력을 확대시켜 왔다. 글의 주제와 형식의 변화에도 불구하고 이러한 긍정적 기능은 오늘날까지 지속되고 있다.

오랫동안 글이 사람들 사이의 중요한 커뮤니케이션 수단이었지만 사람들 사이의 메시지 교환 행위가 정확한 의미(meaning) 전달을 보장하는 것은 아니다.[2] 그래서 글도 의미전달과 효과적 공유를 위해 오랜 시간에 걸쳐 다양한 장르로 진화해 왔다. 글의 변화에는 전달 매체의 기술적 특성과 커뮤니케이션 참여자의 사회심리학적 요인들도 상당부분 반영되어 있다.

최근에는 미디어 생태계가 스마트 미디어를 중심으로 활성화되면서 글쓰기 방식도 변화되고 있다. 특히 다양한 플랫폼을 통한 글의 생산, 유통, 소비가 가속화되면서 더욱 효율적인 글쓰기

1) 커뮤니케이션(communication)의 어원은 라틴어인 커뮤니스(communis)이다. Communis는 공유 혹은 일반적으로 수용된 관점(the generally accepted view)을 의미한다. 커뮤니케이션 행위에는 실존적인 측면도 있다. 커뮤니케이션 활동을 통해 대상의 존재를 인식하고 의미 생성도 이뤄지기 때문이다.

2) 개인적 해독 자원들(resources)이 다르기 때문에 동일한 메시지도 다르게 해석될 수 있다. 커뮤니케이션은 상징적 기호가 전달(transmission)된 후 의미가 해독(decoding)되는 순차적이고 역동적인 과정을 거친다(구교태, 2013).

방식이 등장하기에 이르렀다. 짧은 제목, 한 문장인 단락, 하이퍼링크를 활용한 글쓰기 등이 대표적인 사례이다.

인터넷 중심의 매체 환경이 조성되자 〈오마이뉴스〉와 같이 기자와 시민이 협업하는 시민 저널리즘 실천 모델들도 등장하였다. 최근에는 팟캐스트(Podcast)와 유튜브(YouTube)를 통한 시민들의 언론 활동도 증대되고 있다. 일반인들도 기자의 역할을 수행할 수 있다는 측면에서 기자와 시민의 경계는 더욱 약화되고 있다.

시대에 따라 글쓰기 활동은 다양하지만 글의 유형은 역할과 기능에 따라 크게 묘사, 서사, 설명, 논증으로 분류될 수 있다(김열규, 2010). 묘사는 사물이나 객체의 모습이나 인상을 세세히 글로 옮기는 작업을 지칭한다. 서사는 역사서나 소설처럼 사건의 줄거리를 글로 옮겨놓은 것이고, 설명은 사물이며 객체의 속성이나 특성들을 알기 쉽게 글로 풀어놓은 것이다. 영어의 'argument'에 해당하는 논증은 자기의 주장을 논리적으로 펼쳐 해당 글을 읽은 사람이 글쓴이의 주장을 받아들이도록 만드는 설득 과정과 관련되어 있다.

표 1-1 글의 유형별 서술 방식

유형	목적	서술 방식
묘사	그려내기	대상에 대한 느낌과 인상을 세심하게 표현한다.
서사	이야기하기	내용을 과감 없이 늘어놓는다.
설명	알려주기	내용을 알기 쉽도록 풀어놓는다.
논증	주장하기	주장의 타당성을 논리적으로 증명하고 설득한다.

글은 그 목적에 따라 실용문과 문예문으로도 분류되기도 한다(황성근, 2005). 여기서 실용문은 일상생활을 하면서 실제로 필요한 글을 말하며 그 종류로는 묘사문, 서사문, 설명문, 논문 등이 있다. 문예문은 문학적, 예술적인 글로서 시와 소설, 희곡, 수필, 평론 등을 포함한다. 문예문은 감동을 주는 것이 주된 목표이기에 재미있는 방식으로 진술하는 것이 중요하다. 반면 실용문은 사실이나 정보전달이 강조되기에 가능한 짧고 명료하게 작성되어야 한다.

실용문 유형에서 묘사는 기술하고자 하는 대상을 문자 언어로 그려내는 방식을 말한다. 묘사를 위해 글쓴이는 구체적이고 감각적이어야 한다. 그리고 추상적인 것을 최소화해야 한다. 묘사 방식에도 다소 차이가 있다. 세부적으로는 설명적인 묘사와 암시적 묘사가 있고 주관적인 묘사와 객관적인 묘사가 있다. 설명적 묘사는 사물에 대한 정보를 제공하려는 목적이 강한 반면 암시적 묘사는 사물의 느낌이나 인상에 대한 정보를 담아내는 데 치중한다. 주관적 묘사는 사물에 대한 주관적 관찰에 대한 글쓴이의 심리적인 반응을 표현하지만 객관적인 묘사는 사물의 객관적인 상태를 서술하는 것을 의미한다.[3)]

실용문에 속하는 서사문은 사건에 대한 기술과 관계있다. 하나의 사건이 발생했을 때 그 사건의 발달과 전개, 결말에 대해 진술하는 행위이다. 서사 문체는 간결하고 담백해야 한다. 그리고 형용사, 부사와 같은 수식어 사용은 가능한 절제되어야 한다. 수

3) 설명적 묘사와 객관적 묘사는 객관적인 글쓰기가 강조되는 미디어 글쓰기에서 많이 활용되는 방식이다. 정확한 정보를 과학적으로 전달하는 기법을 강조하며 전달 동기에 의해 작성된 글이라 할 수 있다(구교태, 2013).

식어는 글쓴이의 평가와 연결될 수 있기 때문이다. 수식어 사용은 글쓴이가 진술 내용을 더 중요하게 강조하려는 의도에서 비롯된 경우가 많다. 솔직하게 진술된 글이 커뮤니케이션에서 발생할 수 있는 잡음(雜音)을 최소화하는 데 효과적이다.

설명문은 어떠한 사실에 대한 지식을 알려주는 역할을 한다. 어떤 제품에 대한 특징이나 사용에 대한 정보를 담은 글이 이에 해당된다. 효과적인 설명을 위해서는 대상에 맞는 쉬운 표현과 구체적인 내용이 필수적이다. 문자뿐만 아니라 시각자료들을 활용하는 것도 도움이 된다. 시각적 이해를 높이고자 다양한 형태의 사진, 그림, 삽화 등이 사용될 수 있다. 제품 매뉴얼에 흔히 사용되는 방법이다.

마지막으로 논증은 확실하지 않은 사실이나 원칙에 대해 진실 여부를 증명하거나 가치를 판단하는 기술 방식을 말한다. 논증 방식은 연구 논문, 사설, 방송비평 등에서 흔히 볼 수 있다. 논증의 주된 목적은 글쓴이가 자신의 주장을 논리적으로 전개하여 타인을 설득하는 데 있다.

미디어 글쓰기의 경우, 묘사는 탐방 관련 글이나 인물 인터뷰 등에서 그리고 서사는 사건 사고의 스트레이트 기사에서 자주 사용된다. 스트레이트 기사가 서사적 성격을 가진다면 글의 내용은 역사가의 진술처럼 정확하고 객관적으로 전달되어야 한다. 예를 들어 '매우 크다'라는 추상적 표현은 '신장 195cm'라는 구체적 사실로서 전달되어야 한다. 또한 이번 사고의 인명피해는 '10명 이하'라는 표현은 취재를 통해 정확한 숫자를 파악하고 제시하는 것으로 수정될 필요가 있다.

설명문들은 미디어의 생활 정보 관련 주제들에서 빈번하게 등장하고 있다. 조리방법, 입시전략, 면접 노하우, 투자전략 등에 대한 내용은 대다수 설명문에 속한다. 또한 온라인 정보 검색의 상당부분은 설명문과 관련된 글과 관계있다.

마지막으로 논증은 사설이나 칼럼 등에서 볼 수 있는 유형이다. 하나의 주장을 내세우는 과정에서 우선적으로 요구되는 것은 비판정신이다(채석용, 2011). 자신의 주장과 맞서는 주장들을 비판할 수 없다면 논리적 주장을 세우기 어렵기 때문이다. 이를 위해서는 이슈별 다양한 주장에 대한 체계적인 지식 축적이 무엇보다 필요하다. 또한 같은 내용이라도 매체가 가지는 신뢰성에 따라 주장의 타당성도 달리 해석될 수 있다.

논증에서 사용된 문장들을 곱씹어보면 정확한 주장처럼 보이지만 비논리적인 사례들을 쉽게 찾아볼 수 있다. 예를 들어 "대통령 선거의 결과를 예측하는 것은 절대 불가능하다."라는 문장은 의문을 유발시킨다. '예측하는 것'이 '절대' 불가능하다는 말은 스스로 모순적이다. 더구나 사회과학적 접근법이 발전하면서 다양한 예측 모델들이 개발되었고 이를 통해 당선확률이 방송되는 시대에 살고 있다. 절대 불가능하다는 극단적 표현보다 "예측하기 어렵다."는 진술이 적합할 것이다. 또한 "우리나라가 가난을 벗어날 수 있었던 가장 큰 원동력은 교육열이다."라는 문장도 비논리적인 표현이다. 중요한 요인일 수 있지만 '가장 큰'이라고 판정할 수는 없기 때문이다. '가장 큰 원동력 중 하나는'이라는 표현을 써도 '가장'과 '원동력 중'이 내포하고 있는 여럿이라는 의미와 충돌하는 모양새다.

미디어 글쓰기는 앞에서 논의된 묘사, 서사, 설명, 논증 방식의 글을 모두 포함한다. 심지어 문예문도 심심찮게 등장한다. 미디어 글쓰기를 잘하면 다양한 글쓰기에 능한 이유가 여기에 있다. 여러 주제에 대해 글의 분량을 달리하면서 유형별 글쓰기를 익힌다면 미디어 활용 능력은 배가될 것이다.

기자와 작가의 영역이 모호한 부분도 있지만 미디어 글쓰기를 수행하는 기자와 문예 글을 쓰는 작가는 글의 내용과 형식 등에서 상당부분 대조적이다(구교태, 2013). 문학에서 문체는 중요하지만 기사에서는 그렇지 않다. 기사에서는 서술이나 설명이 잘 되어야 하지만 문학에서는 상대적으로 묘사가 강조된다. 문장도 기사에서는 단문이 권장되지만 문학작품은 이를 고집하지 않는다. 작가들은 클라이맥스를 가급적 지연시키는 경향이 있지만 기자들은 핵심을 신속하게 드러내기를 원한다. 수많은 기사들과 경쟁하기 때문에 기자는 글의 시작부터 독자의 주목을 끌 수 있어야 한다. 독자의 시선을 끌 수 없다면 폭증하는 정보 시장에서 살아남기 어려울 것이다.

표 1-2 글쓰기 유형별 특성

유형	기자적 글쓰기	작가적 글쓰기
글의 성격	사실성 빠름의 미학	상상력 느림의 미학
글의 스타일	단문	단문과 장문
글의 구조	두괄식	미괄식
글의 특징	서술적 의문을 주면 안 된다.	묘사적 호기심을 부른다(복선).
글의 문체	건조체(문체에 신경 안 씀)	수사적(문체가 중요함)
글의 목표	정확하고 신속한 전달	재미와 감동 선사
글의 내용	욕망의 글쓰기(비평, 주장)	영혼의 글쓰기(감동, 울림)
글의 시각	비판적인 시각	감성적인 시각

출처: 임정섭(2012). 글쓰기훈련소. p.62.

하지만 디지털 시대로 진입하면서 글의 종류에 대한 엄격한 경계는 무너지고 있다. 예를 들어 블로그식 글쓰기에서 실용문과 문예문적 특성이 혼재된 사례들을 쉽게 확인할 수 있다. 정보전달을 위한 글의 전개가 더욱 구어적이고 문학적으로 표현되는 추세이다. 다음 인용 기사에서 보듯 전통적 뉴스 전달 방식보다 문학적 언어와 표현들이 활성화되고 있다.

> '눈으로 느낄 수 있는 품질.' 아마도 대량생산 제품에 건넬 수 있는 최고의 찬사 아닐까.… 틈새는 숨 막히게 맞물렸고, 에지는 예리하게 도드라졌다. 병적인 완벽주의가 고스란히 드러났다.[4)]

문학적 표현은 종합편성채널인 JTBC의 〈앵커브리핑〉에서도 나타나고 있다. 뉴스 소재가 역사와 문학적 요소들과 버무려져 감칠맛 나게 표현되고 있다. 이미 1970년 무렵 미국에서는 문학적 구성을 차용하는 기사나 사실에 근거한 르포 문학을 구현하자는 '뉴저널리즘' 운동이 왕성하였다. 미국을 대표하는 소설가인 찰스 디킨스, 마크 트웨인, 어니스트 헤밍웨이, 존 스타인벡 모두 기자 출신이었다는 점은 눈여겨볼 부분이다.

글을 잘 쓰려면 무엇보다 많이 쓰는 게 중요하다. 유능한 의사가 되기 위해 충분한 임상경험이 필요하듯 유능한 기자가 되기 위해서는 기사와 문장을 많이 접하고 직접 글을 만들어 보아야 한다. 글을 많이 쓰려면 시간이 날 때마다 펜과 연필 혹은 컴퓨터가 보일 때마다 적는 습관이 중요하다. 스마트폰의 메모 기능

4) 로드테스트(2018년 1월 23일). 진화를 넘어선 혁명 폭스바겐 티구안

이나 정보 관리를 위한 애플리케이션도 유용한 수단이다.

글 쓰는 게 재미있다면 독서도 즐거울 수 있다. 다른 사람의 글을 읽다 보면 글 쓰는 방법도 상당부분 습득할 수 있다. 책을 읽다 보면 문장과 글의 구조들에 익숙해지기 때문이다. 물론 이것은 짧은 시간 내에 이뤄지지는 않는다. 그래서 글쓰기엔 인내가 필요하다. 자신의 글쓰기 흔적들을 저장하는 것도 중요하다. 훌륭한 참고서가 될 수 있다.

거창하게 글을 시작하기보다 밖으로 나가 자연이나 사물의 모습을 글로 옮겨보는 것도 좋은 글쓰기 훈련이다. 이때 자신의 생각이나 느낌을 자제하고 사실이 정확하게 드러나도록 기술하는 연습이 필요하다. 정확하고 자세하게 보는 연습도 글쓰기 향상에 도움이 되기 때문이다. 모습, 색깔, 움직임, 소리 등을 그림 그리듯 원고지에 담아내는 과정도 중요하다. 다음의 조선일보 기사는 GE 부회장을 인터뷰한 기자가 인터뷰 질문에 앞서 현장을 얼마나 세밀하게 관찰하였는지를 잘 보여주고 있다. 이를 통해 독자들은 생생한 느낌으로 인터뷰 현장을 바라볼 수 있고, 인터뷰 대상에 대한 이해도 높일 수 있다.

> … 그와 인터뷰를 하는 동안 책상 한쪽 구석에 낯익은 용기가 눈에 띄었다. 한국산(産) 홍삼 농축액이었다. 그는 비밀을 들켜버렸다는 쑥스러운 표정을 지으며 "몇 년 전부터 친구가 권해 준 한국 홍삼을 먹고 있다"고 말했다. 그의 건강 유지 비결은 한국산 홍삼과 세계 어디로 가든 매일 새벽 5시에 하는 아침 운동이다.…[5)]

5) 조선일보(2013년 3월 23일 C4면). "'15분 만에 짐 싸는 사나이'… 1년에 40개

글쓰기에 관심 있다면 자신만의 관찰 기록을 만들어볼 수도 있다. 우리의 감각을 최대한 활용하여 다음과 같이 캠퍼스 풍경을 옮겨보자. 가능하면 오감을 모두 활용하는 것이 좋다. 이러한 글은 대상을 바라보는 시선을 날카롭게 하는 데 도움이 된다. 객관적, 설명적 묘사를 통해 외부 사실을 전달하는 데 유용한 방법이 될 수 있다(구교태, 2013).

> 두 학생이 걸어가고 있다. 한 친구가 옷깃을 세우고 환한 미소로 "목련 꽃 정말 예쁘다"라고 말한다. 다른 친구의 찡그렸던 얼굴도 꽃을 보자 금세 밝아졌다. 떨어진 도톰한 꽃잎을 코로 가져갔지만 향기를 맡을 순 없었다.

미디어 글쓰기에서 세밀한 묘사는 정보의 치장이 아니라 기사의 핵심과 연결되어야 한다. 묘사 기법이 '말하지 말고 보여주기(Do not tell but show)' 역할과 조화를 이룰 때 독자는 현장을 체험하듯 생생함을 느낄 수 있다. 힘들게 살면서 많은 돈을 사회에 기부한 사람을 소개하는 기사에서 독자가 '구멍 난 바지와 오른쪽 어깨를 일곱 번이나 기운 외투를 입고 나타난 노신사'를 언급하는 문장을 접했다고 가정해보자. 묘사된 내용을 통해 독자는 소개된 기부 행위를 진실성 있게 바라보고 더 많은 감동을 느낄 것이다.

창의적 글쓰기를 위해 아이디어나 개념들을 독창적 방법으로 결합하는 훈련도 도움이 될 수 있다. 특정 이슈나 대상에 대해

國 출장, 건강 유지 비결은 홍삼"이라는 제목의 인터뷰 기사

직유나 은유를 사용하여 여러 개념들을 표현하고 모아보면 관련 지식도 넓히고 언어 자원도 풍족해질 것이다. 예를 들어 투표 관련 피처 기사를 작성하는 경우 자신의 생각을 정리하기 위해 아래 빈칸을 채울 수 있는 문구들을 다양하게 적어보자. 이러한 과정을 통해 투표와 관련된 메시지를 구체화할 수 있다. 이러한 과정을 반복하다 보면, 제시된 개념을 새로운 시각으로 다양하게 바라볼 수 있다. 다양한 창의적이고 기발한 생각들을 떠올릴 수 있고 이슈에 대한 시각도 넓힐 수 있다(구교태, 2013).

______ 은 ______________ 와 같다(이다).
____________________________ 때문이다.
그러므로 __________________________.

다음은 위의 방법을 활용하여 글쓰기 과목 수강생들이 투표에 대해 창의적으로 진술한 사례이다. 제기된 개념들은 전체 글을 기획하는 데 활용될 수 있다. 주장된 진술들에 대해 몇 가지 정보들을 추가적으로 검색, 수집한다면 좋은 내용으로 발전시킬 수 있다. 글쓴이는 이러한 문장 실습을 통해 글의 초점을 찾고 방향을 설정할 수 있다.

- 투표는 유산이다. 참정권 운동으로 물려받은 소중한 자산이기 때문이다. 그러므로 소중하게 여기고 활용할 수 있어야 한다.
- 투표는 시험이다. 준비하기에 따라 결과가 달라지기 때문이

다. 그러므로 철저한 준비로 민주주의에 좋은 결과를 가져오도록 힘써야 한다.

글쓴이는 위의 첫 번째 진술을 통해 투표 관련 내용을 크게 두 가지로 전개할 수 있다. 유산과 활용 여부이다. 먼저 '유산'이란 용어는 참정권 획득의 역사에 집중하도록 만든다. 이를 통해 여성 참정권, 직선제, 지방자치선거 등 투표권이 신장되는 과정을 다룰 수 있다. 다음으로 '활용 여부' 개념은 투표권 행사가 얼마나 잘 이뤄지는지에 대한 논의로 연결될 수 있다. 투표율이 세대별, 지역별, 선거 유형별 차이가 나타나는지를 분석하고 문제점과 개선방안을 진단하는 내용으로 전개할 수 있다.

두 번째 투표 관련 진술을 통해서는 현재의 투표행위에 대한 분석과 합리적 투표 행위를 위한 제언으로 글의 방향을 설정할 수 있다. 우리 투표 행위의 문제점을 지역성, 계급성 등에서 바라볼 수 있고 바람직한 투표 행위로서 이슈 중심적 투표를 제안할 수도 있다. 올바른 투표권 행사를 통해 대의민주주의의 성숙을 요구하는 글이 만들어질 수 있다.

위 방법에서 한 발짝 나아가 구체성을 생각해보는 것도 유용한 방법이다. 유산, 시험과 같은 단어들은 지나치게 추상적이다. 구체적인 내용이 가해진다면 독자에게 더 친숙하게 다가갈 수 있다. 예를 들어 '유산'이라는 단어는 어떠한 측면을 강조하느냐로 구체화될 수 있다. 구체적인 메시지가 생생한 의미전달에 도움이 되기 때문이다.

제2절 미디어 글쓰기의 특성

미디어 글쓰기는 미디어를 통해 매개되는 정보를 담아내는 방식을 말한다. 미디어라는 전제가 있기에 매체별 특성에 따라 글쓰기 형태도 변할 수 있다. 예를 들어 방송용 글은 신문보다 호흡이 짧고 더 구어체이어야 한다. 소셜 미디어를 통해 유통되는 글에서는 개성이 넘치고 축약된 내용이 주를 이루는 경향이 많다.

매체별 차별성도 있지만 미디어 글쓰기가 공유하는 보편적인 특징들도 있다(구교태, 2013). 먼저 미디어 글은 대다수 일반인들에게 공개된다는 일관된 특성을 가진다. 그래서 기자는 작성한 글이 반론 여지가 있는지를 늘 고민하여야 한다. 그래서 자료 수집을 철저히 하고 체계적이고 객관적인 방식으로 글을 전개할 필요가 있다.

둘째, 미디어 글은 대중에게 공개되기에 공적인 형태를 유지해야 한다. 개인의 비밀스런 내용이 아니기에 모두가 이해할 수 있는 내용이 필요하다. 사적 관심보다 공적 관심을 좇아 주제를 설정해야 하고 보편적 언어를 사용하여 메시지를 구성해야 한다.

셋째, 작성된 글이 많은 사람들에게 노출된다는 점에서 미디어 글쓰기에는 책임이 따른다. 취재 활동에서부터 기자의 윤리가 요구되며, 기자와 언론사[6]는 보도된 내용에 대해 책임 있게 행동해

6) '언론중재 및 피해구제 등에 관한 법률'은 언론사를 "방송 사업자, 신문 사업자, 잡지 등 정기간행물 사업자, 뉴스통신 사업자 및 인터넷신문 사업자"로 규정하고 있다. 그리고 언론인은 "언론사에서 언론보도의 업무에 종사하는

야 한다. 잘못된 뉴스가 공개될 경우 이로 인한 물적, 정신적 피해는 상상을 초월할 수 있다. 제품에 대한 그릇된 정보로 회사가 문을 닫을 수도 있으며, 개인 명예가 실추되어 사회 활동을 수행하기 어려운 상황으로 내몰릴 수도 있다.

미디어 글쓰기는 개인적 글쓰기 역량뿐만 아니라 외부적 환경에 의해서도 영향을 받는다. 언론보도에 영향을 미치는 요인들로는 내·외적인 여러 요인들이 있다. 구체적으로는 개인적 차원, 언론기관의 관행적 차원, 언론사 내의 조직 차원, 언론 외적 차원, 이데올로기 차원으로 분류될 수 있다(Shoemaker & Reese, 1996).

개인적 차원에서 언론보도에 영향을 미치는 요인으로는 기자의 성격과 배경, 경험, 태도, 가치관, 신념 등이 있다. 이들은 보도에 직접적으로 영향을 미치기보다 기자의 태도와 역할을 통해 간접적으로 영향을 미치는 요인들이다.

언론기관의 관행은 기자들이 업무를 수행하는 데 있어 형식적이고 일상적인 반복된 업무 형태를 지칭한다(Shoemaker, Chang, & Brendlinger, 1987). 이는 제한된 시간과 공간 안에서 뉴스를 소비자에게 효과적으로 전달하려는 언론의 필요성에서 비롯되었다. 언론사는 뉴스 제작을 위해 효과적으로 정보를 수집하고 평가할 수 있는 체계화된 관행을 만들어 왔다. 언론 관행에는 기자 개인의 성향과 같은 개인적 차원 그리고 언론사 상황이나 정치·경제적인 요인 등이 복합적으로 연결되어 있다. 대표적인 보도 관행으로는 출입처와 기자단의 구성, 관급 기사에 의존하는 취재

사람"으로 명시되어 있다.

형태, 양비론적 보도태도 등이 있다.

언론사 조직도 글쓰기에 영향을 미치는 중요한 요인이다. 언론사 조직의 영향력은 개인적 차원과 언론기관의 관행적 차원보다 훨씬 거시적으로 발휘된다. 대부분의 언론 조직은 경제적 이윤 추구를 가장 중요하게 생각한다. 최근 많은 언론사들이 경제적인 압력에 직면하면서 보도 내용에도 영향을 미치고 있다. 광고주와의 관계를 고려한 홍보성 기사는 대표적인 사례에 해당한다. 조직의 내적 주요 요인으로는 언론사의 규모, 언론사주의 정치적 성향, 언론 조직의 목표, 언론의 소유 형태 등이 있다.

미디어 글쓰기 활동에 영향을 미치는 언론 외적 영향으로는 취재원과 광고주, 정부기관 등을 생각해볼 수 있다. 정보를 제공하는 취재원이나 이익단체와 같은 개인과 집단은 언론 활동을 통제하는 사회적 통제 요인이기도 하다. 또한 정치권력이 자신의 권력을 유지, 발전시키고자 정부 차원의 통제를 행하기도 한다. 이는 법적 규제, 면허, 세금, 재정 지원 등을 통해 구체화될 수 있다. 언론기업은 재정적 또는 경제적 지원을 주는 조직으로부터 도움을 받기도 하지만 이들에 의해 통제되기도 한다. 특히 광고수입은 기업의 존폐와도 관련되기에 큰 광고주일수록 미디어 내용에 대한 영향력이 높을 수 있다.

마지막으로 이데올로기 차원도 언론보도에 상당한 영향을 미치는 요인으로 알려져 있다. 이데올로기는 의미와 가치, 신념, 그리고 세계관 등으로 개념화될 수 있는 비교적 공식적이며, 분명한 체계로서 규정된다(Williams, 1977). 이데올로기는 언론 내용에 영향을 주는 다른 요인들과 관계된 거시적인 영역에 속한다. 즉 이데올로기는 언론인들의 태도와 신념, 언론 관행, 언론 조직,

취재원 등 외적 요인들보다 보도 내용에 폭넓게 영향을 끼칠 수 있다. 생각이 다르면 취재 대상이나 취재 방식도 다를 수 있기 때문이다.

1. 글의 구성과 문장원칙

미디어 글쓰기의 기본 형식은 미국 AP통신이 개발한 '역삼각' 혹은 '역피라미드(inverted pyramid)' 형태이다.[7] 첫머리에 기사의 가장 중요한 리드 문장을 먼저 제시한 다음, 이를 뒷받침할 수 있는 상세한 내용들을 본문에 배치하는 형태이다. 이는 절정(climax)의 순간이 마지막에 나오는 전통적인 스토리텔링 방식을 뒤집어 놓은 것이다.

역피라미드 형식의 글쓰기는 몇 가지의 장점을 가지고 있다(김창회, 2017). 먼저 작성된 내용을 언론사 데스크나 뉴스 편집자들이 쉽게 다듬을 수 있다는 점이다. 상대적으로 중요치 않은 내용들이 마지막에 있다는 점을 고려하면 기사 줄이기가 훨씬 용이하다. 가장 빠른 시간 내에 뉴스의 핵심을 독자에게 전달할 수 있다는 점도 높이 평가된다. 앞부분의 내용만 보더라도 전체 내용을 어느 정도 파악할 수 있는 형식이다. 마지막으로 바쁜 일정으로 인해 주의를 기울이기 어려운 독자들로 하여금 가장 중요한 내용부터 볼 수 있도록 도와준다. 중요한 단락 순으로 정리되어 있기에 기사 이용량을 손쉽게 조절할 수 있다.

7) 역피라미드 구조는 글의 순서가 '요약 리드(summary lead)'–'뒷받침(backup) 내용(인용, 사실)'–'지지 주장(supporting points)'–'결말(ending)'로 전개된다.

그림 1-1 기사 작성 형식

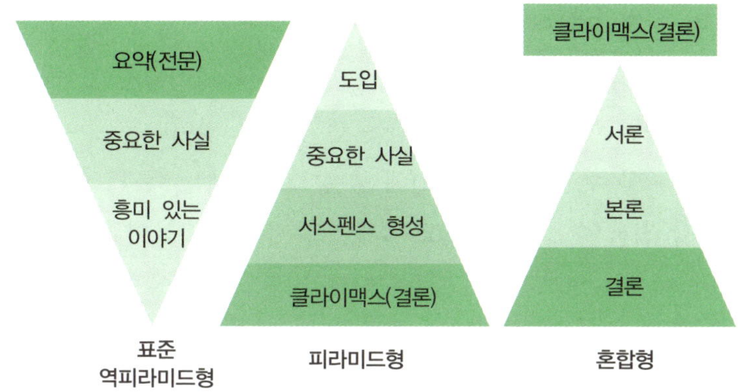

피라미드형 기사 작성은 시간 순으로 글을 진행하는 형태를 지칭한다. 어떤 사건의 발단에서부터 시간적 혹은 논리적 순서로 관련 내용들을 전개하다가 마지막에 결론을 제시하는 방식이다. 이러한 글쓰기 방식은 피처(feature) 기사, 특히 사설이나 칼럼 등의 의견 기사에 많이 사용된다. 독자의 관심을 지속적으로 증대시킬 수 있는 구조이다.

마지막으로 혼합형은 앞서 언급된 두 방식을 혼합한 형태로서 리드가 제시되고 시간 순으로 나머지를 서술하는 방식이다. 이는 역피라미드형과 피라미드형의 장점을 고루 갖추었다는 평가를 받고 있다. 장문의 기획 기사에서 독자의 주목을 끌고자 사용되거나 인터뷰나 사설에서 활용되기도 한다. 이밖에도 장면묘사나 짧은 일화 등을 소개하면서 핵심 내용을 중앙에 배치시키는 다이아몬드 형식의 기사 구성도 가능하다. 기획 기사, 특집, 르포 기사 등에서 간혹 볼 수 있다.

한편 스토리텔링[8]의 기사 제작도 주목받고 있다. 다루는 사건에 대한 순수한 지식이 아니라 화자와 주인공이라는 인물을 통해 사건을 겪은 사람의 경험을 중시한다는 점에서 객관적 뉴스의 성격과 차별화된다(이인화, 2014). 즉, 뉴스가 가까이에서 일어나는 검증 가능한 이야기라면 스토리는 먼 곳에서 일어나는 흥미로운 이야기라 할 수 있다. 이로 인해 좋은 스토리에는 독자들이 일상에서 잘 접할 수 없는 낯설고 멀게 느껴지는 요소들이 존재한다.

뉴스에서는 정보전달이 주된 내용이지만 스토리텔링은 정보전달뿐만 아니라 정서적인 영향력도 크다. 만약 당신이 사고를 당했다면 자신의 이야기를 누군가에게 전할 때 뉴스 기사처럼 말하지는 않을 것이다. 내러티브 형식으로 전달될 것이다. 자신의 독특한 경험은 나라는 동정의 대상이 있기 때문이다.

예를 들어 오늘 아침 자동차 사고를 경험했다는 가정으로 시작해보자. 사고를 당했다고 이야기를 시작하고(발단), 경찰이나 보험회사에 전화걸기와 같은 문제해결 노력을 설명할 것이다. 사고로 인해 행사나 수업 불참과 같은 부정적인 상황들에 대해 이야기하고 자신이 이를 어떻게 수습하였는지도 설명할 것이다. 이러한 전개 방식은 프라이타크(Freytag)의 피라미드식[9] 고전적 스토리텔링 구조로 요약될 수 있다. 내러티브 방식은 이처럼 도입, 전

8) 스토리텔링은 스토리(story)와 말하기(telling)의 합성어이다. 스토리는 이야기 그 자체만을 한정적으로 지칭하지만 스토리텔링은 문화적 근원성을 드러내기에 문화권에 따라 차별적이다(장해랑 · 이상요, 2017). 스토리텔링에는 이야기하는 사람과 이야기를 듣는 사람이 전제된다. 이야기하는 사람에 따라 이야기하는 방식이 달라진다. 이야기 듣는 사람을 고려하기 때문이다. 그래서 스토리도 중요하지만 이야기하는 방식도 중요하다. 세상에는 무수히 많은 스토리텔링이 존재하며 새로운 매체와 결합하면서 그 방식은 더욱 다양해지고 있다.

9) 프라이타크의 피라미드는 원래 고대 그리스나 로마의 연극이나 셰익스피어 연극을 분석하기 위하여 개발되었다. 이는 서사적인 시각적 스토리텔링에도 활용되고 있다.

그림 1-2 프라이타크의 피라미드

출처: 구스타프 프라이타크(Gustav Freytag)의 플롯 피라미드

개, 결론이라는 구조를 통해 전달된다.

사건의 논리적인 패턴과 배치를 의미하는 플롯(plot)은 이야기 구성 방식으로 해석될 수 있다. 전통적인 플롯 구조는 발단-갈등-절정-대단원의 형태로 이뤄져 있다. 이야기가 단순하고 지루하지 않도록 인물, 오브제, 피사체, 배경 등을 등장시켜 지속적인 변화가 만들어진다. 소설, 시나리오, 희곡 등의 영역에서 조금씩 다르게 사용되지만 의도는 동일하다.

신화 속 영웅 서사는 17단계의 플롯이 존재하며 이는 12단계로 축약되어 사용되곤 한다. 영웅에 대한 플롯은 자신의 운명을 거부하지만 시련 속에서 자신의 힘과 의무를 자각한 후 배움의 길을 떠나는 스토리로 시작된다. 이후 성장하고 귀환하여 국가나 사회를 구하고 새로운 성장을 위해 다시 떠나는 구조로 전개된다. 우리는 〈반지의 제왕〉, 〈스파이더맨〉, 〈겨울왕국〉 등을 통해 이러한 스토리에 익숙해져 있다.

영웅 서사도 영화나 TV프로그램 등에 널리 활용되는 스토리텔링 구조를 가지고 있다(장해랑·이상요, 2017). 이들 속에서 주인공은 많은 시련을 겪지만 바른 삶의 자세로 난관을 극복하고 자유를 획득하는 구조를 취하고 있다. 〈불후의 명곡〉, 〈보이스 오브 코리아〉 등의 오디션 프로그램들에서도 시청자들은 도전자들이 자신이 처한 한계를 극복하고 정상에 오르는 스토리를 보면서 스스로 몰입하게 된다. 뉴스에서도 특정 인물을 주인공으로 내세워 시련 속에서도 극적인 성공 스토리를 만들어간다는 스토리텔링 구조를 취할 수 있다.

발단은 이야기가 시작되는 부분으로 인물, 갈등, 배경 등이 소개되는 영역이다. 갈등고조에서는 사건이 더욱 상세히 소개되며 절정에서는 스토리의 긴장감이 가장 크다. 절정에서 갈등이나 사건은 전환점을 맞는다. 갈등감소는 절정 이후에 갈등이 해소되는 단계이다. 지속적 긴장을 가지는 경우도 있지만 전체 스토리는 결론을 향해 전개된다. 그래서 마지막 대단원에서 복잡한 사건들이 해결되고 이야기가 종결된다.

피라미드형 구조로 스토리를 전개하려면 주제와 관련된 인물, 이슈, 공간적 배경을 잘 설정하여야 한다. 대개 인물 사이에 갈등이 고조되는 부분과 절정 후에 갈등이 감소하는 단계로 전개된다. 절정은 이야기의 갈등 구조가 극에 달하고 갈등이 해결되는 전환점을 포함한다. 마지막으로 대단원에서 이야기의 갈등 구조가 해소되고 결말을 맺게 된다.

미디어를 통해 글을 쓰는 사람은 다른 사람들(전문가, 목격자 등)의 이야기를 전하고자 노력하여야 한다. 이때 객관성을 확보하여 기사의 가치를 높이려는 노력이 중요하다. 특정 사안을 경험한 사람의 사례, 대안에 대한 전문가의 이야기 등에 초점을 맞춰야 한다. 가능하면 주장은 사설이나 칼럼 등에서 표현되어야 한다.

모든 사람이 만족할만한 좋은 글을 쓰기는 어렵다. 기사를 작성할 때 단 한 사람의 독자를 머릿속에 그려두는 방법도 편한 자세를 유지하는 데 도움이 될 수 있다. 그 사람에게 이야기를 들려준다는 느낌으로 자신의 독특한 경험을 쏟아내면 된다. 독자의 집중도를 높이고 수용할만한 논리적 구성을 가질 수 있는 문장 구성이 필요하다.

또한 공적인 글쓰기이기에 객관적이고 공정한 사실 중심의 보도가 필요하다. 자신의 글에 대해 다양한 답변들을 듣겠다는 개방적인 태도도 중요하다. 마지막으로 글을 작성하는 사람은 독자들을 위해 마감시간을 지키려는 자세도 가져야 한다. 언급된 내용들을 간략히 요약하면 다음과 같다(구교태, 2013).

- 사실과 의견을 구분하여 제시한다.
- 편하고 쉬운 전달이 되도록 힘쓴다.
- 간결한 기사 작성에 힘쓴다.
- 독창적인 기사가 되도록 노력한다.
- 문장 전개 배열을 논리적으로 구성한다.
- 취재 대상에 대한 정보를 구체적으로 밝힌다.
- 비판 기사의 경우 당사자에게 해명 기회를 부여한다.

글쓰기의 주제는 독창적이어야 한다. 흔한 주제일 경우라도 새로운 각도에서 바라본다면 의미 있는 작업일 수 있다. 또한 큰 기사를 선호하기보다 직접 경험하고 취재하여 주변 이야기를 기사화하는 것도 바람직하다. 이런 측면에서 기자는 평소 폭넓은 경험이 필요하다. 경험한 것일수록 생동감 넘치는 표현에 도움이 된다.

미디어 글을 읽는 사람들에게 구체적 주소를 제시하기보다 00대학교 건너편이라는 표현이 쉽게 전달될 것이다. 널리 알려진 지명을 이용하는 것도 독자에게 편한 인상을 줄 수 있다. 뉴스 발생 장소가 사람들에게 잘 알려진 곳이 아니라면 과거 의미 있는 행사가 있었는지를 살펴보는 것도 바람직하다. 예를 들어 "000대통령이 방문했었던 00호텔에서 화재가 발생했습니다."라고 한다면 독자는 그 장소를 더욱 쉽게 떠올릴 수 있다.

문장 전개 배열을 구성할 때는 누구의 입장에서 기사화할 것인가를 헤아려보는 것도 중요하다. 취재원을 밝힐 때, 홍길동이라는 표현보다 학생 홍길동이 보다 신뢰성 있는 정보이다. 비판 기사의 경우 정보를 균형 있게 다루어야 정보의 신뢰성은 커지고, 반론 여지가 적다.

공중(public)과의 효과적인 커뮤니케이션을 위해 필요한 문장 원칙들은 크게 네 가지로 구분될 수 있다. 유의해야 할 개념들은 다음과 같이 4C(concise, correct, clear, concrete)로 정리될 수 있다(구교태, 2013).

1) 간결성(concise)

문장이 간결하면 내용을 올바로 이해하기 쉽다. 또한 주목도를 높여 문장에 힘도 실린다. 사람들이 긴급한 상황을 만났을 때 짧고 간결하게 말하는 것과 같은 이치이다. 다양한 분야에 관련된 복잡한 상황들을 전달할 때는 모든 사람들이 이해할 수 있도록 간단명료하게 작성하여야 한다.

간결성을 유지하기 위해 문장 구조는 복문, 중문보다 단문이 바람직하다.[10] 특히 관형사형 어미와 결합하여 관형어 역할을 하는 경우 문장을 분리 기술하는 것이 효과적이다. "철수가 간다는 소식을 들었다."에서 '철수가 간다는'처럼 종결형 어미로 끝난 문장에 '~는' 같은 관형사형 어미가 결합하여 문장 주어[11]를 수식하는 절을 관형절[12]이라 한다.

문장뿐만 아니라 기사의 간결성을 위해서는 여러 사례를 동일하게 나열하기보다 가장 중요한 것만 취하는 것도 도움이 된다. 주어진 공간에 담아내야 할 기사의 내용을 선별하다 보면 더 간결한 기사를 만들 수 있다. 예를 들어 원고지 4매 분량의 기사가 필요하다면 8매 분량의 기사를 작성하고 이 가운데 핵심적인 내용을 선별한다면 보다 간결한 기사를 만들 수 있다.

나아가 간결성은 내용적으로도 검토되어야 한다. 단순히 문장 길이를 줄이는 것을 넘어 전체 내용도 압축되어야 한다(김창회, 2017). 이를 위해서는 기사의 요점을 찾고 관련 없는 것을 제거하는 노력이 필요하다. 또한 길고 복잡한 단어 대신 짧고 쉬운

10) 단문은 주절 구성이 한 번인 문장을 말한다. 복문은 두 절 가운데 한쪽이 종속절인 문장을 의미하며, 중문은 등위 접속사(그리고, 또는, 그러나 등)로 문장이 연결되어 두 절이 서로 대등하게 결합된 문장을 말한다.

11) 문장 주어의 기능을 하는 명사, 대명사, 수사를 통틀어 체언(體言)이라 일컫는다.

12) 관형절의 종류로는 관계관형절과 동격관형절이 있다. 관계관형절은 "나는 영화를 좋아하는 그녀를 사랑한다."와 같이 문장 분리 시 두 문장의 공통 성분인 그녀가 생략된 경우가 있는 것을 말한다. 반면, '동격관형절'은 "나는 그녀가 범인이라는 생각을 했다."와 같이 생략된 성분이 없는 경우가 해당된다.

단어를 사용하는 것도 중요하다. 예를 들어 '경기순환이 확장국면에 진입한 상황이라서'보다는 '경기가 좋아서'라는 표현이 훨씬 간결하고 이해도 쉽다.

기사를 소리 내어 읽었을 때 단 번에 읽어지지 않는다면 문장 내 연결조사나 절을 나누어 마침표를 찍는 연습도 간결한 문장을 만드는 방법이다. 평균 16단어, 최대 20단어를 한 문장의 한계로 보고 문장 나누기를 훈련할 필요가 있다. 예를 들어 "청와대가 A당 대표를 초청하였지만 B국 방문이 예정되었던 A당 대표인 C는 청와대의 초청에 응할 수가 없었다."라는 문장은 "청와대가 A당 C대표를 초청하였다. 하지만 C대표는 B국을 방문할 계획이었다. 이로 인해 C는 청와대 초청에 응하지 않았다."라는 문장으로 간결하게 재구성될 수 있다. 접속사를 사용하여 연결형 어미를 문장으로 나눈 문장이다. 이러한 과정에서 접속사를 남발하는 것도 글을 무겁게 만드는 요인이기에 주의해야 한다.

특정 단어에 덧붙인 추상명사들도 중복표현이기에 단축시키는 것이 바람직하다(김창회, 2017). 예를 들어 '교통정체 문제'나 '교통정체 상황'은 '교통정체'로, '근로봉사 활동'은 '근로봉사'로, '제조업 분야'는 '제조업'으로 쓰는 것이 바람직하다. 앞선 표현들은 문장이 길어지고 명확치 않은 의미를 만들 수 있기 때문이다.

불필요한 구절이나 동사도 간결성을 저해할 수 있다. "한국 언론사 측면에서도 수많은 기록을 남겼다."라는 표현도 "한국 언론사에 수많은 기록을 남겼다."로 수정하는 것이 정확한 표현이다. "그는 자신이 한 말을 잘 지키지 않는 경향이 있다."는 문장은 "그는 자신의 말을 잘 지키지 않는다."로 간결하게 표현될 수 있다.

또한 간결한 문장을 위해서는 의미의 중복이 있는지[13] 혹은 한 문장 안에 반복된 단어가 있는지도 살펴봐야 한다. '각 회사마다'라는 말은 '각'과 '마다'가 의미상 중복이다. '각'과 '별'도 중복이기에 '각 회사는' 또는 '회사마다'가 적합하다. 또한 '한 시간당'보다 '시간당'으로 쓰는 것이 바람직하다.

"그는 후보 사퇴한 날 그 무렵부터 이후 크게 달라졌다."라는 문장은 특정한 시기인 '후보 사퇴한 날'이 제시되었기에 '그'가 불필요하다. 또한 '무렵부터'는 '이후'와 중복되고 있다. "그는 후보 사퇴한 날 이후 크게 달라졌다."와 같이 써야 한다. "우리부터 먼저 나가자."라는 문장도 '부터'가 '먼저'의 뜻을 내포하고 있다. '우리 먼저 나가자' 혹은 '먼저'를 생략하여야 한다. "대학기능 가운데 가장 중요한 기능은 학문 연구의 기능이다."에서는 '기능'이라는 단어가 세 번이나 반복되고 있다. 미디어 글쓰기에서는 '미리미리 알아서', '너무너무 아름다운'과 같이 되풀이된 단어들을 사용하는 것도 바람직하지 않다.

겸손하게 말하는 우회적 표현이나 길게 늘어진 이중부정은 직설적으로 표현되는 것이 바람직하다. "매우 명확하다는 것을 확인할 수 있었다."는 "매우 명확했다."로 "함께하고 싶다는 생각을 드러내기도 했다."는 "함께하고자 했다."로 직설적인 표기가 간결하다. 또한 "잠재력을 배제할 수 없다는 지적이 없지 않다."는 "잠재력이 있다."로 바꾸는 것이 간결하다.

13) '늙은 노파, 따듯한 온정의 손길, 차가운 한파가 밀려와, 스스로 자각하여, 서로 상의하여, 남은 여생을' 등은 의미가 중복된 대표적인 예라 할 수 있다. 우리말과 한자어를 혼합하여 사용하면서 중복적인 의미를 간과한 경우에 해당된다(구교태, 2013).

일반적으로 생략이 강한 의미전달을 만들지만 중복이 허용되는 경우도 있다. 특히 제목이나 피처 기사에서 반복된 단어는 주목도를 높이고 깊은 여운을 주기도 한다. 만약 대학교를 홍보하는 기사에서 "공부보다 중요한 것을 공부합니다."라는 문장이 사용된다면 그 학교의 품격을 돌아보는 계기가 될 수도 있다.

영어 번역 형태(of를 직역한 모양새)와 일제의 잔재로 관형격 조사 '의'를 부적절하게 사용하는 경우도 문장의 군더더기를 더하는 요인이다. '대부분의 학생'은 '학생 대부분'으로, '한국의 축구 선수들의 신체의 특성'은 '한국 축구 선수들의 신체 특성'으로 수정하는 것이 바람직하다. 문장에서 '~의'를 생략해도 별다른 의미 변화가 없다면 과감히 생략해야 한다.

긴 문장을 사용해야 하는 경우도 있다. 단문만으로 문장을 연결하면 글이 지루할 수 있기 때문이다. 긴 문장이 오면 다음은 최대한 짧은 문장을 두는 것이 좋다. 짧고 긴 문장이 조화를 이룰 때 글도 리듬감을 가질 수 있다.

2) 정확성(correct)

미디어 글은 공개되는 특성이 있어 정확한 사실전달은 무엇보다 중요하다. 이로 인해 기사의 진실성은 언론 활동이 추구하는 중요한 가치 중의 하나이다. 부정확한 내용이나 허위 사실을 보도한다면 언론의 신뢰도는 실추될 수 있다. 보도자료[14]에만 의존

14) 홍보 업계의 언론 전략은 기자들의 반응을 사전에 예측하여 충분한 방어논리를 가지고 접근하는 경우가 많다. 이를 홍보 업계에서는 대응이나 관리라는 말로 지칭한다(명승은, 2008). 대다수 기업들은 보도자료 배포와 게재 건수를 홍보 담당자의 능력으로 평가하는 경향이 있다.

하여 기사를 쓰는 경우 미화하거나 과장하려는 사람이나 기관에 이용당할 수도 있다. 보도자료는 조직이 알리고 싶은 내용에 불과할 뿐 이것이 독자들에게 가치 있는 소식인지를 판단하는 것은 기자들의 몫이다.

특히 과장된 표현은 사실 자체를 모호하게 만든다. '대대적인', '충격적인', '본격적으로', '전면적인', '엄청난', '사상 처음'과 같은 표현들은 정확한 숫자나 상황을 구체적으로 밝히는 것이 정확한 의미전달에 도움이 된다. 구체적인 숫자나 상황을 제시하여 팩트 자체가 말하도록 만들어야 한다.

또한 특정 동사들은 뜻을 내포하고 있는 경우도 있어 주의해서 사용해야 한다(김창회, 2017). '강조했다', '지적했다', '호소했다', '토로했다'는 기자가 긍정적으로 생각할 때 사용하는 단어인 반면 '강변했다', '변명했다' 등은 부정적인 뜻을 담고 있는 경우에 사용된다.

기업 홍보 활동이 지속적으로 미디어의 주목을 받아 왔지만 정치 영역에서도 홍보가 강화되는 추세이다. 성공적인 이미지 창출과 당선은 높은 상관관계를 보이고 있다.[15] 중립적 취재 의지가 있다면, 기자는 보도자료를 직접 확인하고 검증하는 절차를 거쳐야 한다. 사건이나 현상을 정확하게 보도하고자 한다면 객관적이고 공정한 취재를 통해 보도해야 한다는 것이다. 또한 주관적 감정이나 판단이 개입되지 않도록 중도적 입장에서 다양한 측면을 다루어야 한다. 선거방송 토론을 지켜본 기자가 "A후보가 B후보

15) 미디어를 활용하여 여론에 영향을 미치려는 홍보 전문가를 '여론 전문가(spin doctor)'라 한다. 선거 시즌이 되면 이들로 인한 미디어 홍보 활동은 급증하고 더욱 정교화된다. 이들은 다양한 선거 이벤트를 기획, 홍보함으로써 기자의 관심을 받고자 노력한다.

를 압도했다."라고 말하기보다 전문가의 시각을 통해 토론평을 전하는 것이 중립적으로 비춰질 수 있다.

3) 명확성(clear)

문장의 앞뒤 또는 전체 흐름에서 애매한 해석이 나올 가능성을 최대한 줄이려는 노력도 필요하다. 부적절한 단어나 비문으로 인해 독이성(readability)이 떨어지거나 상충된 내용이 있어 문맥이 모호하다면 전달하려는 의미는 명확성을 잃게 된다. 예를 들어, "경찰관이 물건을 가르쳤다."의 경우 '가르쳤다'는 '가리켰다'로 수정하는 것이 옳은 표현이다. 또한 '띤다'의 원형은 '띠다'이며 '띈다'의 원형은 '뜨다'이다. 따라서 "문장에 가끔 오자가 보인다."라는 의미는 "문장에 가끔 오자가 띈다."로 표기하는 것이 올바른 표현이다. '띠다'는 '가지다', '나타내다', '지니다'라는 의미를 가진다. '색을 가진다'라는 의미는 '색을 띤다'로 적어야 한다.

독자들이 내용을 왜곡하지 않도록 문법에 맞는 올바른 문장과 어휘를 사용하는 것도 중요하다. 정확한 표현과 의미전달을 위해서는 표준어 사용이 바람직하다. 표준어는 효과적인 소통을 위한 수단이지만 이 또한 변화한다. 과거 '먹거리'의 표준어는 '먹을거리'였지만 잘 사용되지 않고 의미전달 효과도 반감되는 경우가 많았다.[16] 하지만 이제는 두 단어 모두 표준어로 인정받고 있다.

16) '먹을거리 문화'는 어색하며 '먹거리 문화'가 더 친숙한 표현이다. 또한 국어사전에 따르면 '손주'는 표준어가 아니다. 아들의 아들 또는 딸의 아들을 이르는 표준어는 '손자'라 한다. 그러나 사람들은 '손자'와 '손녀'를 칭하는 '손주'를 즐겨 사용한다. 특히 아이의 성별을 모를 때나 뱃속의 아이를 말할 때는 손주가 널리 사용된다(구교태, 2013).

이처럼 미디어 언어는 현실과 소통하는 측면도 강하다.

여러 가지로 해석될 가능성이 있는 단어인 경우 반드시 그에 대한 설명을 붙여야 한다. 그렇지 않은 표현은 다양한 해석을 초래할 수 있어 메시지가 왜곡될 가능성이 있기 때문이다. 예를 들어 '키가 작다'라는 표현보다는 구체적 수치를 제공하는 것이 더욱 명확한 표현이다.

법정 단위(legal unit)도 사람들의 이해 수준과 조화롭게 제시되어야 한다. 외국에서 사용되는 마일(mile)이나 야드(yard)는 한국인에게 익숙한 미터(m)로 표기하는 것이 바람직하다. 또한 부피와 무게 단위인 배럴(barrel)이나 온스(ounce)는 리터(ℓ)나 그램(g)으로 대체되어야 한다. 자기에게 익숙하지 않은 단위를 접하는 경우 그 숫자의 값을 해석하기 위해서는 추가적인 정보처리 과정이 필요하기 때문이다. 예를 들어 시속 160km는 미터법에 익숙한 사람에게 매우 빠른 속도로 인식될 수 있지만 100마일은 자신의 미터법으로 환산되는 과정이 있기에 상이한 느낌을 줄 수 있다.

골프 관련 뉴스의 경우 미국의 거리 단위인 야드로 표현되는 경우도 많다. 국내 미디어를 통해 중계되거나 보도될 경우 뉴스 이용자를 배려한다면 국내 표준 단위인 미터를 사용하는 것이 옳다. 집의 넓이를 말하는 평(坪)과 같이 보편적으로 사용되는 단위라도 더욱 정확한 표현을 위해 제곱미터 단위로 정책적으로 수정되기도 한다.[17)]

17) '평'은 대상에 따라 수치가 차별적이다. 예를 들어 땅 한 평은 3.3m^2이지만 유리나 타일 한 평은 0.09m^2이다. 2006년 10월 산업자원부가 '법정 계량단위 사용 정착방안'을 발표하면서 사용이 줄었지만 여전히 둘 다 사용되고 있다.

언론사들은 자신들만의 표기 규칙을 반영한 규정집을 가지고 내부적으로 활용하고 있다. 문법체계와 다른 규칙체계를 기사 작성에 적용하고 있다. 예를 들어 시간 표기와 관련하여 조선일보는 '1시쯤'이라고 쓰고, 동아일보는 '1시경', 연합뉴스는 '1시께' 등으로 표기한다. 또한 금액 단위나 숫자를 적을 때 띄어쓰기 방식도 자체 편집규정에 의해 결정된다.

명확성을 증대시키기 위해서는 간결하고 쉬운 단어들을 활용한 기사 작성이 절대적으로 필요하다. 불필요하게 중복된 단어들이 등장한다면 독자의 이해력을 떨어뜨릴 수 있다. 나아가 최대한 쉬운 단어를 사용할 때 의미의 전달력도 증대되어 내용이 명확해진다. 어려운 외래어, 한자어, 전문용어, 행정용어들도 글의 의미를 흐릴 수 있다. 특히 일상용어로 표현이 가능하다면 어려운 단어들을 피해야 한다. 이러한 원칙을 생각한다면 '여론이 비등하자'나 '합격자 전원'과 같은 표현들은 '여론이 들끓자'와 '합격자 모두'로 수정될 수 있다.

전문용어가 사용될 경우 독자에게 설명하는 작업이 필요하다. 대부분의 용어해설은 기사의 말미에 있지만 앞부분에 배치되는 경우도 있다. 적절한 공간이용과 기호를 사용하여 용어해설과 기사를 명확히 구분하는 것이 중요하다. 자간 변화와 기호를 사용하여 본문 내용과 차별화시키기도 한다. 기사의 도입부에 넣을 경우 폰트의 변화를 주는 것도 유용한 방법이다.

용어해설은 신문활용교육(NIE: Newspaper in Education)이 활성화되면서 더욱 강화되고 있다. 초등학교 고학년이면 누구나 이해할 수 있는 신문 편집을 원하기 때문이다. 분야별 기사의 독이성 수준을 고려한 세밀한 글쓰기가 이뤄질 때 신문은 엘리트

전유물에서 벗어나 보편적 매체로 거듭날 수 있을 것이다.

문장 구조에 따라 명확성의 정도도 달라진다. 특히 꾸미는 말과 꾸밈 받는 말이 가까이 있을 때 의미전달이 용이하다. 긴 문장일수록 이러한 원칙을 지켜야 한다. 아래 제시된 문장의 경우, '밝혔다'와 '검찰'이 너무 멀리 떨어져 있어 의미전달이 약하다. 더 심각한 문제는 문장이 길어 장황해 보인다는 데 있다. 두 문장으로 재정리하는 것이 더욱 바람직해 보인다. 첫 번째 문장은 '공정위에 대한 조사 확대를 준비 중이라는 검찰 발표'이며, 두 번째 문장은 이러한 발표가 나오게 된 배경을 설명하는 문장으로 구성하면 될 것이다.

검찰은 공정거래위원회가 신용카드 약관의 불공정한 규정이 있음을 알고도 해결하려는 의지가 없다는 민원이 제기되자 이에 대한 조사 확대를 준비 중이라고 5일 밝혔다.

문장의 기본 구조는 주어와 서술어다. 주어와 서술어가 조화를 이루지 못하면 의미전달이 혼란스러울 수 있다. "이 책은 홍길동이 만든 책이다."라는 말은 설명의 대상인 주어가 서술어에 반복되면서 첫말과 끝말이 조화되지 못하고 있다. "이 책은 홍길동이 만들었다." 혹은 "이건 홍길동이 만든 책이다."가 적절한 표현이다. "그의 제안은 나에게 충격이었다."도 주어와 서술어가 조화되지 못한 경우이다. 제안은 충격의 원인을 내포하기에 "그의 제안은 나에게 충격을 주었다."가 올바른 표현이다.

4) 구체성(concrete)

뉴스를 다루는 기자는 자신의 글쓰기가 하나의 완결된 구조로 마무리되도록 힘써야 한다. 기사를 접한 독자가 궁금해하거나 추가적으로 알고 싶은 것이 없도록 정보를 구체적으로 전달하여야 한다. 핵심이 빠진 추상적인 내용은 독자에게 궁금증만 키우는 결과를 초래할 수 있다. 다루는 사건에 대한 구체적인 세부사실을 상세하게 전달해야 독자들의 불필요한 추가적 정보 탐색을 막을 수 있다.[18] 취재 대상을 세밀하게 다룰 수 있도록 삼각법(triangulation)[19] 접근을 숙고해 보는 것도 도움이 된다(구교태, 2013).

취재 대상에 대한 구체적 정보는 독자들이 메시지를 더 생생하고 친근하게 경험하는 데 효과적이다. 기자가 발로 뛰며 수집한 아래 정보들은 독자들이 머리에 그림을 그리며 내용을 편하게 소화하도록 만들 수 있다.

> 김영미와 김경애는 자매 사이. 김영미-김은정, 김경애-김선영은 의성여고 동기동창이다. 경북체육회 소속인 이들은 '팀 킴' '의성 마늘 소녀'로 불리기도 한다.[20]

18) 자기소개서에서도 추상적인 주장들을 쉽게 발견할 수 있다. "인맥이 넓다."라는 표현보다 "나는 휴대폰에 천 명의 번호를 저장하고 있다."는 표현이 구체적이다. 구체적인 내용은 추상적 글보다 주목도를 높이는 데 유리하다.

19) 이 용어는 과학철학자인 캠벨(D. T. Campbell)에 의해 만들어졌다. 현상에 대한 이해는 여러 요인에 의해 확증될 때 불확실성이 감소하고 신뢰성은 높아진다는 의미로 사용된다. 특히 사회과학 현상을 조사할 때는 하나 이상의 접근법을 고려할 필요가 있으며, 이를 통해 실체에 대한 이해도를 증대시킬 수 있다.

20) 조선일보(2018년 2월 18일). 중국 대파한 한국 여자 컬링 "아직 4강 PO 생각 안 한다"(http://www.chosun.com)

하지만 어떠한 대상을 구체적으로 진술하다 보면 문장의 리듬감을 놓칠 수 있다. 구체성을 추구하다가 문장이 장황스럽고 진부하다는 느낌을 주지 않도록 주의하여야 한다. 대다수 기사는 문예문이 아니어서 맛깔스런 표현들을 찾아보기 어렵다. 그러나 문장 표현에 이뤄진 조그만 변화가 글의 분위기를 사뭇 다르게 만들 수는 있다. 예를 들어 "홍길동은 성실하고 근면하고 열정적이고 도전적이다."라는 문장은 '~고'를 반복적으로 사용하여 단조로운 느낌을 준다. "홍길동은 성실하고 근면할 뿐만 아니라 열정적이고 도전적이다." 혹은 "홍길동은 성실하고 근면한 데다 열정적이고 도전적이기까지 하다."로 수정한다면 글의 리듬감을 살릴 수 있다.

2. 글의 표현 규칙

사람들의 언어는 상당부분 사회적 수준에서 결정된다. 어떠한 집단이나 계층에서만 보편적으로 사용되는 용어들도 있다. 언론인들도 관행적으로 자신들만이 사용하는 독특한 언어체계를 가지고 있다(구교태, 2013).[21] 사회적 영향력을 고려하면 소통에

21) 대부분 일본말이라 문제점이 없는 것은 아니다. 자신이 맡은 취재지역 및 기관을 일컬어 '나와바리'라 부른다. 남의 기사를 바탕으로 기사를 재편집하거나 그대로 베끼는 경우를 가리켜 '우라까이'라는 용어를 쓰기도 한다. 첫 보도를 한 언론사의 이름을 뺀 '우라까이(베껴 쓰기)'는 보도윤리적인 문제를 안고 있다. 경찰서를 도는 사회부 사건담당 기자를 '사스마와리'라는 말을 사용하기도 한다. '사스'는 경찰의 찰(察)을 의미하고 '마와리'는 돌 회(廻)를 일컫는 일본말이다. 미디어 글쓰기에서 가장 보편화된 말은 '야마'일 것이다. 이 말은 우리말로 요지나 핵심을 의미한다. 즉 사건의 핵심이 되는 내용으로 기사의 주제를 뜻한다.

효과적인 언어 사용이 필요하다.

기자들은 사건이나 현상을 설명하기 위해 새로운 용어들을 만들기도 한다. 한 번 만들어진 신생 용어들은 여러 매체를 통해 확대 재생산되는 경우가 많다. 신세대, 주폭, 종북 등이 대표적인 예라 할 수 있다. 특정 사건이나 이슈를 표현하기 위한 나름의 시도일 수 있다. 그러나 이러한 과정에서 사회에 미칠 영향력을 생각하면 단어 선택도 신중할 필요가 있다.[22)]

사회적 환경 속에서 세상을 보는 시각도 끊임없이 변한다. 유럽에서 1960년대까지 신문 지면에 실린 여성의 가슴 노출사진은 사회 문제를 일으켰다고 한다. 하지만 오늘날에는 특별한 이유도 없이 유사한 장면들이 광고에 등장하고 있다. 무엇이 이러한 변화를 가져왔는가? 마르틴 슈스터(Martin Schuster, 2010)는 이러한 현상에 대한 해답을 '표현 수위를 두고 벌이는 매체들 간의 경쟁'에서 찾고 있다.

쉬운 단어들만 살아남는 걸 보면 언어의 역사성도 무시할 수 없다. 그러다 보니 특정 시기에 유행처럼 빈번하게 사용되는 단어들도 있다. 1990년대 글로벌 경제에 대한 관심이 증대하면서 국내 기업들도 앞다투어 회사명을 영문으로 전환하는 기업 이미지 통합(corporate identity) 작업을 실시하였다. 사회를 반영하는 언론도 예외일 수 없다. 이때부터 경제뉴스에서 기업을 지칭할 때 DG, KB, POSCO, LG 등의 영문 이니셜이 빈번하게 등장하

22) 예를 들어 2013년 초 건설업자가 불법 제작한 동영상 관련 사건보도에서 '성접대'란 단어가 사용되었고 여러 매체들을 통해 반복적으로 언급되었다. 하지만 이 단어는 성을 상품화하고 여성 차별적인 의미를 담고 있어 여성 인권을 훼손할 여지가 높다. 특히 피해자에게 성적 수치심을 가중시켜 2차 피해를 만들 수도 있고 독자들의 정서와 감정도 손상시킬 수 있다.

였다.

국제기구나 단체, 정치인의 이름을 대신한 영문 이니셜도 빈번하게 사용되고 있다. 아시아·태평양경제협력체(APEC)나 석유수출국기구(OPEC)가 본문에서 다시 언급될 때는 'APEC'이나 'OPEC'으로 지칭된다. 이들은 '에이펙'과 '오펙' 등으로 국어사전에 올라와 있지만 언론보도에서 잘 사용되지 않고 있다. 결국 언론이 언어 사용을 결정하는 방식은 국민의 언어 사용과도 밀접하게 관계된다. 예를 들어 유엔아동기금(UNICEF)은 영문 이니셜로 뒤에서 다시 표시하기도 하지만 '유니세프'로 표기되기도 한다. '국제연합(UN)'의 경우 'UN'이 아닌 '유엔'으로 'NATO'는 '나토'로 사용되고 실생활에서도 이와 같이 사용되는 경우가 흔하다.

학술연구와 관련된 보도에서 외국 학술지를 언급하는 경우 처음에는 한글과 영문을 함께 제시하지만 두 번째부터는 한글을 사용하는 것이 일반적이다. 학교명은 대체로 긴 경우가 많아 한글로 표기하고 괄호에 영문 단축어를 제시한다. 이후부터는 영문을 사용하는 것이 효율적이다. 예를 들어 〈네이처(Nature)〉에 유니버시티 칼리지 런던(UCL)에서 나온 연구결과를 보도하는 경우, 뒤에서 연구 진행자를 밝혀야 한다면 홍길동 UCL 교수라고 쓰면 된다. 우리나라 한국과학기술원(KAIST)의 경우 처음에는 전체를 제시하고 다음부터는 KAIST라 쓰면 된다. 포항공과대학교(POSTECH)의 경우에는 포스텍(포항공과대) 혹은 포스텍(포항공대)라 적고 이후부터 포스텍이라 사용하는 경향이 있다.

특정 정치인을 지칭하고자 사용된 영문 머리글자는 권위주의적 정치문화 현상이기도 하다. 상대를 선망의 대상으로 추종하면서 관행처럼 사용한 YS, DJ, MB 등의 호칭은 지칭된 인물을 과장 혹은 왜곡하는 효과가 있다. 모호한 표현보다는 차라리 실명을 거론하는 것이 바람직하다.[23] 쉽고 간결하되 명확한 방향으로 사용하는 것이 좋다. 영문 머리글자 대신 실명을 사용할 경우 뒤에서 다시 언급될 때는 성과 직위 또는 직책을 사용하면 된다.

미디어 글쓰기의 공적 특성을 고려한다면 무분별한 외래어 표기보다 우리말로 순화된 단어를 선택하는 것도 중요하다. 예를 들어 '알레르기'는 '거부 반응' 혹은 '과민 반응'으로, '플래카드(placard)'는 '현수막(懸垂幕)'으로 쓰는 것이 바람직하다.

우리가 흔히 사용하는 조사도 관심 있게 살펴볼 필요가 있다(구교태, 2013). 조사 '은'은 술어를 강조하는 반면 '이'는 주어를 드러내는 기능을 하는 것이 대표적인 예이다. 만약 어떠한 정책을 발표하는 주체보다 무엇을 어떻게 하느냐가 기자의 관심이라면 "박 시장이 도시발전계획을 밝히겠다고 말했다."라는 표현보다 '박 시장은'이 자연스런 표현이다. 추운 날 꽃이 피는 경우는 꽃에 대한 사람의 관심과 놀라움이 묻어나도록 적어야 한다. 이때 '꽃은 피었다'보다 '꽃이 피었다'가 더 적절해 보인다.

또한 '은/는'은 이미 알려져 있는 정보에 사용되지만, '이/가'는 새로운 정보를 나타낼 때 쓰인다. "대구는 섬유도시다."는 표현은 '대구로 말할 것 같으면' 정도의 뜻을 가지고 있다. "대구가 섬유도시다."라는 의미는 '섬유도시는 다른 도시보다 대구라는 것'을 강조하고 있다.

〈신문과 방송〉의 '바른말 좋은 기사'에서 이경우 기자(2006년

---

23) 박근혜 전 대통령은 자신을 영어 약칭인 GH(근혜) 또는 PP(President Park: 박 대통령) 대신 한글 본명으로 불러줄 것을 언론사에 요청하였다고 한다. 문재인 대통령의 경우도 대다수 언론사에서 영어 약칭을 사용하지 않고 있다.

6월)는 '또한'과 '역시'라는 의미의 보조사 네 가지를 소개하고 있다. 이들은 '도, 조차, 마저, 까지'인데 '도'는 가장 다양한 의미를 가지고 있다. '도'는 강조를 나타내거나 예상보다 많거나 적음 혹은 양보를 나타내기도 한다. 부정문에 사용될 경우 강한 부정을 뜻하기도 한다. 이들 의미들을 보여주는 예문들은 다음과 같다. "나에게 글쓰기는 아직도 숙제다.", "한 문장 쓰는 데 5분도 더 걸렸다.", "기대치를 낮추어도 좋다.", "한 번 만난 적도 없다." 이밖에도 '도'는 "나무도 꽃도 시들어 간다."처럼 여러 사실을 열거할 때도 사용된다.

'조차'는 예상치 못한 일이 발생한 경우 사용된다. "주가가 금융권조차 크게 떨어졌다."의 사례가 이에 해당된다. '도'도 유사한 의미를 가진다. 특히 명령형이나 청유형에서는 '조차'가 어색하고 '도'가 바람직하다. "지역에 대기업도 유치하자."에서 '조차'보다 '도'가 자연스럽다. '마저'도 '조차'와 의미는 비슷하지만 기대되는 일이나 무엇에 포함되지 않기를 바라는 경우에 사용된다. 남은 마지막을 뜻하기도 한다. 이러한 의미로 사용되는 문장들은 "마지막 물량마저 거래되었다.", "태풍은 강원도마저 할퀴고 지나갔다.", "공공기업은 경영 안정을 위해 부동산마저 팔아야 했다." 등이 있다.

마지막으로 '조차'와 비교되는 '까지'는 주어 이외의 자리에서 잘 쓰인다. "박 회장은 노숙자에게 일자리까지 주었다."라는 문장에서 '까지'는 기대하는 정도를 매우 지나쳤다는 의미로 사용된다. "네 선물까지 가져왔다."와 "대학원까지 나왔다."와 같이 사용된다. 또한 '부터'와 짝을 이뤄 활용되기도 하고 어떤 정도에 미친다는 것을 말하기도 한다. "봄부터 여름까지", "소송은 대법원까지 갔다."의 경우가 이에 해당된다.

'한글 맞춤법'에서 한자어를 읽고 적는 데 적용되는 중요한 규칙은 두음법칙이다. 특정한 규칙에 따라 두음법칙을 적용하는 차이가 있을 수 있어 주의하여야 한다. 예를 들어 한자어가 다른 한자어 뒤에 오는 경우 본래 한자음대로 표기하지만 고유어나 외래어와 만나면 두음법칙이 적용된다. '투고란, 독자란'과 '어린이난, 가십난, 스포츠난' 등이 이에 해당된다. 그리고 두 개 이상의 단어로 이루어진 단어를 줄였을 때 두 개 단어로 생각되지 않으면 한자의 본래 음을 적는 것이 원칙이다. 예를 들어 전국경제인연합회(全國經濟人聯合會)를 줄여 쓰면 전경련(全經聯)이 된다.

종결어미에 대한 규칙도 눈여겨볼 필요가 있다. 명사가 '~에요'와 만나면 '명사+이+에요'가 되며 '이에요'는 준말인 '예요'로 변환될 수 있다. 명사 다음에 오는 이는 명사를 서술어로 만들어 주는 조사이다. 이때 받침 있는 명사일 때는 '이에요', 없으면 '예요'가 자연스럽게 발음되고 그대로 적으면 된다. 예를 들어 명사 '꽃' 다음에 '에오'를 사용할 경우 '꽃+이에요'로 표기되고, 명사 '커피' 다음에 '에오'가 온다면 '커피+예요'가 된다. 반면 동사나 형용사 다음 '~에요'가 올 경우 그대로 '에요'로 적고 발음하면 된다. 그래서 아니라는 뜻으로 말할 때 '아니에요'라 적어야 옳은 표현이다.

마지막으로 띄어쓰기는 글쓰기에 임하는 사람들이 지켜야 할 중요한 규칙이다. 조사를 제외한 모든 단어는 띄어 쓰는 것이 원칙이다. 또한 품사가 다른 말은 반드시 띄어 쓴다. 바른 띄어쓰기를 위해서는 그 말이 한 개의 단어인지부터 알아야 한다. 그러나 문법이 어려운 것은 항상 예외가 너무나 많다는 데 있다. '새벽안개'는 붙여 쓰지만 '아침 안개'는 띄어 쓰는 것이 맞다. '빨간색'은 맞고 '빨간 줄'은 띄어쓰기가 필요하다. '집 안, 식사 때, 얼마 전, 몸 안, 점심 전, 산 속, 시청 앞, 퇴근 후'는 띄어 써야 하지만, '품속, 눈앞, 아침때, 점심때, 저녁때, 이맘때, 저맘때, 기원전, 기원후는 붙여 써야 한다. '띄어쓰기'는 단어이므로 붙여 쓰고 '붙여 쓰다'와 '띄어 쓰다'는 단어가 아니므로 띄어 쓴다.

어떤 일이나 현상이 일어날 때나 경우를 이르는 의존명사 '시'는 앞말과 띄어 적으므로, '방문 시'와 같이 적는다. 다만 '유사시, 비상시, 평상시' 등과 같이 합성어로 인정된 경우도 있다. 이처럼 한 단어로 굳어져 사전에 수록된 단어는 붙여 쓰고, 사전에 등재되지 않은 단어는 띄어 쓰는 것이 옳은 표현이다. 결국 바른 띄어쓰기를 위해서는 사전을 찾아보는 노력이 무엇보다 중요하다. 다음은 국립국어원에서 소개하고 있는 눈여겨볼 만한 띄어쓰기 규칙들이다(구교태, 2013).

- 조사는 붙여 쓴다. 예 학교에서/학교에서부터/학교마저
- 의존명사는 띄어 쓴다. 예 보는 것이 답이다. 지금 행할 수 있다.
- 단위를 나타내는 명사는 띄어 쓴다. 예 두 개/차 두 대/개 두 마리
- 두 말을 이어 주거나 열거할 때 쓰이는 말은 띄어 쓴다. 예 학생 겸 사장/영남 대 호남/물리, 수학 등이 있다.
- 보조 용언은 띄어 쓰는 것이 원칙이지만 경우에 따라 붙여 쓸 수 있다. 예 눈이 올 듯하다.(원칙)/눈이 올듯하다.(허용)
- 단음절 단어가 연이어 올 때는 붙여 쓸 수 있다. 예 그때 그곳/좀더 큰것/한잎 두잎

- 성과 이름, 성과 호 등은 붙이고, 이에 덧붙는 호칭어, 관직명 등은 띄어 쓴다. 예 홍길동 씨/백담 선생/충무공 이순신 장군
  다만 성과 이름, 성과 호를 분명히 구분할 필요가 있다면 띄어 쓸 수 있다. 예 황보준/황보 준
- 성명 이외의 고유명사는 원칙적으로 단어별로 띄우나, 단위별로 띄어 쓸 수도 있다. 예 한국 중학교(원칙)/한국중학교(허용), 한국 대학교 사범 대학(원칙)/한국대학교 사범대학(허용)
- 전문 용어는 단어별로 띄어 쓰는 것이 원칙이지만 붙여 쓸 수도 있다. 예 장거리 탄도 유도탄(원칙)/장거리탄도유도탄(허용)

띄어쓰기에 따라 상이한 의미도 있다. '술 한잔'과 '술 한 잔'의 경우, 앞의 '한잔'은 술잔의 수를 엄밀히 따지지 않을 때 사용하지만, 뒤의 '한 잔'은 수의 개념을 명확히 드러낼 때 써야 한다. '한민족'은 우리 민족을 의미하지만, '한 민족'은 여러 민족 중 '하나'를 뜻한다. 미디어 글쓰기에 임하는 사람들은 효과적인 의미전달을 위해 평소 단어 관련 규칙들을 끊임없이 학습하여야 한다.

3. 언론인의 능력과 자질

기자의 주된 임무는 이슈나 사건에 관한 정보를 독자나 시청자들에게 전달하는 것이다. 정보전달이 일반인의 관점에서 이뤄지지 않을 경우 이를 간접적으로 접해야 하는 사람들의 이해를 방해할 수 있다. 그래서 독자들을 위해 이슈나 사건을 분석하고 설명하려는 철저한 노력이 필요하다(구교태, 2013).

언론인은 신문사의 경우 편집국에 소속되어 있으며, 방송국은 보도국에 편재되어 있다. 보도국은 보도국장, 부장, 취재기자 및 카메라 기자로 구성되어 있다. 최근에는 영상편집 담당자의 역할도 커지고 있다. 편집국 기능을 보완할 수 있는 별도의 기획위원, 편집위원, 전문위원 제도를 두는 곳도 있다. 편집국 내 각 부서는 데스크를 맡는 부장, 차장, 일선기자로 구성된다.

뉴스를 제작하는 기자에게 취재력과 문장력은 무엇보다 중요한 자질이다. 적절한 취재방법을 선택하여 적절한 정보를 수집하고 이를 효과적으로 표현하는 것이 가장 중요한 기자의 자질이라 할 수 있다. 그러다 보니 무엇을 어떻게 다룰 것인가에 대한 기획력은 기자의 능력 평가에서 간과되는 부분이 많다.

학생 자살 관련 사건이 발생했을 때 해당 지역 대다수 언론은 큰 관심을 기울이지 않았다고 한다. 하지만 전국적인 이슈로 만든 기자의 사례는 기획력이 얼마나 중요한지를 보여준다. 지역신문이 침묵하고 있을 때 한 지역 주재기자가 이를 이슈화하여 전국으로 보도하여 학교폭력 문제에 대한 사회적 관심을 촉발시키는 계기를 만들었다. 뉴스가치를 직감한 후 관련자들을 집요하게 취재함으로써 전국적인 특종을 만들었다. 뉴스에 대한 기자의 기획력이 학교폭력 문제에 대한 교육, 사법 관련 정책들을 만드는 계기가 되었다.

기획력을 높이기 위해서는 창의적이고도 신속한 상황 판단이 요구된다. 특히 정보 홍수 시대에 상황 판단이 부족하면 복잡한 맥락을 파악하고 정보를 효과적으로 처리하는 데 어려움을 겪을 수 있다. 그래서 기자는 직·간접적인 많은 경험을 통해 사건이나 이슈를 다양한 각도에서 바라보고 주요 항목별로 이슈화하려고 노력하여야 한다. 또한 정보의 중요도 순위를 판단하면서 취재 목표와 과정을 합리적으로 결정하여야 한다. 이때 현상을 뒤집어 보는 등 다양한 측면들을 관찰하려는 주도면밀함도 필요하다.

순간을 포착하는 능력도 기자가 갖추어야 할 자질이다. 동일한 현상을 보더라도 특종을 만드는 기자가 있다. 참배 행사에서 비를 맞는 국무총리를 포착하여 보도함으로써 국민의 마음을 흔들었던 보도를 생각해보자.[24] 비를 맞으며 취재하기를 원하는 기자가 얼마나 있을까? 행사소식을 단순히 전달하는 것이 기자가 일반적으로 생각해볼 수 있는 뉴스이다. 그러나 수행원의 우산을 뿌리치고 비를 맞으며 참배하는 모습을 그냥 무심히 보지 않고 적절한 의미를 부여하면서 국민적 관심을 받을 수 있었다.

기자는 주위 환경에 민감하게 대응할 수 있는 준비가 되어 있어야 한다. 이외수(2012)는 〈글쓰기의 공중부양〉에서 "사물을 대하는 감각이 둔감한 사람들은 언어에 대한 감각도 둔감할 수밖에 없다."고 진술하고 있다. 그래서 기자는 외부 현상들을 일상적이고 습관적으로 바라보는 것을 지양하고 예민한 감각으로 진실을 탐지하려고 노력하여야 한다.

언론인에겐 올바른 윤리관도 필요하다. 올바른 윤리관은 자기의 이익을 추구하기보다 공익적 측면을 추구하는 태도를 말한다. 과거 촌지 형태가 다양한 선물과 특혜로 바뀌었을 뿐 여전히 매체를 통해 실익을 얻고자 하는 여러 조직이나 개인들의 유혹이 존재한다. 바른 언론관이 없다면 공익보다 검은 손들의 나팔수

24) 김황식 국무총리가 2011년 11월 연평도 포격 도발 1주년 추도식 때 우산을 쓰지 않고 장대비를 맞으며 눈물을 흘리는 모습이 기사화되었다. 마음이 따뜻한 소통과 위안의 이미지를 얻게 된 보도였다는 평가를 받고 있다.

역할로 전락할 수 있다. 또한 특종 욕심으로 인해 법의 테두리를 벗어난 취재 활동을 한다면 타인의 인격을 훼손할 수도 있다.

공적 글쓰기를 위해서는 주위 사람들의 필요를 보는 안목도 중요하다. 주변을 돌아보면서 사람들의 필요와 요구가 무엇인지 귀기울이는 자세가 요구된다. 자신의 이익이 아닌 남의 유익을 탐색하는 기자관이 필요하다. 예를 들어 자동차만 운전하는 기자는 대중교통 이용자의 불편을 지나칠 가능성이 높다. 따라서 보행자를 위한 교통정책이나 문화를 헤아리거나 대중교통 이용의 문제점을 공익적 측면에서 숙고하는 자세가 필요하다.

언론인이라면 세상사에 대한 관심도 남달라야 한다. 특히 다른 이들의 고통에 동참할 수 있어야 한다. 언론인은 매체를 통해 자신의 영향력을 발휘할 수 있다는 장점을 가지고 있다. 기자의 영향력은 매체에 소외된 사람들을 대변하고 공익을 위해 사용되어야 한다. 이를 위해 남의 이야기를 듣는 행위는 무엇보다 중요하다. 몸을 낮추어 대상의 눈높이에서 현상을 꿰뚫어보려고 노력해야 한다.

올바른 글쓰기를 위해서는 넓은 시각을 가지고 현상을 직시해야 한다. 사건이나 현상들을 다양한 측면에서 관찰할 때 그에 대한 이해의 폭도 커질 수 있다. 섣부른 판단보다 다양한 사실들을 수집하려는 균형 있는 관찰자의 자세가 요구되는 이유이다.

능력 있는 기자라면 마감시간에 맞춰 신속하고도 효율적으로 일해야 한다. 이를 위해서는 정보에 대한 빠른 판단력도 필요하다. 정확한 보도를 위한 열정도 필요하고 스토리의 다양한 측면을 다루려는 결단도 필요하다. 기자의 열정을 꺾으려는 다양한 시도들이 있기 때문이다. 홍보 전문가의 로비, 광고주의 압력, 자신이 속한 조직이나 외부 권력기관의 개입 등이 대표적인 예라 할 수 있다.

기자들은 정보의 첨병이라 자부심도 크지만 지속적인 지적 활동으로 인한 스트레스도 많다. 정신적 고갈을 보충할 수 있도록 끊임없이 자신을 재충전시키는 다양한 활동이 필요하다. 급변하는 사회 현상들 속에서 자기 충전을 게을리할 경우, 최신 정보를 설명하거나 이해하는 데 한계를 느낄 수 있다. 따라서 오랜 동안 생명력 있는 기자가 되려면 자신의 영역을 지속적으로 확장시켜야 한다.

기자의 잠재력을 높이기 위해서는 자신의 영역을 넓고 깊게 만들어야 한다. 글은 자신이 볼 수 있는 만큼, 아는 만큼 작성된다는 것을 명심할 필요가 있다. 글의 깊이를 더하기 위해 보편적으로 추천되는 것들은 '지속적인 독서'[25], '다양한 체험', '습작(習作)'이다. 직간접적인 경험들을 축적하면서 언어로 표현하는 훈련을 지속적으로 할 때 글쓰기 능력이 커진다.

바쁜 현대인들이 시간을 내어 차분하게 책을 읽기란 쉽지 않다. 하지만 역사 속 영웅들도 동일하게 바쁜 삶을 보냈지만 짬을 내어 독서를 한 이가 적지 않다. 이러한 '자투리 독서' 형태로서 최진(2010)은 몇몇 위인들을 소개하고 있다. 나폴레옹은 말 위에서도 책을 읽었으며 전쟁터에서도 책을 놓지 않았다고 한다. 영국 처칠 수상은 화장실에서 책을 즐겨 읽었고, 전쟁터에서는 욕

25) 독서 활동에서 신문 읽기는 필수적이다. 신문은 사회 엘리트가 만든 정보의 보물창고이다. 지속적인 신문 읽기를 통해 이슈에 대한 통찰력을 키우고 논리와 설득의 힘을 학습하여야 한다. 신문 읽기는 내용적 측면뿐만 아니라 형식적 측면을 학습하는 데도 중요하다. 신문에는 다양한 형태의 글쓰기가 녹여져 있기 때문이다.

조 속에서도 책을 보았다고 한다. 독서의 중요성을 고려하면 시간을 탓하기보다 자신의 생활 패턴에 맞춘 나만의 효율적인 독서 습관을 만들어 가는 것이 중요할 듯하다. 오늘날 도로 위에서 보내는 많은 시간들을 생각하면 이 시간을 활용하는 것도 하나의 대안일 수 있다.

독서 방식도 다양하다. 독서 후 독서목록과 감상문을 쓸 수도 있고 김대중 전 대통령처럼 1시간 읽고 1시간 생각하는 방법을 취할 수도 있다. 책을 정독한 후 그 내용을 조용히 되새기며 자신에게 던져진 메시지를 찾는 방법들이다. 이러한 방법은 독서를 토대로 상상력을 전개하면서 새로운 아이디어와 노하우를 얻는 장점이 있다(최진, 2010). 책을 계속 읽기만 하다 보면 책 속에 매몰되어 판단력이 흐려질 가능성도 있기 때문이다.

마지막으로 강한 정신력도 필요하다. 주제가 선택되었다면 어떤 어려움에도 불구하고 최선을 다해 글쓰기를 마무리하고자 하는 끈기가 필요하다. 인터뷰 대상자가 기피할 수도 있고, 특정 사안에 대한 이해 당사자의 방해도 비일비재하다. 그렇다고 취재를 포기할 수는 없지 않은가. 특히 범죄 혐의로 비밀스럽게 진행되는 압수수색 집행에서는 긴장과 갈등이 고조되어 있다. 날카로운 비난이나 욕설뿐만 아니라 과격한 몸싸움도 가능하다. 하지만 기자의 역량은 어려운 상황에 직면했을 때 '그럼에도 불구하고' 어떠한 결과를 만들어냈는가에 의해 평가된다는 점을 기억해야 한다.

또한 취재 활동 시간이 불규칙한 측면도 있어 기자는 강인한 체력도 가져야 한다. 며칠 동안 지속적인 심층 취재가 필요할 경우 강한 체력이 없다면 버티기 어려울 것이다. 특히 사상자가 있는 사건이나 사고를 취재하는 경우 정신적 충격을 받을 수도 있다. 그래서 평소 철저한 자기 관리도 기자의 자질에 속할 수 있다.

제3절 디지털 시대의 글쓰기

1. 인터넷과 뉴스

전통적인 인쇄 매체가 위기라는 인식과 휴대폰 보급이 증대하면서 인터넷을 활용한 뉴스 생산과 소비가 지속적으로 확대되고 있다.[26] 디지털 시대로 진입하면서 전통적 뉴스 플랫폼 외에도 소셜 미디어를 통한 독자와의 소통도 적극적으로 이뤄지고 있다.[27] 독자가 접속하는 플랫폼을 통해 그들 취향에 맞춘 뉴스 교환이 늘

26) 미디어별 이용률 추이에 대한 한국언론진흥재단(2017)의 '언론수용자의식조사' 결과에 따르면, 모바일 인터넷은 2011년 36.7%에서 2017년 82.3%로 45.6% 증가하여 가장 큰 상승폭을 보인 반면, 종이신문은 2011년 44.6%에서 16.7%로 가장 큰 하락폭을 보여주었다. 텔레비전 이용률은 가장 적은 하락폭을 보였지만 2017년의 이용률은 2011년에 비해 4.4% 감소한 것으로 나타났다.
미디어별 뉴스 이용률은 텔레비전(85.5%), 모바일 인터넷(73.2%), PC 인터넷(32.8%), 종이신문(16.7%), SNS(13.4%), 메시징 서비스(13.3%), 라디오(9.0%), 잡지(0.4%) 순이었다.

27) 국내 언론사들은 페이스북, 카카오톡 플러스친구, 트위터, 유튜브 등 평균 5~6개의 소셜 미디어 계정을 관리하는 편이다. 소셜 미디어를 통해 자사의 뉴스를 30분에서 1시간 단위로 유통시키고자 노력하고 있다(최진순, 2017). 소셜 미디어 운영으로 가장 주목받는 언론사로는 '스브스뉴스'와 '비디오머그'를 운용해온 SBS를 들 수 있다. 직관적인 카드뉴스와 오락성을 가미한 큐레이션 영상으로 젊은 층을 사로잡았다는 평가를 받고 있다.

어나고 있다. 예를 들어, 〈뉴욕타임스〉에서 페이스북(Facebook) 동영상은 중요한 뉴스 채널이 되었고 이를 통한 소셜 미디어 추천이 뉴스 확산에 큰 도움이 된 것으로 알려져 있다.

주류 언론의 변화뿐만 아니라 〈오마이뉴스〉나 〈허핑턴포스트(Huffington Post)〉 등과 같은 새로운 사이트들도 중요한 뉴스 조직으로 부상하였다. 일찍이 허버트 갠스(Herbert Gans)는 이들을 주변 언론(second tier of news organization)으로 지칭하면서 주류 언론의 보도나 활동을 비평하거나 전달하는 것이 이들의 주된 활동이 되리라 예측한 바 있다. 이러한 의미에서 이들을 미디어 감시견 집단(media watchdog)이라 간주할 수 있다. 전통적 언론의 게이트키핑(gatekeeping)[28]과 구별되는 게이트감시(gatewatching) 기능을 수행하고 있는 것이다. 주류 언론이나 취재원의 정보를 직접 분석하여 제공함으로써 독자들에게 새로운 통찰력을 제공하는 데 목적이 있다.

디지털 시대가 가속화되면서 스마트폰을 대상으로 한 애플리케이션 개발이나 뉴스 플랫폼별 뉴스 서비스도 늘어나는 모습이다(이홍천, 2017). 또한 가상현실(virtual reality)[29], 드론 촬영[30]

---

28) 게이트키핑(gatekeeping)은 전체 일간 뉴스 이벤트들에서 언론사의 기자나 편집자가 생각하기에 독자들에게 보도할 가치가 있거나 중요하다고 생각하는 스토리를 선택하는 것을 말한다. 즉 독자들이 알 필요가 있다는 것을 자신들이 판단하고 결정한다.

29) VR 저널리즘은 뉴스를 보거나 듣지 않고 VR을 통해 경험하며 해당 이슈에 몰입할 수 있는 형태의 디지털 저널리즘이며 몰입 저널리즘(immersive journalism)이라고도 불린다. 기자의 시점으로 뉴스 현장을 보지 않고 자신이 주체적으로 직접 현장을 목격한다는 느낌을 가질 수 있다. 360도 카메라를 현장의 중심부에 설치하면 취재기자의 관점에서 스스로 사건을 판단하는 데 도움을 줄 수 있다(김선호·신효섭·정세훈, 2016). 반면, 이용자의 시점을 장면 속 주인공 혹은 등장인물의 시점과 융합시키고자 한다면 카메라를

등을 포함한 영상 콘텐츠가 활성화되는가 하면, 사건 현장을 더욱 실감나게 경험할 수 있는 몰입 저널리즘 현상도 강화되고 있다. 이러한 변화는 뉴스 소비자들의 인지적 영역뿐만 아니라 정서적 측면에도 영향을 줄 것으로 예측된다. 향후 온라인 뉴스 서비스는 더욱 강화될 것으로 예상되며 온라인을 접목한 새로운 방식의 뉴스 제작도 늘어날 전망이다.

신문사가 디지털 뉴스 서비스를 강화하는 방향은 크게 두 가지로 설명될 수 있다. 첫째, 기존 구독자들에게 온라인 서비스를 추가적으로 제공하는 지원 개념으로 이뤄졌다. 기존 독자를 유지하겠다는 입장으로서 디지털 서비스를 수동적으로 접근한 것이다. 이는 새로운 고객 확보 전략이나 온라인 플랫폼에 적합한 새로운 콘텐츠 개발로 나아가는 것을 지체시키는 요인이기도 하다.

두 번째는 새로운 독자를 확보하기 위한 수단으로서 디지털 뉴스 서비스가 시작된 경우이다. 독자를 발굴하기 위하여 구독자와 비구독자를 대상으로 온라인 구독료나 지면 서비스 검색 비용을

주인공 또는 촬영기자의 신체(주로 머리)에 부착시켜야 한다. 이를 통해 1인칭 주인공 시점에서 이용자가 다른 사람의 상황을 가상적으로 체험할 수 있다(예, 난민 체험). VR 이용자들은 콘텐츠를 소비하면서 장소 환영(place illusion)과 신체 소유감(body ownership)을 경험할 수 있다.

VR 체험을 위해 삼성의 기어나 오큘러스 리프트 등과 같은 다양한 가상현실 기기가 출시되었다. 최근에는 가격이 저렴해지면서 기기 접근성도 좋아졌다. 다음 링크는 VR을 위해 제작된 뉴스 사례이다: https://www.youtube.com/watch?v=wvXPP_0Ofzc.

30) 드론은 버즈 아이 뷰(bird's eyeview)을 통해 신체 이동감을 제공할 수 있어 350도 VR 영상의 장점을 극대화시키는 데 도움이 된다. 또한 분쟁, 재난, 자연재해와 같이 기자가 접근하기 어렵거나 불가능한 장면을 포착하여 현장감을 전달하는 데 매우 효과적으로 사용될 수 있다. 360도 영상촬영에서는 콘텐츠 이용자가 주위를 둘러볼 충분한 시간을 고려하여야 한다. 영상 클립당 최소 1분 이상이 필요한 것으로 알려져 있다(김선호 등, 2016).

차등화하거나 온라인 판을 위한 지역별 섹션을 제공하는 방식으로 이뤄졌다. 향후 이러한 차등화는 콘텐츠의 질적 차별을 더욱 촉진시키는 요인이 될 수 있다. 특히 인터넷 세대를 목표로 한 멀티미디어 뉴스 제작이 더욱 활성화될 것이다.31)

디지털 시대가 되면서 뉴스 제작과 유통이 시·공간적으로 해체되는 모습도 있다. 전통적 뉴스 조직이 특정한 시간 주기로 뉴스를 제작, 유통하거나 출입처나 직접 취재를 통해 뉴스를 취재하던 관행들이 급격한 변화를 경험하고 있다. 사실과 인물 정보를 데이터베이스를 통해 검색하고, 웹사이트에서 뉴스거리와 소재를 탐색하기도 한다. 또한 취재원과의 대면 접촉 대신 이메일 인터뷰가 늘어나고 카페, 블로그, 토론 사이트에서 취재원을 물

그림 1-3 GDP별 인터넷 뉴스 이용자

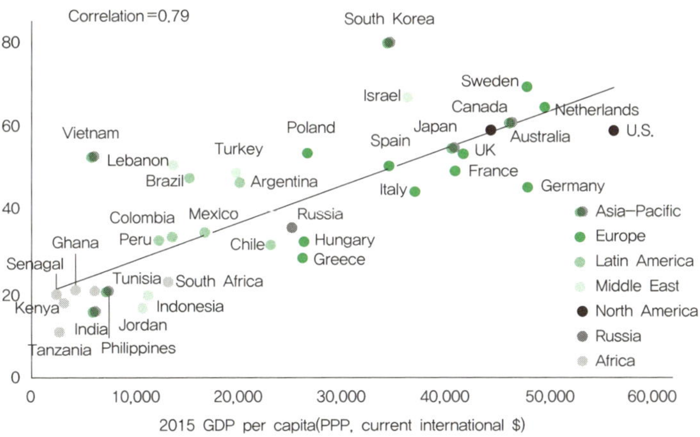

출처: Mitchell, Simmons, Matsa, & Silver(2018).

31) 온라인 세대들은 시각적(이미지), 언어적(문자와 오디오) 정보를 활용한 디지털 스토리텔링을 더 쉽게 기억하고 회상하는 경향이 있기 때문이다(Pavio, 1986).

색하기도 한다. 만들어진 뉴스는 언제나 인터넷을 통해 업데이트 될 수 있는 체계를 갖추고 있다.

한편 인터넷 뉴스 이용이 급속히 늘어나고 있지만 국가별 편차도 많다. 특히 경제 수준은 이용 격차를 설명하는 중요한 예측변인으로 평가받고 있다. 38개국에 대한 퓨(Pew) 연구소의 조사결과에 따르면, 국내총생산(GDP)과 인터넷 뉴스 이용 간에는 높은 상관관계가 있는 것으로 밝혀졌다(Mitchell, Simmons, Matsa, & Silver, 2018).

인터넷 뉴스 이용은 어떠한 방식으로 소비되고 있는가? 한국언론진흥재단은 “지난 1주일 동안 다음의 방법으로 인터넷 뉴스를 이용하신 적이 있습니까?”에 대한 조사결과를 발표한 바 있다. 〈표 1-3〉에 의하면 인터넷을 통한 뉴스 이용은 포털 뉴스가 가장 보편적이었으며, 언론사 웹사이트를 방문한 이용은 매우 저조한 것으로 나타났다. 또한 연도별 추이를 보면 정보나 기사 검색을 통한 능동적인 뉴스 이용이 지속적으로 늘어나고 있음을 알 수 있다. 정보 검색이나 검색 순위는 이용행태와 밀접한 관련성을 가지기에 뉴스 소비를 촉진시키기 위한 글쓰기 방식도 고려되어야 할 것이다.

포털 사이트에 게재된 뉴스 제목이 주된 뉴스 이용 방식이라는 결과는 포털의 기사 배열 방식이 뉴스 소비에 많은 영향력을 미칠 수 있음을 의미한다. 즉 포털의 뉴스 편집권이 뉴스 확산의 주요 요인이라 할 수 있다. 그리고 포털과 제휴 언론사와의 관계는 뉴스 노출의 전제조건이 된다. 예를 들어 네이버와 제휴관계인 지역 언론사는 2018년 초 강원일보, 매일신문, 부산일보로 한정되어 있다. 이는 포털에서 지역 언론사의 시각으로 생산된 뉴

▌표 1-3▌ 인터넷 뉴스 이용 방법

구분	2012년 (n=3,129)	2013년 (n=3,324)	2014년 (n=3,394)	2015년 (n=3,527)
포털 사이트 메인 페이지의 뉴스 제목을 보고 뉴스를 클릭해서	87.4	71.5	88.5	72.1
실시간 검색 순위에 오른 인물이나 사건을 찾아서	57.3	48.5	75.3	68.8
포털 사이트 뉴스란에서 관심 있는 분야/주제의 뉴스를 찾아서	46.8	33.5	57.6	47.3
소셜 미디어를 통해서	12.5	30.4	30.8	-
필요한 정보를 검색하다가	40.5	29.5	62.1	64.8
보고 싶은 기사를 검색 창에 입력해 찾아서	29.4	23.1	49.7	49.3
뉴스 애플리케이션을 통해서	18.2	15.9	18.7	-
포털 사이트 뉴스란(홈)에서 특정 언론사의 뉴스를 찾아서	16.1	9.1	21.2	20.1
처음부터 기존 언론사의 인터넷 사이트를 찾아가서	14.6	7.4	13	9.1
처음부터 인터넷신문사의 사이트를 찾아가서	13.5	5.1	11	8.5
내가 미리 설정한 뉴스(MY 뉴스, 구독 뉴스 등)를 통해서	2.6	1.7	6.5	12.8
이메일 뉴스레터를 통해서	2.3	1.1	5.9	9.4

단위: %, 복수응답

출처: 한국언론진흥재단(www.kpf.or.kr). 언론수용자 의식조사

스를 경험하기 어렵다는 것을 의미한다.

새로운 플랫폼을 통한 뉴스 소비가 가속화되면서 미디어 간 콘텐츠 경쟁은 더욱 심화되는 추세이다. 이는 내용과 형식을 저울질하게 만드는 요인이기도 하다. 전통 저널리즘에서 추구했던 객

관성과 정확성을 토대로 한 내용적 가치가 쉽고 주목받는 형식에 의해 도전받게 된 것이다. 심지어 새로운 커뮤니케이션 기술에 적합한 형식의 콘텐츠 제작 요구도 강화되고 있다. 이로 인해 사실과 맥락의 전달이라는 언론의 역할은 플랫폼이 선호하는 형식을 통해 가능할 수 있다는 믿음으로 변화되고 있다. 다양한 미디어 플랫폼들이 텍스트나 이미지보다 동영상을 선호하는 정책을 가지고 있다는 사실로도 알 수 있다. 기존 텍스트 위주의 뉴스 미디어 기업들이 동영상 제작에 발 벗고 나서는 계기가 되었다.

온라인 플랫폼의 영상들은 과거와 달리 다양한 방식으로 제작되고 서비스된다. 인터넷을 통해 보편적으로 활용되는 영상들은 크게 다섯 가지 유형으로 분류될 수 있다(Du, 2015). 먼저 전통적 방송뉴스 방식으로 영상이 제작되어 온라인에서 활용되고 있다. 디지털 이용자를 위해 별도로 영상을 수정하지는 않는다.

다음으로는 원본 영상(raw video) 클립들이 게재되기도 한다. 감시(surveillance) 영상이나 일반인들이 만든 콘텐츠들이 텍스트를 보완하고자 뉴스 사이트에서 사용되곤 한다.

설명형 영상(explainer video)도 한 유형이다. 설명형 영상은 분쟁지역의 갈등과 같은 복잡한 주제를 설명하기 위해 그래픽이 활용되거나 카메라 프레임 안에서 진행자가 등장하는 방식으로 만들어진다. 영상의 분량도 몇 분에 걸쳐 이뤄지는 경우가 많다. 〈그림 1-4〉는 등산가들을 위해 개발된 애플리케이션을 설명하는 영상이다. 3차원적인 그래픽 정보를 제공하여 정상 등반을 위한 지름길을 보여주고 있다. 자전거나 스키를 이용하는 사람들을 위한 다양한 길 안내도 포함하고 있다. 이러한 콘텐츠 제작을 위해서는 디자인과 애니메이션에 대한 이해가 필수적이다.

그림 1-4 설명형 영상

출처: Venture Beat(2018년 5월 25일). "Fatmap wants to be the Google Maps for the great outdoor"

다양한 멀티미디어 자료들이 사용되는 반응형 영상(interactive video)도 있다. 영상들은 다른 미디어와 더불어 작동하는 경우가 많다. 〈그림 1-5〉는 〈가디언(Guardian)〉의 반응형 콘텐츠 제작팀에서 만든 호주의 쓰레기 관련 문제이다. 해변 쓰레기 이슈를 반응형으로 하여 첫째, 둘째, 셋째 가장 흔히 발견된 쓰레기 유형을 지역별로 시각적으로 제시하고 있다.

흥미롭거나 뉴스가치가 높은 개인들을 다루거나 특정 이슈를 심층적으로 다루는 단편 다큐멘터리(short feature) 영상들도 활용되고 있다. 이러한 영상들은 뉴스가치는 있지만 특종과는 관계가 먼 기사들이다. 특종에 비해 오랫동안 활용될 수 있는 영상이다. 이런 영상들은 시간이 지나도 지속적으로 활용될 수 있는 유형에 속한다.

그림 1-5 반응형 영상

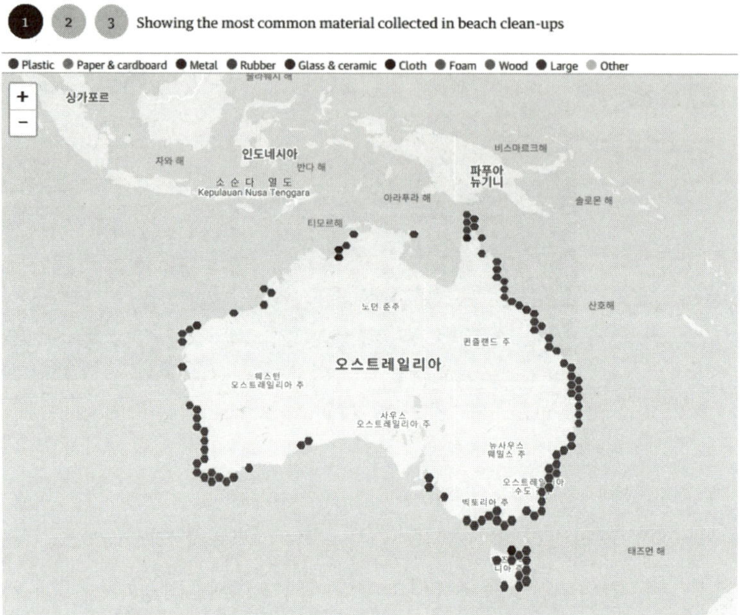

출처: Guardian(2018년 4월 17일). “The great Australian garbage map”

마지막으로 긴 호흡의 다큐멘터리 영상들이 사용되기도 한다. 제작하기 복잡하고 시간이 많이 소요되어 기획, 촬영, 편집이 다소 힘들고 비용도 많이 들 수 있다. 하지만 오랫동안 활용될 가능성이 높고 넷플릭스(Netflix)와 같은 다양한 플랫폼을 통해 유통될 수 있다는 장점이 있다. 웹 초기에 대다수 언론사들은 2분 이하의 영상을 만드는 데 주력해 왔다. 하지만 장편에 대한 이용자의 관심이 증대되면서 미국의 〈뉴욕타임스(New York Times)〉와 〈타임 매거진(Time Magazine)〉에서는 다큐멘터리 부서를 조직, 운영하고 있다. 해양 산성화에 대한 이슈를 심층적으로 다룬

〈시애틀 타임스(Seattle Times)〉의 'See Change'는 대표적인 장편 다큐멘터리 사례에 속한다.

양질의 기사에 디지털 기술을 적용하여 뉴스가치를 상승시키는 노력도 증대되고 있다(강석·남유원, 2015). 인터랙티브(interactive)하게 전달하고 애니메이션으로 참여를 유도하는 기사 제작이 시도되고 있다. 또한 독자들은 뉴스를 단순 소비하는 것에서 나아가 소셜 미디어를 통한 공유도 적극적이다. 좋은 기사일수록 소셜 미디어를 통해 공유되는 비율도 높아지는 경향이 생겨났다. 언론사들은 목표 대상을 선정하고 소셜 미디어로 실험하면서 뉴스 확산을 꾸준히 시도할 수 있게 되었다.

그림 1-6 **디지털 콘텐츠 왜곡 사례**

출처: Business Insider(2016년 5월 21일). The 'Afghan Girl' photographer faked some of his photos. Does it matter?

정보가 디지털로 처리되면서 소프트웨어를 활용한 사실 왜곡 가능성은 높아졌다(오세욱·이성규, 2016). 〈그림 1-6〉은 2003년 사진작가인 브라이언 왈스키(Brian Walski)가 〈LA타임스(Los Angeles Times)〉 보도를 위해 가짜 이미지를 어떻게 만들었는지를 보여주고 있다. 위 두 그림은 실제 사진들이지만 포토샵 작업을 통해 아래의 사진으로 독자들에게 서비스되었다. 해당 사진작가는 사진이 가짜로 밝혀져 해고되었다. 이러한 사례는 디지털 기술이 활성화될수록 언론인의 직업윤리도 새롭게 검토되어야 함을 시사한다.

인터넷을 통한 뉴스 소비로 인해 과거 읽기 방식으로부터 보기 혹은 훑어보기 형태의 미디어 이용이 늘어나고 있다. 독자들이 모니터로 글을 읽을 때는 인쇄된 글을 볼 때보다 속도가 25%쯤 늦고 웹 독자의 약 80%는 한 줄씩 차근차근 읽기보다 훑어보는 경향이 있다(공훈의, 2001). 이러한 훑어보기는 모니터의 이미지 해상도로 인한 피로감에 기인된 것이기도 하다. 또한 인터넷을 통해 찾아낸 정보를 낱낱이 읽기보다 필요한 정보를 더 찾아내야 한다는 생각도 이러한 뉴스 소비를 부추기는 요인이다. 자신들이 보는 것보다 많은 정보가 있다는 생각에 한시라도 빨리 다음 페이지로 넘어가야 한다는 조급증 때문이다.

2. 디지털 시대의 뉴스 특성

디지털 미디어의 등장으로 전통적 저널리즘의 형식과 권위도 무너지고 있다. 언론인의 특권처럼 여겨졌던 미디어 글쓰기가 다변화되면서 개인들의 메시지가 온라인 공간을 잠식해가고 있다.

뉴스 이용자들은 소셜 미디어를 통해 기존 언론사의 뉴스를 단순히 이용하고 공유하기도 하지만 새로운 정보나 의견을 추가하여 온라인을 통해 전파하기도 한다(최민재·양승찬·이강형, 2013). 즉 특정한 사람들의 전유물이었던 미디어 글쓰기 영역이 급격히 확대되고 있는 것이다. 이로 인해 소비와 생산의 엄격한 구분도 어려워지는 모습이다.

사적 영역에서의 미디어 글쓰기가 강화되면서 전문 직업인으로서 언론인이 가졌던 윤리의식도 점차 약화되는 모습이다. 조직적 차원의 자율적 윤리강령들은 이제 개인의 양심 문제로 전략한 모습이다. 건전한 여론형성을 위한 뉴스의 역할보다 자기의 주장과 의견을 지지하고 공유시키기 위한 나르시시즘(narcissism)적 글쓰기가 횡행하는 것도 이와 무관하지 않다. 자기 중심적 글쓰기 확산은 공적 여론을 위한 사실 확인과 취재원 검증의 중요성보다 전파력과 신속성에 탐닉하도록 부추긴다.

소셜 미디어를 활용한 개별 뉴스 생산들은 기존 글쓰기에도 영향을 미치고 있다. 또한 디지털 미디어의 등장으로 뉴스 콘텐츠의 성격과 구성 방식도 변화되고 있다. 개인적 관련성이 높은 생활형 정보가 주목을 받고 탈권위적, 문학적 표현 기법들도 강화되고 있다. 뉴스 생산에 시민들의 참여가 늘어나면서 사실에 근거한 객관주의식 글쓰기보다 개인들의 다양한 스토리텔링 방식으로 확대되고 있다.

스마트폰과 태블릿 PC의 보급이 급속하게 증가하면서 뉴스 이용자들은 모바일로 현저하게 이동하였다. 이로 인해 디지털 뉴스 공급이 확대되고 모바일 플랫폼을 이용한 뉴스 소비가 지속적으로 늘어나고 있다. 새로운 뉴스 플랫폼으로 뉴스 소비 창구가 다양화되면서 소수에 의한 뉴스 독점이나 왜곡 가능성도 줄어들었다.

모바일을 통한 뉴스 소비는 글쓰기 방식도 변화시키고 있다. 모바일에서는 무엇보다 짧은 문장이나 단락의 글쓰기가 중요하다(오세욱·이성규, 2016). 텍스트나 동영상도 짧아야 하며 수익을 위한 광고도 짧아야 한다. 이 원칙을 지키지 못할 경우 인터넷 뉴스 탐색자의 선택을 받기가 결코 쉽지 않다.

일본 전체 소셜 미디어 가운데 가장 빈번하게 이용된다는 〈라인(Line)〉도 뉴스 콘텐츠를 유통하기 위한 다양한 전략들을 만들어 왔다.[32] 〈라인〉 뉴스는 뉴스 제작의 기본이 되는 언어와 기사 구성 방식으로부터 기사 제공과 운용 방식에 있어 새로운 변화들을 시도해 왔다. 특히 구어체적 글쓰기와 기사의 요점 제시는 독자들이 기사에 대한 친근감을 가지고 쉽게 접근하도록 만드는 요인이 되었다.

네이버의 뉴스 편집 노하우와 뉴스 요약 서비스를 바탕으로 〈라인〉이 강조하는 뉴스 제작 전략은 다음과 같다(이홍천, 2017). ① 〈라인〉 뉴스 편집부의 편집 작업으로 뉴스의 요점을 알기 쉽게 편집하여 제공한다. ② 예능, 스포츠, 정치경제, 트렌드 등 폭넓은 장르의 소식을 단시간에 파악하도록 만든다. ③ 화제의 사건이나 뉴스 등은 첫 소식부터 현재까지의 흐름을 시계열로 정리하여 제시한다. 이는 해당 주제를 전체적으로 쉽게 파악

32) 한국의 카카오톡처럼 폭넓게 활용되고 있는 소셜 미디어 〈라인〉은 2013년 7월 뉴스 애플리케이션을 공개하면서 서비스를 개시하였다. 하지만 뉴스를 위해서는 별개의 앱을 다운로드하는 부분이 있어 이용자의 증가속도가 그다지 크지 않다는 평가를 받고 있다. 〈라인〉 뉴스 월간 이용자 수는 2016년 6월 4,100만 명으로 보고되고 있다(이홍천, 2017).

할 수 있도록 도와준다. ④ 이용자가 열람한 기사를 인식해서 관련 속보나 후속 기사를 푸시해서 알린다. ⑤ 뉴스 문장을 구어체로 기술하여 뉴스를 딱딱한 이미지로 만들지 않는다.

컴퓨터를 중심으로 한 새로운 기술과 언론의 만남은 온라인 저널리즘, 디지털 저널리즘 활동을 강화시키고 있다. 온라인을 통한 정보 검색, 다양한 공적 자료들에 대한 접근, 소프트웨어를 통한 시각적 자료 활용 등은 언론인의 활동 지평을 변화시키고 있다. 과거 언론인들은 펜과 수첩을 지니고 사건 현장을 방문하거나 전화를 사용하여 취재한 정보를 기사화하였다. 그러나 멀티미디어 저널리스트들은 노트북, 디지털 카메라, 캠코더를 사용하여 기사와 더불어 사진과 동영상을 편집하고 웹문서를 작성하여 서버에 올리기도 한다.

디지털 시대의 뉴스 제작에서 컴퓨터 사용은 이제 필수가 되었다. 컴퓨터 활용 취재(CAR: Computer Assisted Reporting) 활동은[33] 크게 검색(search), 조사(investigation), 분석(analysis)으로 구분된다(이건호, 2010).[34] 최근의 취재 활동은 CAR에서 SAR(Smart Devices Assisted Reporting) 방식으로 급격하게 이동하고 있다. 다양한 애플리케이션과 스마트 장비들이 취재의 효율성을 높이고 기존의 한계를 넘어서는 데 활용되고 있다.

33) 이 용어를 가장 먼저 사용한 사람은 1989년 〈Editors & Publisher〉 잡지에 기고한 테스 치치오코(Tess Chichioco)이다. 그 후 미네소타 대학의 진 워드(Jean Ward)와 캐서린 핸슨(Katherine Hansen)이 컴퓨터를 활용한 기자들의 취재보도 경향을 발견하여 'CAR'이라 지칭하였다.

34) 미디어 종사자들은 스마트폰에서부터 노트북이나 PC를 활용하여 정보 분석이나 변형 작업을 수행하고 있다. 또한 방대한 양의 데이트를 처리하기 위해 서버와 클라우드 스토리지에 의존하기도 한다.

검색(search) 활동은 기사를 발굴하기 위한 작업을 의미한다. 기사화 가능성이 높은 주제를 탐색하고 관련 정보를 추적하는 과정이다. 기사 작성자는 다양한 웹사이트를 서핑하거나 토론방, 전자게시판 등을 검색하면서 주요 이슈들을 확인할 수 있다. 이 과정에서 이용자들의 주요 관심사가 무엇인지 그리고 이슈 주제별 인식은 어떠한지를 파악할 수 있다. 관심 있는 주제를 선택한 후 세부 소재들을 찾아가는 노력도 필요하다. 이러한 활동도 검색에 해당된다.

검색을 통해 주제와 소재를 파악한 후 조사(investigation) 단계로 나아갈 수 있다. 결정된 소재를 어떠한 방식으로 제시할까를 고민하는 작업을 지칭한다. 선택한 이슈에 대한 깊은 탐색 과정이 조사 과정에서 이뤄진다. 문제가 있다면 왜 그러한 문제가 발생하는지를 확인해야 한다. 온라인 조사는 취재 활동의 기본이기에 신뢰할만한 웹사이트를 활용하는 것이 중요하다. 일반적으로 정부, 교육기관, NGO, 기업 등의 순으로 신뢰도가 평가된다. 또한 오랫동안 운영된 웹사이트를 찾고 게재된 정보가 최근 업데이트된 것인지도 확인하여야 한다. 그리고 웹사이트 주소의 마지막 부분이 '.com'이나 '.org' 등과 같이 신뢰할만한 주소인지도 점검할 필요가 있다. 특정 이슈에 대해서는 국가 간 언론보도를 비교하는 것도 정확한 판단에 도움이 된다.

최근엔 많은 기자들이 소셜 미디어를 취재도구로 활용하고 있다. 특히 사건 발생 현장에 있던 사람들이 소셜 미디어에 올리는 내용들은 유용한 최신 정보로 활용되고 있다. 소셜 미디어를 통해 취재원을 발굴하고 작성한 기사를 홍보할 수도 있다(김창회, 2017). 또한 다루는 주제에 대한 독자들의 의견을 신속하게 활보함으로써 새로운 아이디어도 얻을 수도 있다. 이른바 '크라우드소싱(crowdsourcing)'이 이뤄질 수 있다. 여기서 크라우드소싱은 군중(crowd)과 아웃소싱(outsourcing)의 합성어로 온라인을 통해 대중에게서 아이디어를 얻고 이를 활용하는 방식을 일컫는다.

분석(analysis) 과정은 컴퓨터를 활용하여 정밀 저널리즘을 강화할 수 있는 작업과 관계된다. 내용 분석에서부터 다양한 통계 방법을 활용한 자료의 해석 및 제시 방법들이 분석을 통해 이뤄진다. 기자는 분석 작업을 위해 데이터베이스를 적극적으로 활용할 수 있다. 또한 특정 주제와 관련된 정보들을 다양한 소프트웨어를 활용하여 분석함으로써 데이터에 대한 설명력과 예측력도 높일 수 있다. 특히 조사방법론에 대한 지식을 가지고 컴퓨터를 활용한다면 신속하고 효율적인 분석도 가능하다.

이외에도 언론인들은 컴퓨터를 통해 다양한 편집 작업들을 수행하거나 미래의 취재 활동을 위해 다양한 정보들을 체계적으로 축적할 수도 있다. 그러나 컴퓨터가 좋은 기사를 만들어 낼 수는 없다. 따라서 컴퓨터를 활용한 취재 활동은 기자의 능률을 높이는 도구라는 인식이 중요하다. 판단과 합리적인 사고 등과 같은 기자의 능력과 자질이 무엇보다 우선시되어야 한다는 말이다.

디지털 시대의 언론인들은 새로운 기사 작성법에도 익숙해져야 한다. 새로운 매체가 생겨날 때마다 새로운 글쓰기에 대한 요구도 생겨나기 때문이다. 이제 미디어 이용자들은 1면 톱기사부터 읽거나 방송뉴스를 시작부터 시청하지 않아도 된다. 하이퍼텍스트를 통한 정보 이용이 비선형적으로 이뤄지는 상황이다.

새로운 정보 환경에서는 뉴스가치에 대한 평가도 변화되고 있다. 과거에 비해 신기성(novelty)과 독자들의 정보 연관성(involvement)

및 유용성(usefulness)이 더욱 강조되고 있다. 여기서 연관성이란 기사가 독자들의 생활이나 관심사와 관계되는 것을 의미한다. 온라인 독자들은 연관성 높은 정보가 극적으로 표현되었을 경우 높은 흥미와 관심을 보인다. 기사 작성에 있어서도 기존 육하원칙에 따른 집착은 정보를 경직된 형태로 만들 수 있기에 유의하여야 한다(김숙현, 2004).

콘텐츠를 이용하는 포털 섹션 중 사람들이 가장 많이 이용하는 것은 뉴스 섹션이다. 이는 포털에서 가장 경쟁력 있는 콘텐츠가 뉴스라는 것을 의미한다. 하지만 대다수의 포털 뉴스가 선정적이고 가볍다는 점에서 저널리즘의 질적 저하를 우려하는 목소리도 높다. 서비스되는 포털 뉴스에서 연예와 스포츠와 같은 연성뉴스가 정치, 경제 등의 경성뉴스 이상으로 서비스되기 때문이다.

데이터, 텍스트, 이미지, 사운드 등 다양한 멀티 정보들을 조합하여 다양한 감각기관에 소구할 수 있는 뉴스의 등장도 가속화되고 있다. 뉴스 전개 방식은 논리적이고 순차적인 아날로그 형태가 아니라 하이퍼텍스트와 멀티미디어를 조합하여 이뤄지고 있다. 디지털 매체에서는 하나의 사건과 이슈를 두고도 수많은 이야기와 의미가 동시에 생성되고 병존하고 경쟁하는 것이 가능하다. 예를 들어 담화문이 발표되면 하이퍼링크를 통해 전체 담화문을 볼 수 있고 관련 사진도 여러 장 이용할 수 있다. 또한 텍스트 정보뿐만 아니라 영상 파일도 함께 서비스될 수 있다. 독자의 콘텐츠 선호도가 깊이 개입되는 방식이다.

인포그래픽과 인터랙티브한 뉴스 체험을 중시하는 젊은 독자들을 위해서는 멀티미디어 뉴스 콘텐츠들에 대한 다양한 실험이 필요하다. 우리나라 온라인 뉴스 콘텐츠는 대다수 텍스트와 사진 혹은 동영상을 기계적으로 결합한 '조합형' 기사에 머물러 있다. 미국 주요 신문사들이 이미 다양한 디지털 표현들(텍스트, 사진, 동영상, 인포그래픽, 하이퍼링크, 인터랙티비티 등)을 패키지화한 '융합형' 뉴스를 서비스하고 있다는 점과 다소 대조적이다. 디지털 매체의 특성을 활용한 다양한 뉴스 제작을 통해 뉴스에 대한 젊은이들의 호기심과 이용 동기를 극대화하려는 노력이 필요해 보인다.

한편 인터넷에서는 더욱 간결하고 짧은 문장을 통해 매체 이용자들의 피로감을 최소화시킬 수 있는 글쓰기가 필요하다. 또한 기호를 빈번하게 사용하거나 굵은 글씨나 컬러로 주요 내용을 표시하고 중간제목이나 부제를 자주 달아줌으로써 독자들이 정보를 친근하게 대하도록 만들어야 한다. 이밖에도 긴 문장의 기사를 위해 주요 사실들을 아이템별로 나누고 이를 한 문장으로 기호와 함께 제시하는 게시판식 글쓰기도 권장되고 있다. 본문을 작은 소제목들로 여러 부분 쪼개는 방법이다. 독자들은 소제목을 훑어보면서 필요한 내용들을 식별할 수 있다. 문단별 여백을 극대화하고 구어체적 단어 사용도 권장된다.

블로그와 소셜 미디어에 나타나는 글쓰기 구조는 전통적인 역피라미드 방식을 벗어나 있다. 사실에만 근거하기보다 의견을 가미한 이야기체 형식으로 만들어진다. 블로그 뉴스는 블로거 자신의 개인적이고 주관적인 경험과 의견을 바탕으로 내용을 전달한다. 언론사 뉴스는 3인칭 객관적 어조가 강하지만 블로그 뉴스는 독백처럼 1인칭으로 발언하거나 2인칭 대화 구조가 빈번하다(정일권·김예란, 2010). 이러한 뉴스 구성은 단순한 사실전달을 넘어 독자를 대화와 토론의 동참자로 바라본다는 것을 의미한다.

기존 미디어 기사에 대한 의견이나 개인이 일상 속에서 경험하는 일들에 대한 소소한 이야기, 시사 주제나 사건에 대한 요약, 논평, 분석 등을 포함하는 주관적 이야기체 방식의 글쓰기도 흔하게 볼 수 있다.

인터넷 뉴스 소비 방식은 뉴스 편집에도 많은 변화를 요구하고 있다. 독자의 빠른 판단을 도와줄 수 있도록 중요한 내용은 한눈에 들어오도록 편집된다. 또한 웹페이지 기사 제목은 핵심 단어를 포함한 직설적인 내용이어야 한다. 인쇄매체 제목에서 사용되는 은유, 비유, 패러디 등은 기피되는 경향이 있다(공훈의, 2001). 예를 들면 '빛의 속도에 사활 건 통신사들'보다 '통신사들, 5G 경쟁 치열'이 선호된다. 디지털 시대의 기사 제목에 익숙해지려면 평소 지면 기사의 제목들을 웹페이지용으로 바꾸는 훈련들이 유용할 수 있다.

직설적인 뉴스 제목이 필요한 또 다른 이유로서 뉴스를 이용하는 한정된 화면 사이즈가 거론된다. 제한된 공간을 고려하면 제목 한 줄로도 충분한 정보를 전달할 수 있어야 한다. 심지어 요약된 한 줄짜리 기사 쓰기도 가능해야 한다. 우리는 뉴스 속보를 통해 이미 이러한 현상을 경험하고 있다.

다음 그림은 2018년 3월 5일 애플 아이폰(iPhone)으로 서비스된 네이버 뉴스의 제목들이다. 뉴스 제목 가운데 뉴스를 제공한 언론사의 기사 제목이 부분 삭제된 것에 주목해보자. 마지막이 '…'으로 표시된 것은 휴대폰 화면의 제한으로 인해 자동 삭제된 것을 의미한다. 이러한 현상은 포털을 통한 뉴스 노출을 고려하는 언론사는 제목 작성 시 휴대폰 화면크기에 맞도록 글자 사용을 제한해야 한다는 것을 의미한다.

그림 1-7 네이버 모바일 뉴스

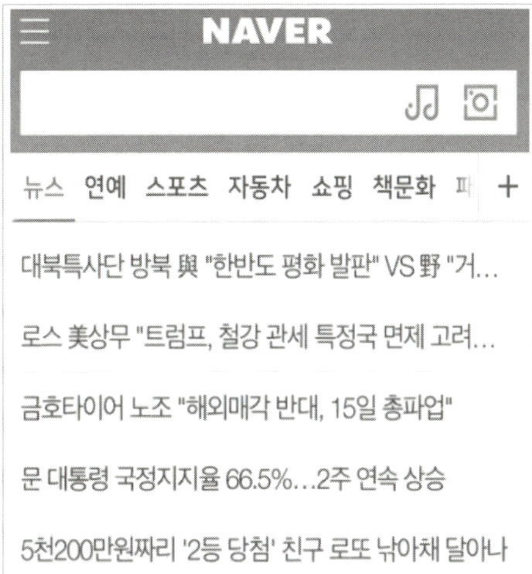

모바일 뉴스 소비자들이 제목만 보고 뉴스를 판단할 경우 특정 제목은 관련 이슈 해석에 문제가 될 수 있다. 〈그림 1-7〉 가운데 「로스 美상무 "트럼프, 철강 관세 특정국 면제 고려…」라는 제목을 클릭하면 「로스 美상무 "트럼프, 철강 관세 특정국 면제 고려하지 않아"」가 나온다. 내용과 다른 제목이 포털을 통해 서비스될 수 있어 주의가 요구된다.

2 Chapter
창의적 글쓰기 절차와 구성

제1절 글쓰기 절차와 방법

현대사회에서 표현과 전달력은 효과적 커뮤니케이션을 위한 핵심이다. 이를 강화할 수 있는 방법 중의 하나가 미디어 글쓰기이다. 좋은 글쓰기 방법을 기교적으로 알려주는 비법들은 무수히 많다. 그러다 보니 글을 쓰는 정신과 태도의 중요성은 소홀히 다뤄지는 측면이 있다. 따라서 미디어 글쓰기를 수행하려는 사람은 먼저 언론의 목적과 기능을 생각하는 진지한 태도와 자세가 필요하다.

뉴스 제작자의 말이 사실과 무관하다면 문제가 될 수 있다. 진실과 먼 삶을 사는 사람의 말에 무게가 느껴지기는 어려운 법이다. 인간관계에서 새로운 미래가 말에 대한 신뢰에서 나오듯이 기자가 어떠한 방식으로 기사를 작성하였는가는 언론에 대한 신뢰 평가와 밀접하게 관계된다. 언론인의 취재 활동이 언론윤리적으로 부끄럽지 않아야 하는 이유이기도 하다.

새로운 커뮤니케이션 기술들의 확산은 변화된 이용자 특성과도 연계되어 있다. 자신이 직접 콘텐츠를 제작하고 이를 온라인에 저장하여 타인과 자유롭게 공유하려는 능동적이고 적극적인 성향들은[1] 새로운 미디어 확산에 영향을 미치는 중요한 토대이

1) Contents Generation의 특성이라 지칭되기도 한다. 이들 C세대는 사진, 동영상, 음악 등과 같은 콘텐츠를 자신이 직접 생산하여 인터넷에 저장하고 공유하려는 소위 라이프캐싱(Life Caching)의 욕구가 강한 것으로 알려져 있다. 싸이월드 미니홈피나 블로그가 인기를 끌었던 이유 역시 이런 'C세대'의 욕구를 반영하고 사람들 사이의 '관계 맺기' 서비스를 제공했기 때문이라고 평가받는다.

다. '마이크로 블로그'에 가입하려면 ID와 비밀번호만 필요하다. 또한 미니홈페이지를 업데이트하고 꾸미는 것도 쉬워졌다. 단 한 줄로 즉흥적으로 타인의 글에 공감하는 댓글을 달면 그만이다. 지속적인 상호작용 속에서 너무나도 쉽게 자신을 표현할 수 있게 된 것이다.

디지털 시대 효과적인 글쓰기는 스마트 워크(Smart Work)를 적극 활용하는 것과도 밀접하게 관계된다. 예를 들어 우리는 다양한 메모 도구들을 가지고 있지만 디지털 시대가 되면서 기억의 수단들은 더욱 쉽고도 신속하게 변모하고 있다. 녹음기, 카메라, 메모장 기능들이 디지털화되고 융합되면서 모든 이의 생활 속으로 깊숙이 자리 잡게 되었다. 디지털 시대 효율적인 글쓰기를 위해서는 이들 기기를 적절히 활용하는 것도 필요해 보인다. 데이터에 대한 검색이나 접근 그리고 활용 가능성이 디지털 기기의 사용 정도에 따라 차별화될 수 있기 때문이다.

기사 작성에 도움이 되는 대표적인 애플리케이션의 하나는 에버노트(Evernote)이다. '모든 것을 기억하라'는 것이 애플리케이션 에버노트의 모토이다.[2] 에버노트가 추구하는 것은 포스트잇처럼 쉽고 간단하게 자신만의 콘텐츠를 언제든지(ever) 기록하고(note) 저장하는 것이다. 이러한 기능은 언제 어디서나 데이터 접근을 가능토록 만드는 요인이기도 하다. 에버노트는 현재까지 메모 관련 앱 가운데 가장 유용한 것 중 하나라는 평가를 받고 있다. 동기화 작업을 하면 컴퓨터에서도 동일하게 정보 저장, 관

2) 에버노트의 모토는 로고인 코끼리 이미지에 함축되어 있다. "Elephant never forgets" 또는 "Memory like an elephant"라는 의미로 뛰어난 기억력을 비유적으로 시사하고 있다.

리, 활용이 가능하다.[3] 텍스트뿐만 아니라 사진, 음성메모 기능까지 있다. 사진 안의 문자를 인식하여 텍스트 검색도 가능하고 위치 정보와 연계하여 지도상에 노트를 위치시킬 수도 있다.

모바일 기기를 이용하여 사진이나 영상을 전문가처럼 만드는 것도 쉬워졌다. 예를 들어 아이폰이나 아이패드 사용자라면 'FiLMic Pro'와 같은 애플리케이션을 구입하면 수동 노출이나 녹음을 쉽게 할 수 있다. 'iMovie'와 'Videolicious'와 같은 애플리케이션은 영상 편집을 쉽고 빠르게 하는 데 도움이 된다. 또한 아이폰을 위한 렌즈, 조명, 지지대, 마이크와 같은 하드웨어 장비도 지속적으로 업그레이드되고 있다. 모바일 영상 제작에 필요한 제품이나 소프트웨어 관련 정보를 지속적으로 업데이트해야 할 이유이다.

미디어 글쓰기는 보도를 전제로 작성된다. 그래서 기자는 정확성, 객관성, 공정성, 균형성을 갖춘 보도가 이뤄지도록 주의해야 한다. 이를 통해 언론에 대한 신뢰성도 증대될 수 있다. 성실하고 진실한 언론 활동이 필요한 이유이다. 언론 활동의 기본이 되는 글쓰기 절차는 일반적인 글쓰기 절차와 유사하며 크게 다섯 단계로 분류될 수 있다.

3) 컴퓨터에 응용프로그램으로 설치할 수도 있고 브라우저 확장 기능으로도 사용할 수 있다. 여러 유형의 스마트폰에서도 기기와 관계없이 어디서나 동일한 데이터에 접근할 수 있다.

1. 글의 주제와 뉴스가치

창의적 미디어 글쓰기를 수행하기 위해서는 먼저 자신이 선택한 주제가 적절한지를 진지하게 고민할 필요가 있다. 공익적인 보도 주제로서 적합한지를 판단할 기준으로서 'THINK' 항목들을 고려해볼 수도 있다(〈표 2-1〉 참조). 다루려는 정보가 신뢰할만하고 유익하며 긍정적 영향력을 줄 수 있는 구체적 정보인지를 판단하는 데 도움이 된다(구교태, 2013).

❚ 표 2-1 ❚ 주제 점검 사항(THINK)

Truthful	신뢰할만한 진실한 정보
Helpful	공중에 도움이 되는 정보
Inspirational	좋은 영향을 미칠 수 있는 정보
Necessary	필요한 구체적 정보
Kind	전달 방식이 친절한 정보

기자는 먼저 사실을 제대로 조명할 방법에 대해 고민해야 한다. 취재원의 신뢰성에 대한 점검에서부터 다양한 측면을 세내로 조명하고 있는지에 이르기까지 끊임없이 자문하면서 글을 써야 한다. 또한 기사 작성의 주제가 공중에게 얼마나 도움되는지를 검토하고, 주제의 어떤 아이템이 소재로 적합한지를 고민해야 한다. 이를 통해 기사를 접하는 사람들과 지역에 좋은 영향력을 미칠 수 있는 정보들을 발굴할 수 있다.

기자가 무엇에 대해 쓸 것인가를 결정하기 위해서는 뉴스가치(news value)들에 대한 판단이 무엇보다 중요하다. 일반적으로 시의성, 근접성, 특이성, 저명성, 영향성 등이 중요한 것으로 인식되고 있다. 주제가 선정되면 관련 정보들을 검색하고 수집하는 작업을 하게 된다. 다음 단계로 나가기 전에 선택한 주제와 관련된 기존 보도가 어떠한 것들이 있는지를 세밀하게 살펴보아야 한다. 기사의 주제는 보편적으로 다음과 같은 뉴스가치들을 기준으로 선정된다(구교태, 2013).

1) 시의성

현재 시점과 가까울수록 시의성이 높은 것으로 간주된다. 지금 발생한 사건이나 사고가 언론의 최대 관심사 중의 하나이다. 대다수 언론사들은 시의성을 고려하여 뉴스 속보를 다투어 낸다. 특히 공영뉴스통신사인 연합뉴스는 다양한 지역에 기자를 가장 많이 보유하고 있어 속보 뉴스의 강점을 가지고 있다. 디지털 시대에도 여전히 시의성이 중요하지만 이를 접할 채널이 다양해지면서 시의성을 위한 속보 경쟁은 다소 약화되었다는 평가를 받고 있다.

현재 시점이 아닌 과거 시점이더라도 현재와 깊이 관계된다면 시의적인 것으로 다뤄진다. 예를 들어 '세월호' 참사가 발생한 날짜가 되면 매년 이를 되짚어보는 다양한 주제의 기사들이 만들어진다. 현재 진행형으로 전개되는 많은 대상들이 있기 때문이다. 그때의 사람들, 진실규명, 안전매뉴얼 등이 대표적이다.

2) 근접성

사람들은 자신의 커뮤니티와 무관한 장소보다 관계된 곳에서 발생한 사건에 대해 관심을 기울이는 경향이 있다. 대형 화재가 아니라면 타 지역의 사소한 화재 소식은 사람들에게 흥미로운 뉴스가 되기 어렵다. 하지만 작은 화재라도 특이한 사연이 있다면 예외가 되기도 한다. 인명피해가 없더라도 기기 결함으로 인한 예상치 못한 화재나 도저히 방화범으로 생각할 수 없는 사람의 방화라면 이야기가 달라진다.

근접성은 지리적, 시간적 근접성으로도 구분될 수 있다. 지리적 근접성은 나와 가까운 지역을 의미하는 반면, 시간적 근접성은 앞서 언급된 시의성을 의미한다. 즉 시간적으로 현재와 가장 근접해있는 시점이 시의성인 것이다.

3) 특이성

특이성은 보편적인 예상을 벗어난 경우와 관계된 것을 의미한다. 예를 들어 '개가 사람을 무는 것'은 보편적으로 발생할 수 있는 일지만 '사람이 개를 무는 것'은 예상을 벗어난 특이한 사건이다. 또한 황사가 왔다는 것보다 예년보다 황사가 빨리 오거나 길어진다는 소식이 뉴스가 된다. 이러한 뉴스가치는 선정적이라는 평가와 허구적 정보 환경을 조성한다는 비판을 받기도 한다. 그러나 대다수 사람들이 비정상적인 패턴에 시선을 보내고 흥미를 갖는다는 점은 분명하다. 언론도 이를 뉴스가치로 적극 활용하는 모양새다.

4) 저명성

일반인들은 연예인, 프로선수 등과 같이 유명인이거나 자신의 분야에서 두드러진 업적[4]을 가진 사람들에게 관심이 많다. 동일 사건이라도 유명인이 관련된 사건이 그렇지 않은 사건보다 미디어의 주목을 받는 이유이다. 마치 관객의 욕구를 충족시키고 안정적인 관객의 반응을 이끌어내기 위한 영화의 스타 시스템과 유사하다. 유명배우가 영화 산업을 지탱하는 큰 힘인 것처럼 저명인사와 관련된 뉴스들이 언론 지면을 상당부분 점유하고 있다.

취재 대상에서 사람뿐만 아니라 특정 장소도 저명성을 판단할 때 고려되는 사항이다. 동일 사건이라도 청와대 앞에서 발생한 사건과 어느 회사 정문에서 발생한 사건은 뉴스가치에 대한 평가에서 차별화된다.

5) 갈등

노조와 사측, 정부와 시민단체, 피해자와 가해자, 여당과 야당 등과 같이 대결구도로 조성된 갈등도 뉴스의 초점이 된다. 특히 갈등이 고조되고 파급효과가 클 경우 더욱 그러하다. 갈등적인 상황을 취재할 때는 관련 당사자들의 의견과 입장을 공정하게 취합하는 자세가 중요하다. 취재 대상에 대한 객관적이고 공정한 판단을 도모하기 위함이다.

중요 선거가 있을 때마다 갈등적 내용이 부각되는 사례들을 생각해보면 언론 보도가 유권자의 판단에 미치는 영향력을 느낄 수 있다. 하지만 선거 기간 동안 후보 간 이데올로기를 극단적으로 비교하면서 갈등을 조장하는 언론 활동은 사회적 대립을 조장한

4) 두드러진 업적은 좋거나 나쁜 경우 모두를 포함한다. 예를 들어 프로야구에서 우승팀이 언론의 주목을 받는 경우가 많지만 꼴찌팀도 뉴스로 다뤄지기도 한다.

다는 비난을 면하기 어렵다.

6) 영향력

사람들의 삶에 미치는 영향력의 크기도 중요한 뉴스가치로 평가된다. 영향력이 클수록 사람들의 관심도 커지기 때문이다. 예를 들어 중소기업에서 일어나는 노사 분규와 대중교통 관련 파업은 영향력의 크기가 다르다. 영향력이 클수록 뉴스가치도 높아져 미디어가 주목하게 되고 미디어의 초점이 될 수 있다.

사건의 영향력뿐만 아니라 대상이 되는 인물이 사회에 미치는 영향력도 뉴스가치로 고려된다. 뉴스에서는 분야별 전문가를 인터뷰 대상으로 활용하는 경우가 빈번하다. 이는 그 분야에 대한 해당 인물의 영향력 때문이며 뉴스 이용자들은 이들을 더 많이 신뢰하는 경향이 있다.

이밖에도 독자에게 유익한 정보, 오락, 사회문화적 트렌드 등도 중요한 뉴스가치가 될 수 있다. 일반적으로 사람들은 특별한 문제, 업적이나 경험 등에 대해 이야기하는 것을 좋아한다. 특이한 봉사 경력을 가진 사람들의 이야기나 독특한 문제해결 방식에 대한 스토리가 주목받는 이유이다. 나아가 휴먼 스토리도 증대되고 있다. 어려움 속에서도 희망의 빛을 보여주거나 재난에서 드러난 활약상 등이 대표적인 사례들이다.

전통적 미디어의 기자들이 광범위한 정보를 수집하고 제공하려는 모습을 보여줘 왔다면, 디지털 시대의 기자는 독자 맞춤형으로 자신의 전문 분야를 만들려는 특성이 있다. 개인의 관련성과 선호도가 콘텐츠 소비의 중심이기 때문이다. 예를 들어 바이스 뉴스(Vice News)는 인간적인 1인칭 스트리트뷰(street view) 방식의 기사로 젊은 뉴스 소비자들의 주목을 받고 있다(강석·남유원, 2015).[5] 소속 기자들은 국제 분쟁지역을 직접 취재하고 실시간으로 중계하기도 하며, 관련 내용을 동영상 다큐멘터리로 제작하여 독자들에게 서비스하기도 한다.

독자들이 뉴스를 읽을지 여부를 결정하는 데는 3초 정도 소요된다. 이를 고려하면 기자는 사람들이 주목할만한 정보를 발굴하는 데 더 많은 노력을 기울여야 한다. 뉴스가치에 기초하여 작성된 기사는 편집부로 넘어간다. 이때 뉴스가치와 더불어 다음 사항들도 추가적으로 고려된다(한국편집기자협회, 2001).

가. 시대적 조건

특정 시점과 관계된 뉴스의 흐름을 의미한다. 뉴스가 제작되는 시대적 상황이 뉴스가치 판단에 영향을 주기 때문이다. 여기서 시점은 고정된 것이 아니라 상대적이며 유동적이다. 경제 침체기는 대개 장기적인 반면 특정 산업의 몰락은 단기적일 수 있다. 따라서 유동적인 시간 축을 고려하여 뉴스 주제를 판단해야 한다. 특정 시점에는 실업 문제가 주목받지만, 어떤 시점에서는 안전 문제가 대세일 때도 있다.

기자는 대중의 관심사를 지속적으로 점검할 필요가 있다. 하지만 특정 시기별로 나타나는 한결같은 관심사도 있다. 이는 시기별 트렌드 기사에 대한 수요를 만드는 조건이다. 대학 입학이나 졸업 시즌 동안 관련된 뉴스가 생산되는 것과 같다. 예를 들어

5) https://www.youtube.com/watch?v=bsCZzpmbEcs 참조. 이 영상은 유튜브(YouTube)에서 700만 명 이상이 시청하였다.

졸업 시즌에는 졸업식 동향, 이색 졸업식, 주목받는 졸업생 등과 관련된 기사들이 쏟아져 나온다. 따라서 특정 시기에 적합한 뉴스를 준비하고 발굴하려는 노력이 필요하다.

나. 지리적 조건

뉴스가치의 기준은 한 신문의 지리적 위치와 보급 범위에 따라서도 다르게 평가될 수 있다. 매체가 어느 지역을 대상으로 서비스하느냐에 따라 뉴스가치를 판단하는 기준이 달라질 수 있다. 아무리 뉴스가치가 높다 하더라도 다룰 뉴스가 신문사의 배포지역을 벗어난 이야기일 경우 정보가치는 떨어질 수도 있다.

대도시와 소도시의 독자들 사이에는 성향적인 차이가 있다. 대도시에 사는 사람들은 자기 중심적 사고를 하는 경향이 있어, 뉴스가 뚜렷한 특이함을 갖지 않는 한 주의를 기울이지 않고 자기 이외의 어떤 일에 흥미나 관심도 적은 편이다. 일반적으로 대도시의 신문은 특이성(unusualness)에 더 강조를 두는 반면 소도시의 신문은 이웃 간의 친숙성, 일상적인 과제 등을 강조하는 경향이 있다. 소도시에 사는 사람들은 자기와 관련된 친숙한 인물들에 관심이 많고 자기가 알고 있는 인물이나 사물에 끌리기 때문이다. 지역 신문이 지역 뉴스를 더 소중히 다뤄야 하는 이유이기도 하다.

다. 문화적 조건

서비스되는 뉴스의 주 독자층이 어떠한 지적 수준이나 취향을 가지는지도 뉴스가치에 대한 평가에 영향을 미친다. 글의 주 독자층이 누구인가에 따라 다루어질 뉴스 내용도 달라져야 한다는 말이다. 독자의 지적 수준이 낮고 언론사가 이들의 취향에 영합하려 한다면 감각적이고 오락적인 기사가 뉴스가치가 높다는 평가를 내릴 수 있다. 또한 문화 관련 기사에서도 뉴스 이용자들의 취향을 고려한 적절한 정보가 다뤄져야 한다. 시골지역에서 오페라나 뮤지컬 관련 기사를 빈번하게 다룰 경우, 어떤 문제가 발생할 수 있는지를 생각해보면 쉽게 이해할 수 있다.

2. 글의 소재와 취재 활동

뉴스는 여러 요소들의 결합에 의해 구성된다. 따라서 주제에 대한 결정이 이뤄졌다면 무엇으로 내용을 채울 것인지를 판단하는 과정이다. 넓은 주제에서 구체적으로 무엇을 다룰 것인지로 주제를 좁혀가는 과정이기도 하다. 이때 기자는 자신이 다룰 주제의 어떠한 정보들을 시민들이 알고자 하는지를 판단하는 것이 중요하다.

기사를 접하는 시민들이 공통적으로 제기하는 질문이 없도록 기사가 구성되어야 한다. 이는 현상을 기자적 관점을 넘어 시민의 입장에서 살펴야 한다는 말이다. 범죄사건을 다루는 기사라면 경찰 보고서, 사건 관계자, 범죄 전문가, 일반 시민 등 다양한 영역에서 정보를 수집할 수 있어야 한다. 범죄 관련 동향, 진단 및 대책, 사회 안전망에 대한 평가, 혐의자의 성장배경, 주변인물 등도 글의 소재로서 활용될 수 있다.

특정 지역에 있다고 취재가 불가능한 것은 아니다. 인터넷을 검색하면 다양한 방식의 취재가 가능하다. 하지만 인터넷 공간에는 정확한 정보도 있지만 편향된 정보도 많다는 사실도 고려해야 한다. 정확성을 확인하기에 앞서 특종에 대한 욕심을 가진다면 오보 가능성도 상대적으로 커질 수밖에 없다.

다양한 디지털 기술들은 글의 소재를 확인하고 의미를 파악하는 데 효과적으로 활용될 수 있다. 예를 들어 세계일보는 2018 러시아 월드컵 관련 기사에 대해 '구글 트렌드(Google Trends)'와 한국언론진흥재단의 '빅카인즈(BigKinds)'를 사용하여 뉴스 소재를 발굴하고 설득력 있는 정보들을 제시한 바 있다.[6)]

세계일보는 개막전 기준 3개월간 구글 검색어 추이를 분석하는 구글 트렌드로 지역별 월드컵 관련 검색 순위를 살펴봄으로써 우리나라의 월드컵 관심이 매우 저조하다는 것을 확인하였다. 나아가 월드컵에 한국 언론이 얼마나 주목하고 있는지를 살펴보고자 뉴스 빅데이터 분석 사이트인 '빅카인즈'를 활용하여 언론의 뉴스 생산량도 분석하였다. 이러한 디지털 기술들을 활용하여 우리의 관심도가 월드컵 진출국 가운데 최하위임을 밝히는 글쓰기를 보여주었다. 이처럼 디지털 기술은 과거에는 상상할 수 없었던 취재 능력을 제공함으로써 보다 엄밀한 분석적 글쓰기를 도와주고 있다.

소셜네트워크서비스(SNS)도 이제 보편적인 취재 대상이 되었다. 객관적으로 노출된 사적 공간이 취재의 대상이 된 것이다. 시공간적 제약을 넘어 SNS 이용자들의 다양한 의견을 확인할 수 있고, 사적 온라인 인맥도 추적할 수 있게 되었다.

동아일보는 SNS를 취재하여 2018년 평창 동계올림픽 기간 중 경기결과에 불만을 품은 누리꾼들의 악플 문제를 보도한 바 있다. 해당 기자는 한국 악플러들이 캐나다 선수에게 자행한 악플

6) 세계일보(2018년 6월 17일). "월드컵 하나요?" 최약체 평가에 뚝 떨어진 관심

그림 2-1 **SNS 활용 취재 사례**

출처: 동아일보, 2018년 2월 15일 4면

을 취재하고자 캐나다 선수의 인스타그램(Instagram)을 분석하였다. 소셜 미디어에 대한 내용 분석을 통해 일부 누리꾼들의 잘못된 악플 테러 상황을 독자들이 생생하게 경험하고 자성하는 계기가 되었다.

디지털 뉴스 룸은 기자들의 업무 환경에도 영향을 주고 있다. 먼저 기사 작성 방법에 있어 기사 검색이나 데이터베이스화된 정보들을 쉽게 활용할 수 있으며 취재를 위한 화상 인터뷰도 가능해졌다. 또한 메시지 구성의 다양성을 위해 그래픽이나 동영상 편집을 담당하는 부서들과의 협력 가능성도 높아졌다.

디지털화로 인해 개별 기사나 분야별 뉴스 이용실적을 실시간 파악할 수 있게 되었다. 기사에 대한 독자들의 선호 정도를 명확히 확인할 수 있어 광고비 책정도 보다 합리적으로 처리될 수 있다. 하지만 기사 이용실적에 대한 과도한 집착은 기자들의 실적 부담으로 이어질 수 있다. 또한 업무 통제와 기자 권한에 대한 간섭으로 인식될 수 있다는 점에도 유의해야 한다.

3. 글의 작성

'글의 작성'은 기사를 실제로 쓰는 단계를 의미한다. 이때 기사 골격을 정하는 일이 무엇보다 중요하다. 독자와의 소통을 생각한다면 좋은 문장과 구조를 계획하여야 한다. 리드와 본문을 구상하면서 리드가 적절한지 그리고 자료를 제시하는 순서가 합리적인지를 판단하여야 한다.

기사 작성에서 무엇보다 중요한 것은 첫 문장이다. 여기서 육하원칙을 모두 밝힐 필요는 없다. 기사에 따라 어느 부분을 강조할지를 결정하면 된다. 예를 들어, 동일 사건이더라도 시간이나 장소가 더 두드러지는 경우도 있고 사건 피해자나 가해자가 주목받아야 하는 경우도 있다. 이밖에도 특별한 동기가 있다면 '왜(why)'를 집중적으로 다루어야 한다. 기사를 쓰기 전에 이 기사를 누가 그리고 어느 정도 관심을 가지고 읽을 것인가를 생각해 보는 것도 첫 문장을 작성하는 데 도움이 될 수 있다.

뉴스 작성 과정에서 유의할 사항들은 'FORK'로도 설명될 수 있다(이재경, 1998). 여기서 'F'는 focus를 의미하며 기사의 중심을 정하는 것을 의미한다. 읽는 독자도 기사 핵심을 쉽게 파악할 수 있도록 작성하는 것이 중요하다. 'O'는 order를 상징하며 기사 내용의 효율적 배열을 강조한다. 기자는 기사 흐름이 자연스럽게 전개되도록 구도를 잡아야 한다. 이런 경우 글에 대한 독자의 몰입도 증대될 수 있다. 'R'은 repetition of key words를 말하며 단락의 주요 내용들이 주제를 중심으로 통일성 있게 제시되어야 한다는 것을 강조한다. 이를 위해서는 문장과 문장이 그리고 단락과 단락이 조화롭게 전개되어야 한다. 마지막으로 'K'는 kiss off로 여러 취재원을 사용할 경우 한 단락에서 한 취재원만 사용하는 것을 말한다. 한 취재원이 여기저기 반복적으로 등장하면 의미를 혼동할 수 있기 때문이다. 소재도 한 단락에 하나만 사용하여 서로 섞이지 않도록 주의하여야 한다.

매체별 특성을 고려한 글쓰기도 중요하다. 신문은 문어체이지만 방송은 구어체이다. 신문은 과거형인 반면 방송은 현재형으로 이뤄지는 경우가 많다. 신문은 길고 조금 어려워도 되지만 방송은 영상 중심이기에 보다 짧고 쉬운 문장이 필수적이다. 잡지는 호흡이 긴 편이며, 상대적으로 자신만의 문장력을 드러내기에 적합한 매체라 할 수 있다(구교태, 2013).

디지털 시대에 주목받는 기사도 있다. 핵심 사항만을 정리하여 제시하는 뉴스 큐레이션[7]이 대표적이다. 뉴스 큐레이션은 뉴스 정보를 관심 영역에 따라 선택, 정리, 전송하는 뉴스 재가공 행위를 말한다. 디지털 중심의 언론사가 저작권으로부터 자유로운 상태에서 뉴스 의제들을 목표 수용자들에게 전달하고자 적극적으로 이용하고 있다.

기사 작성 시 본문은 리드에서 제기된 이슈들을 보다 상세하게 진술하는 내용들을 담고 있다. 리드에서 다루지 못한 추가 정보가 있다면 일반적으로 마지막에 위치시킨다. 독자를 설득할 수 있도록 취재 내용은 신뢰할만한 출처나 인용과 함께 제시되는 것이 바람직하다. 인용은 취재원이 한 말을 직접 전달함으로써 증언(證言)적인 효과도 있지만 글에 생동감을 불어넣는 데도 도움

7) 미술관 큐레이터처럼 뉴스 이용자에게 필요한 뉴스만 모아서 제공하는 것을 말한다. 데이터 홍수에 지친 뉴스 소비자들을 위한 맞춤식 요약 자료와 같다. 큐레이션 뉴스는 기존 기사를 재활용한다는 측면에서 효용성이 높다.

이 된다. 독자들이 직접 취재원을 만나 이야기를 듣고 있다는 느낌을 갖도록 진술하는 것이 중요하다.

본문에서는 단락별로 하나의 주장이 드러나야 한다. 한 아이디어가 추가될 경우 단락 전환이 필요하다. 단락은 가능한 짧아야 한다. 대체로 10줄을 넘지 않는 것이 좋으며, 2~3문장으로 구성하는 것이 바람직하다.

기자는 독자의 관심을 지속적으로 붙잡을 수 있도록 자연스런 단락 구성을 설계해야 한다. 단락은 정보의 중요도 순으로 제시되는 것이 일반적이다. 다음 기사의 리드는 북·중 정상회담을 바라보는 여야의 대조적인 평가를 제시하고 있다. 본문은 자연스럽게 이들 정당의 평가를 소개하는 방식을 취하고 있다. 본문의 단락들은 정당의석수 순으로 나열되고 있다. 하지만 여당은 의석수가 적을지라도 먼저 등장하는 것이 일반적이다.

다음 기사의 경우 기자가 민주평화당과 정의당을 추가로 취재하였다면 효과적인 제시방법은 무엇일까? 가장 쉬운 선택은 정당의석수에 따라 기존 본문의 뒤에 제시하는 방법이다. 하지만 이들 정당이 긍정적인 평가를 하였다는 점을 고려하면 단락의 구성은 다를 수 있다. 긍정적 평가를 하고 있는 더불어민주당 다음에 위치시켜 긍정과 부정이라는 의미론적 차원으로 구분할 수 있다.

단락 구성은 기자가 결정할 사항이다. 하지만 제시 기준을 명확하게 할 때 글도 질서정연하게 보인다. 글의 구성이 체계적일 때 독자는 자연스럽게 읽을 수 있고 쉽게 이해할 수 있다.

문장을 모아 하나의 중심 생각을 드러낸 것을 우리는 단락 혹은 문단(paragraph)이라 부른다. 단락은 내용적으로 글의 주제에 대한 하위 개념과 관련되어 있으며, 형식적으로는 들여쓰기를 통

文정부 대북 낙관론 집중 비판
與 "한반도 정세 긍정적 영향"

북-중 정상회담을 바라보는 여야의 평가는 크게 엇갈렸다. 여권은 "김정은 북한 노동당 위원장의 방중이 한반도 정세에 긍정적 영향을 줄 것"이라며 반겼지만, 야권은 "장밋빛 환상에서 깨야 한다"고 날을 세웠다.

더불어민주당 우원식 원내대표는 28일 최고위원회의에서 김 위원장의 방중에 대해 "그야말로 깜짝 방문이고 급반전이다. 북한은 북-미 정상회담에서 협상력 제고를, 중국은 소외됐던 한반도 주도권을 찾으려는 전략적 이해관계에 따른 것"이라고 평가했다. 이어 "남북 정상회담 성사가 북-미 정상회담 합의를 끌어내고 다시 한반도발 세계 평화를 향해 동북아 국가 간 도미노 연쇄반응을 일으키고 있다"고 말했다.

보수 야당들은 김 위원장 방중으로 드러난 문재인 정부의 지나친 대북 낙관론을 집중 비판했다.

자유한국당 홍준표 대표는 페이스북을 통해 "운전면허도 없는 문 정권이 어설픈 운전으로 운전대는 김정은에게 넘겨주고 뒷좌석에 앉아 그냥 핵무기쇼를 구경만 하면서 자신들이 운전하고 있다고 강변하는 모습이다. 역사의 죄인이 될 것"이라고 날을 세웠다. 한국당 정태옥 대변인은 논평을 통해 "단계적 조치로 대북 압박 조치가 완화되고 핵과 미사일의 개발 시간만 벌어주게 된다는 것은 지난 경험에서 신물이 나게 배웠다"고 비판했다.

바른미래당은 대북제재 유지 등 실질적 후속 조치를 강조했다. 유승민 대표는 "남북 정상회담, 북-미 정상회담이 시작되기도 전에 (북한이) 중국을 움직여 대북 제재와 압박을 낮추려는 의도"라고 경고했다. 이어 "문재인 대통령께선 귀국 즉시 중국을 접촉해 진상을 파악하고 미국과의 대화를 통해 전략 수립에 나서야 할 것"이라고 주문했다.

유근형 noel@donga.com·최우열 기자

출처: 동아일보, 2018년 3월 29일 6면

해 구분될 수 있다. 단락의 구조는 글의 주제와 관련된 소주제(topics)와 여러 개의 뒷받침 문장들로 구성된다. 뒷받침 문장은 부연, 논증, 예증 등의 방법으로 중심 생각을 구체화하는 문장들이다.

단락의 구성 요건으로 박규홍·신재기·윤정헌(2008)은 명료성, 통일성, 일관성, 연속성을 강조하고 있다. 명료성은 단락에서 하나의 중심 생각만이 표현되는 것과 관계있다. 즉 단락의 중심 생각을 제시하고 명확하게 드러나도록 글은 전개해야 한다. 통일성은 하나의 주제 아래 내용이 집중될 수 있도록 주제와 일치되는 재료를 선택하는 것을 의미한다.

일관성은 각 문장들이 소주제를 정점으로 질서 있게 배열된 상태를 말한다. 각 문장이 시간적 혹은 공간적 순서로 배열되거나 논리적으로 전개되어야 일관성이 확보된다. 마지막으로 연속성은 문장과 문장 연결이 자연스럽게 이뤄져야 함을 의미한다. 이를 위해 적절한 접속사를 사용하거나 앞의 단어나 핵심 개념을 언급하면서 글을 전개하는 방법도 효과적이다.

단락은 소주제문과 뒷받침 문장이 어떻게 구성되느냐에 따라 두괄식, 양괄식, 미괄식, 중괄식으로 구분될 수 있다. 두괄식은 글의 첫머리에 단락의 핵심을 놓고, 그 뒤에 그것을 해설하거나 합리화하는 요소들을 나열하는 방식이다. 이른바 역피라미드 형식의 짜임새라 할 수 있다.

양괄식은 소주제문, 뒷받침 문장, 소주제문의 형태로 글이 전개된 것을 말한다. 여기서 주의할 점은 마지막 소주제문이 처음의 소주제문과 내용은 일치하되 표현 형식은 달라야 한다는 점이다. 내용이 다르다면 주제 파악이 혼란스러울 수 있고, 표현이 다르지 않다면 중언부언하는 글이 될 수 있다.

미괄식은 두괄식과 반대되는 형식으로서 앞부분에서 소주제문을 이끌어낼 수 있는 구체적인 서술이 이뤄진다. 글 솜씨가 있어 미괄식을 사용한다면 소주제문을 점층적으로 이끌어내는 효과를 발휘할 수 있다. 일반적으로 미괄식은 두괄식이나 양괄식을 익힌 다음에 도전하는 것이 바람직하다(김병호, 2006).

마지막으로 중괄식은 뒷받침 문장, 소주제문, 뒷받침 문장의 형태를 말한다. 중괄식은 소주제가 단락 중간에 묻혀있어, 글의 핵심을 파악하기 어렵다는 단점이 있다. 독자의 관심이 단락의 첫머리와 끝부분임을 감안하면 되도록 삼가는 것이 좋다.

뉴스는 많은 정보를 포함할 수 있지만 주된 내용은 하나여야 한다. 그리고 보도된 기사 가운데 한 문장에서 메인 아이디어를 발견할 수 있어야 한다. 다른 정보들은 핵심적인 개념을 지지하는 것이어야 한다. 일반적으로 뉴스 구성 요소는 크게 세 가지 영역으로 구분될 수 있다(구교태, 2013).

첫 번째 요소는 리드(lead)이다. 이는 독자의 관심을 끌 수 있는 문장이나 단락을 말한다. 육하원칙을 토대로 몇 가지 기본 사실들을 설명하는 방식이 일반적이다. 좋은 리드는 기사에 독자를 묶어놓을 수 있다. 그러므로 리드는 가장 중요한 사건을 다루는 것이 중요하다. 가장 보편적인 리드는 발생한 사건의 핵심만을 전달하는 '요약형'이다.[8)]

리드 다음에는 두 번째 요소인 본문이 온다. 본문은 리드를 지지하는 사실이나 인용들을 포함한다. 혹은 리드에 포함되지 않은 기사의 중요사항들을 설명하는 영역이기도 하다. 여기서는 'so what'과 관련된 내용이 다뤄져야 한다.

마지막으로 결론에서는 이슈를 요약할 수 있는 주요 취재원으로부터의 인용, 향후 조치에 대한 설명이나 부가적인 사실들이 다뤄질 수 있다. 기존 정보를 반복하지 않는 진술이나 인용 혹은 향후 전망들을 제시하는 것이 바람직하다. 요약하는 결말은 되도록 피해야 한다. 중언부언하는 느낌을 줄 수 있기 때문이다.

8) 글의 초점을 파악하는 기법으로 헤드라인 기법(headline technique)과 친구에게 말하기 기법(tell-a-friend technique)이 있다(Rich, 1994). 헤드라인 기법은 기사의 핵심을 몇 단어로 압축한 제목으로 제시하는 방법이며, 친구에게 말하기 기법은 1~2문장으로 취재한 내용을 다른 사람에게 설명하는 방식이다. 이들 방법은 기사의 핵심을 파악하고 글의 전개 방향을 설정하는 데 도움이 된다.

4. 글의 수정

수정은 글을 점검하면서 사실을 재확인하는 단계다. 글쓰기의 새로운 시작인 셈이다. 고치는 시간이 많아질수록 좋은 글이 나올 가능성은 커진다. 생산 과정의 실수를 수정할 수 있는 마지막 단계라 할 수 있다. 잘 쓴 글은 없고 잘 고친 글만 있다는 자세가 필요하다.

기사 작성을 하면서 불만스러운 부분들을 표시했다가 전체를 손질하는 것이 효과적이다. 각 부분에 집착하면 글의 흐름이 무너지거나 시간이 지체될 수 있다. 이때 소리 내어 읽는 것이 도움이 된다. 귀로 들으면 어색한 부분을 파악하기 쉽다. 또한 문법에 맞지 않거나 군더더기가 있으면 잘 읽혀지지 않고 이해도 어렵다.

윤독시간을 가지는 것도 효과적이다. 다양한 의견들을 모아보면 개선사항을 파악하는 데 도움이 될 수 있다. 혼자만의 판단은 늘 한계를 가질 수 있다는 자세가 요구된다.

황성근(2005)은 자신의 글을 고치는 과정에서 반드시 살펴봐야 할 사항들을 다음과 같이 언급하고 있다. 먼저 글의 흐름이 자연스러운지를 살펴봐야 한다. 글의 전개가 하나의 주제를 중심으로 직선적으로 흘러가고 있는지를 점검해야 한다. 문장과 문장, 단락과 단락들이 자연스럽게 연결되지 않을 경우 독자들의 관심을 지속적으로 끌기 어렵다.

둘째, 내용의 정확성을 점검하는 것이다. 사실관계에 대한 확인에서부터 고유명사에 대한 점검까지 이뤄져야 한다. 부정확한 내용은 미디어의 신뢰를 떨어뜨리는 직접적 요인일 수 있다. 또한 정확한 어휘선택이 이뤄졌는지도 살펴봐야 한다. 예를 들어 신문에서 구어적인 표현이 있다면 어색할 수 있다.

셋째, 주어와 서술어가 일치하는지 확인하는 것도 중요하다. 일치하지 않을 경우 문장의 의미가 제대로 전달되지 않으며 논리성도 훼손될 수 있다. 주어와 서술어만 따로 읽어본다면 비문인지를 쉽게 파악할 수 있다.

넷째, 객관적인 사실에 대해 개인의 감정이나 의견이 개입되었는지를 살펴보아야 한다. 스트레이트 기사에서 기자의 주관이 개입되었다면 독자들은 정보가 편견 혹은 왜곡되었다고 생각할 수 있다. 기자는 늘 중립적인 보도태도를 유지하도록 노력하여야 한다.

다섯째, 취재원 인격 보호를 위해 힘쓰고 취재원의 의견이나 주장을 검증 후 기사화하여야 한다. 특히 언론보도가 전제되지 않은 이야기를 임의로 사용한다면 글에 대한 책임을 면하기 어렵다. 미디어 법에 대한 이해를 통해 관련 내용을 확인하는 절차도 필요하다.

마지막으로 시간적 여유를 두고 여러 번 점검하는 것이 글의 완성도를 높이는 데 도움이 된다. 연이어 살펴보기보다 시간 간격을 두고 점검하는 것도 잘못된 부분을 파악하는 데 효과적이다. 기자가 최초의 교정, 교열자의 역할을 충실히 할 때 자신의 글이 독자로부터 좋은 평가를 받을 수 있다는 사실을 명심하여야 한다.

다작의 중요성을 인식하고 있다면 일단 생각나는 대로 적어 내려간 다음 내용을 다듬는 훈련이 바람직할 수 있다. 처음부터 완벽한 글을 추구하면 글을 이어가기가 힘들기 때문이다. 또한 많은 양의 글을 작성한 다음 분량을 줄이면서, 내용을 수정・보완한다면 더욱 정제된 글쓰기가 가능하다.

제2절 글의 구성 요소

미디어 글쓰기의 가장 중요한 형태는 기사이다. 매체 이용자들은 주요한 사건을 다룬 기사를 접하기도 하고 저명인사를 대상으로 한 인터뷰 기사를 마주하기도 한다. 이현구(2002)는 기사들을 기능과 주제, 형식적인 측면에서 다음과 같이 분류하고 있다.

먼저 기사는 형식적 측면에서 객관적 보도 기사(straight news)와 피처(feature) 기사로 구분될 수 있다. 개인적인 의견이나 느낌과 같이 주관성이 개입되는 정도에 따른 분류이다. 일반적으로 피처 기사는 객관적 보도 뉴스와 광고를 제외한 모든 것을 지칭하는 반면, 객관적 보도 기사는 주관적 의견을 개입시키지 않고 사실(fact)에 근거하여 작성한 기사를 말한다(김광협 외, 2008). 객관적 보도 기사 혹은 스트레이트 뉴스는 발생한 사건, 사고 그리고 알려진 사실들을 보고 들은 그대로 객관적으로 작성한 기사이다. 보도 기사의 문장은 육하원칙(5W1H)에 근거하여 작성하는 것이 원칙이다.

피처 기사에는 특정 사실이나 사건에 대한 기자의 의견이 들어가 있다. 그래서 대상의 특징이나 인상에 대한 주관적인 표현들이 풍부하다. 예를 들어 “A씨는 전복된 차량에서 무사히 빠져 나왔다."라는 스트레이트 기사의 문장은 피처 기사에서 "A씨는 차량이 전복되었다고 믿기지 않을 정도로 온전한 상태인 것으로 알려졌다."라는 문장으로 표현될 수 있다. 스트레이트 뉴스보다 덜 객관적이며 더욱 창의적인 글로 분류될 수 있는 이유이다 (Garrison, 2010). 하지만 사실을 다룬다는 점에서 픽션과는 구분된다.

분석과 해설이 담긴 보도도 객관성을 추구할 수 있다(Olen, 1988). 사실에서 가치를 분리하기보다 공정한 가치판단 위에서 사실을 해석하고 분석하는 객관적 접근을 통해 가능하다(손태규, 2004). 스트레이트 기사와 같이 편견을 가지지 않기 위해서는 다양한 취재원을 인용하는 것도 효과적인 방법이다. 이때 취재원을 익명으로 인용하는 것은 공정성과 객관성에 또 다른 의문을 불러일으킬 수 있기에 주의해야 한다.[9)]

피처 기사는 뉴스와 비뉴스 피처 기사로 세분화될 수 있다. 뉴스 피처(news feature)는 시사적 사건들에 대한 사설, 논설, 칼럼, 인터뷰, 스케치, 르포 등 현장감을 살려 전하는 기사를 말한다. 즉 뉴스 피처는 사건, 사고, 사실에 대해 쓰면서 독자의 이해를 돕기 위해 기자의 의견이나 생각을 붙인 기사를 의미한다. 이와 달리 시사성 없는 서평, 흥미 본위의 만평, 시 등은 비뉴스 피처 (non-news feature)에 해당된다.

형식적 측면 외에도 기사는 기능적 특성에 따라 분류될 수 있

---

9) 익명 인용은 언론의 불가피한 관행이기도 하다. 탐사보도에서 언론이 진실을 깊게 파고들수록 익명과 비밀 취재원이 늘어나는 것이 일반적이다. 특히 익명 인용은 비판적이거나 반대되는 의견과 정보 등 다양한 의견을 확보할 수 있는 수단이기도 하다. 하지만 익명을 가장한 기자의 주장이나 국민의 알권리를 저해하는 무분별한 익명처리는 개선되어야 할 것이다.

다. 담당하는 기능에 따라 기사는 보도, 논평, 흥미 기사로 나뉠 수 있다. 보도 기사는 뉴스거리를 있는 사실 그대로 독자에게 가감 없이 알려주는 기능을 담당한다.

보도 기사는 사실보도, 정밀보도, 탐사보도 등으로 세분화될 수 있다. 사실보도는 객관적 사실보도를 추구하는 스트레이트 뉴스와 인터뷰나 르포 기사와 같은 뉴스 피처 기사로 구분될 수 있다. 정밀보도(precision journalism)는 여론조사나 현장 실험을 통해 사건이나 이슈를 보다 심층적으로 다룬 기사를 말한다. 특히 이러한 정밀보도는 더욱 객관적이고 심층적인 정보전달을 추구하고자 사회과학적 기법들을 적극적으로 활용하고 있다. 또한 탐사보도(investigative reporting)는 세상에 알려지지 않은 사실이나 사건 당사자들이 감추려는 사실을 취재한 기사를 일컫는다.[10] 미국의 워터게이트 사건이 이에 해당된다.

논평은 다양하고 전문적인 세부 정보들을 독자들이 이해할 수 있도록 안내하는 역할을 담당한다. 사회에서 쟁점이 되고 있는 현안에 대해 논설위원이 자사의 입장을 글이나 말로서 표현하는 방식이다. 이때 공정하다는 느낌을 주고 설득력 있는 논거를 세우는 것이 중요하다.

마지막으로 흥미 기사란 독자들이 보고 읽어서 재미있고 즐거

10) 탐사보도는 언론인 단체나 국제 협업을 통해서도 이뤄질 수 있다. 2013년 4월 초 미국에 있는 기자 단체인 국제탐사보도협회(ICIJ)는 호주 기자가 찾아낸 자료를 46개 나라 86명의 기자들이 분석하여 세계 조세피난 혐의자들을 밝히는 보도를 한 바 있다. 영국령 버진아일랜드의 재산 은닉자 명단을 공개한 '오프쇼어 리크스(offshore leaks–역외 탈세)' 사건의 경우 여러 나라의 기자들이 공동으로 이름 수십만 개를 하나씩 확인하여 불법·탈법을 추적하고 반론을 받는 작업을 수행하여 보도하였다. 우리나라의 경우 탐사보도 전문매체인 뉴스타파가 ICIJ와 공동으로 '조세피난처 프로젝트'를 수행한 바 있다.

운 정보로 구성된 기사를 말한다. 만화나 TV, 영화, 연예인에 관한 소식에서부터 건강에 관한 정보, 재산을 늘리는 데 도움을 줄 수 있는 재테크 방안과 같은 내용들이 포함된다. 많은 미디어 비평가들은 흥미 기사가 더욱 비중 있게 다뤄지는 정보 환경을 우려하고 있다.

한편 기사는 내용에 따라서도 유목화되기도 한다. 정치, 경제, 사회, 문화, 국제, 스포츠 등과의 관련성에 따라 기사는 상이하게 지칭된다. 신문 지면 위쪽에는 게재된 기사의 내용을 파악할 수 있도록 '문패' 기능을 담당하는 지면 제목들이 있다. 대개 1면부터 4~5면까지가 '종합' 면이 되고 그 뒤로 '정치', '경제', '사회', '국제', '문화', '오피니언' 면이 배치된다. 유사한 주제의 뉴스를 동일한 지면에 편집하는 방식이다.

기사 유형이 다를지라도 취재는 취재원에서 시작되는 경우가 대다수이다. 그리고 기사의 시작이 제목과 리드(lead)로부터 출발한다는 정도 모든 기사의 공통점이다.

1. 제목 달기

이름 없는 사람이 없듯 제목 없는 기사도 없다. 뉴스 이용자들이 기사를 선택할 때 가장 먼저 보는 것이 기사 제목이다. 기사 제목이 기사의 생명을 결정할 수 있다는 의미이다. 제목 달기 행위는 광고의 카피라이터 역할과 유사하다. 소비자가 광고 카피를 통해 제품이나 서비스를 판단하듯 독자들은 기사 제목을 통해 해당 기사를 읽을지 말지를 판단한다.

일반적으로 신문 지면의 제목크기는 기사의 중요성과 비례한다. 신문 기사의 크기는 단(column) 수로 구별되기에 큰 기사일수록 제목을 작성할 수 있는 여백도 늘어나기 마련이다.

미디어에 게재된 글이 독자로부터 선택을 받는 데는 제목의 역할이 크다. 좋은 글 못지않게 독자들의 시선을 단번에 사로잡을 수 있는 바람직한 제목을 뽑아야 한다. 기사의 제목은 바쁜 일상을 사는 독자들이 기사의 내용과 방향을 쉽게 파악하는 데 도움을 줄 수 있다. 독자들은 제목을 보고 뉴스의 흐름을 파악하거나 원하는 기사를 쉽게 선별할 수 있다. 이런 측면에서 기만적인 '낚시성 제목'은 독자의 판단을 흐리게 하거나 지연시킨다는 점에서 비난의 대상이 된다.

제목 달기 작업은 글 쓰는 기자와는 무관한 편집기자의 몫이라 생각하기 싶다. 하지만 제목은 기사의 초점을 파악하는 데 도움이 된다. 좋은 기사는 적합한 제목으로 제시될 때 빛이 난다. 그래서 기억하기 쉽고 기사의 내용을 잘 압축하여 표현하는 제목을 만드는 것이 중요하다. 주 제목을 독자에게 이해시키기 위해 부제를 덧붙이는 경우도 많다(구교태, 2013).

그림 2-2 **제목 작성에 필요한 자질**

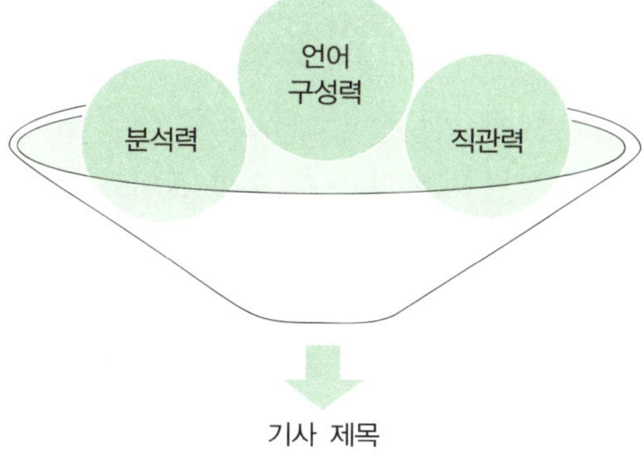

일반적으로 좋은 제목을 달기 위해 필요한 자질들은 크게 세 가지로 요약될 수 있다. 우선 전체를 분석하는 능력이다. 이는 기사의 전체 구성을 파악하고 전체 맥락을 이해하는 능력을 말한다. 다음은 부분을 통해 전체를 파악할 수 있는 직관력이다. 핵심적 단어나 인용 등 전체를 대변할 적절한 단어들을 선택할 수 있는 능력을 의미한다. 또한 이러한 단어들을 적절하게 조합하는 능력은 언어 구성력과 관계된다. 기호, 단어, 경구, 한자어 등 다양한 어휘력과 문학적 소양을 발휘할 있는 잠재력을 갖출 때 감각적인 좋은 제목이 도출될 수 있을 것이다.

제목은 기자가 글의 방향성을 설정하는 데 많은 도움이 된다. 편집기자를 희망하는 사람은 기사를 압축 요약하는 훈련을 거치는 것이 좋다. 기존 기사에 대해 제목 달기를 한 후 그 특성을 비교해보는 연습도 도움이 될 수 있다.

시선을 사로잡을 제목을 원한다면 진부한 단어 결합을 삼가야 한다. 카피라이터 정철(2016)이 주장하듯, 익숙함과 편안함을 던져주는 단어 조합을 피하고 낯설고 불편한 조합을 추구하는 방식이다. 예를 들어 '행복한 꿈, 행복한 가정, 행복한 직장생활'이라는 단어 조합보다 '살인의 추억, 우아한 거짓말, 거북이 달린다' 등과 같은 영화제목을 사람들이 쉽게 기억하는 이치와 같다.

제목 유형들을 이해하고 실전에 활용할 수 있도록 기존 기사 제목들을 분석하는 과정도 중요하다. 또한 제목 달기에서 사용되는 기호들도 익혀두면 제목의 글자 수를 줄이고 의미전달을 명확하게 하는 데 도움이 될 수 있다. 빈번하게 사용되는 기호 유형별 용도는 다음 〈표 2-2〉와 같다.

▌표 2-2▌기호 유형별 용도

기호	용도
작은따옴표(' ')	의미 강조, 은유나 직유 기법, 책이나 영화 제목 등의 고유명사. 예 '철의 여인' 잠들다
가운뎃점 or 하이픈 (· or -)	대등한 조건의 단어와 단어 연결, 쉼표 대신 사용. 예 북 핵·미사일 강행 → 추가 제재 → 공단폐쇄 선언 가능성
말줄임표(…)	여운 표현, 다른 의미의 대등한 문장과 문장 연결에서 쉼표 대신 사용. 예 장기화하는 북한리스크… 시장불안 가속페달
쉼표(,)	주어 나타낼 때 사용. 예 교육부, 000 발표
물음표, 느낌표(?, !)	호기심 유발, 제목 내용 강조. 예 9년째 '완판' 비결은?
큰따옴표(" ")	인용문, 시각적 작용으로 감동 부여. 예 靑 "국내 외국인, 北 위협에 동요 않을 것"

지나치게 충격적인 단어와 문장으로 구성된 기사의 제목에 대한 사회적 비난도 증대되고 있다. 특히 인터넷에서 자극적 제목으로 네티즌의 기사 조회 수를 높이려는 꼼수로 활용되기도 한다. 조선일보(2012년 2월 25일)는 네티즌들을 희롱하는 몇 가지 '낚시성 제목' 유형들을 다음과 같이 소개하고 있다.

첫째 유형으로는 '외설형'이 있다. 선정적인 상황으로 인식할 수 있는 단어나 맥락을 제시하여 독자들을 유인하는 제목을 말한다. 한 인터넷 스포츠 매체는 '야동에 빠진 타격기계 000'이란 제목의 기사를 게재했다. 기사의 내용은 언급된 야구선수가 '야구 관련 동영상'을 다른 선수들에게 보여주었다는 내용이다. 일반적으로 생각할 수 있는 '야한 동영상'과는 거리가 먼 낚시성 제목인 것이다.

둘째 유형으로는 독자의 기대와 예측을 조성하고 본문에서는 이를 뒤집는 '허무맹랑형' 제목도 있다. 제목을 통해 네티즌들이 제시된 내용의 반전을 기대하지만 실제 기사 내용은 특별한 결과 없이 단순히 마무리되는 유형의 제목을 지칭한다. 예를 들어 '나 가사끼 짬뽕 너무 많이 팔리더니 결국…'이란 기사 제목은 본문에서 반전을 보여주지 않고 단지 많이 팔렸다는 것으로 싱겁게 마무리되었다. 결국 뉴스 이용자의 기대감만 높여준 유인성 제목에 해당된다.

마지막으로 특정 단어의 조합으로 독자를 기만하는 '말장난형' 제목도 있다. 이는 기표(signifier)와 기의(signified)관계를 임의적으로 바꾸어 언어를 유희적으로 사용하는 경우에 해당된다. 예를 들어 '애플 2주 만에 반값으로 폭락'이란 기사 제목은 네티즌들로 하여금 증권과 관계된 내용을 기대하게 만들지만 실제 내용은 사과(apple) 가격 폭락 내용이었다. 과일 이름과 IT기업인 '애플'을 교묘하고 장난스럽게 바꾸어 놓음으로써 독자의 호기심을 부추기는 형태의 제목이다.

'낚시성' 제목은 기사 조회를 통한 광고수익 극대화와 관계있다. 그러나 정보 소비자에 대한 언론의 사회적 책무라는 시각으로 보면 이러한 제목들은 정보전달 왜곡 현상을 초래하고 독자를 기만하는 행위이다. 나아가 궁극적으로는 언론에 대한 국민들의 신뢰도를 떨어뜨려 독자 수 감소로 귀결될 수 있다. 결국 단기간에 걸쳐 독자를 모을 수 있지만 장기적으로는 고객을 빼앗기는 경영적 딜레마에 직면할 수 있음을 명심하여야 한다. 언론이 정도(正道)를 가야 하는 이유이기도 하다.[11]

---

11) 바람직한 언론 활동을 위해서는 수익창출도 중요하다. 온라인 신문사가 디

2. 취재원 제시

뉴스 이용자에게 정보를 줄 때는 객관적이고 공정하다는 인상을 던져주는 것이 중요하다. 만약 하나의 취재원만 인용한다면 독자들은 기사의 중립성을 의심할 수 있다. 이러한 이유로 기자는 사건이나 이슈와 직접적으로 연관된 다양한 정보 출처를 제시한다. 여기서 정보 출처는 취재원 혹은 정보원(news source)을 지칭하며 기사 작성을 위해 직접 만나거나 전화나 전자메일 등을 통해 접촉하는 사람이나 기관을 말한다(구교태, 2013).

신뢰도 높은 뉴스를 작성하고자 하는 기자라면 취재원을 구체적으로 밝히는 것이 좋다. 취재원이 공개되지 않을 경우, 기자의 주관적 판단에 의한 것이라는 인상을 주어 객관적인 평가를 받지 못할 수 있다. 특히 논쟁적인 이슈를 다룰 경우 취재원 수를 늘려 균형 있는 보도를 한다는 인식을 심어주어야 한다.

정보 출처를 밝히는 것은 특정된 뉴스 취재원이 이것을 말했다는 것을 보여주는 것이다. 정보 출처를 노출시킨다는 것은 내용에 대한 책임을 취재원에게 부과하는 행위이기도 하다. 하지만 기자는 취재원의 진술이 진실과 다를 수 있다는 생각을 가지는 것도 중요하다. 마감시간으로 인해 기자는 어느 정도의 절충도 필요하지만 진실 여부에 대한 검증(verification)을 소홀히 해서는

지털을 활용한 안정적인 콘텐츠 유통을 이루기 위해서는 유료 서비스가 진지하게 고려되어야 한다(이홍천, 2017). 수익모델 방식의 유료제는 월 단위의 월정액, 연 단위의 1년 이용료, 그리고 사용 건수에 비례하여 비용을 지불하는 종량제 방식이 있다. 일본의 경우 유료모델 다음으로 광고모델이 폭넓게 사용되고 있다. 나아가 일부이지만 데이터 판매, 이벤트, 교육 등을 활용하여 수익을 창출하기도 한다.

안 된다. 가능하다면 다른 취재원을 통해 취재 내용을 교차 확인하는 것도 바람직한 방법이다. 이름, 주소 등과 같은 고유명사나 소속, 직책, 배경 정보 등에 대한 확인은 말할 것도 없다.

취재원과 뉴스 작성 기자와의 관계(attribution)는 크게 네 가지 유형으로 구분될 수 있다(구교태, 2013).

- **취재원 공표**(on the record): 취재 대상의 진술을 직접 인용하고 이름과 직책도 정확하게 밝히는 것을 말한다.
- **취재원 비공표**(on the background): 취재원의 진술을 직접 인용할 수 있지만 신분을 노출할 수 없는 경우이다. 이름이나 구체적 직책을 밝히지 않고 '~관계자' 등으로 표현된다.
- **강화된 취재원 비공표**(on deep background): 인터뷰된 진술을 사용할 수는 있지만 직접 인용이나 어디에서 나온 정보인지를 밝힐 수 없는 경우이다. 기자는 관련 내용 보도를 자신의 의견처럼 다루어야 한다.
- **보도금지**(off the record): 오프더레코드가 요청된 정보는 기자만 알고 어떠한 방식으로든 공표되지 말아야 한다. 공식적 확인을 위해 다른 정보원에게 문의해서도 안 된다. 이를 어길 경우 출입처의 제재뿐만 아니라 소송의 대상이 될 수도 있다.

취재원을 선택하는 일은 정보의 방향성을 가늠하는 중요한 작업이다. 대다수의 기자는 다양한 정보 출처를 통해 균형 있는 내용을 심층적으로 다루고자 할 것이다. 하지만 시간적, 물질적 한계를 고려하면 기자는 취재 순위를 결정하는 것이 필요하다. 이때 가능하면 검증되고 공신력 있는 기관이나 인물을 접촉하는 것이 안정적이다. 그러나 특종이나 새로운 관점은 예상치 못한 취재원 접촉을 통해 만들어질 수 있다는 사실도 잊지 말아야 한다.

국내 야구 스타였던 류현진 선수가 미국 메이저리그에 진출한 초기에 국내 언론들은 류 선수에 대한 미국의 반응들을 연일 보도하였다. 뉴스들은 초창기 부정적인 평가들 일색이었으나 시간이 지나면서 긍정적인 보도로 바뀌었다. 류 선수를 긍정적으로 보도한 기자는 미국 야구 관계자로부터 현장 취재기자나 칼럼니스트들의 야구 전문지가 비교적 공정한 평가라는 조언을 받았다고 한다. 이는 부정적 평가가 많았던 정보 취합 사이트들의 시각을 벗어나 류 선수의 활동을 낙관적으로 바라보는 계기가 되었다. 메이저리그에서 활동한 첫 해에 그는 LA 다저스 역대 신인 최다 퀄리티 스타트(Quality Start) 기록을 보여주었다. 정보 출처를 선택하는 방식에 따라 상반된 내용이 보도될 수 있음을 보여주는 대표적 사례이다.

3. 리드 작성하기

리드(lead)는 형식적으로는 글의 첫머리에 나오는 부분을 말한다. 내용적으로는 기사가 무엇에 관한 것인지를 한 문장이나 단락으로 간결하고 정확하게 표현한 것을 지칭한다. 어떤 글을 한 문장으로 압축하기 곤란하다면 그 글이 좋은 글이 아닐 수 있다는 인식이 필요하다. 따라서 기사 전체를 한 문장이나 한 단어로 압축하는 연습은 리드문 작성에 도움이 될 수 있다.

핵심 문장이 기사의 첫 문장이나 첫 단락에 위치하는 경우 이를 역삼각형 구조라 한다. 대다수 스트레이트 기사는 리드에 핵심 문장을 사용하지만 피처 기사는 사건 스케치나 배경 정보를 넣은 변형된 역삼각형 구조를 취하기도 한다. 이때 스케치 또는 배경 정보는 기사의 핵심과 밀접하게 관련된 것이어야 한다. 피처 기사의 경우 일화나 특정 사건으로 문장이 시작되기도 하고 일련의 픽션(fiction)적 요소가 사용되기도 한다.

리드는 어떤 유형의 뉴스에 있어서도 기사의 핵심이라 할 수 있다. 일반적으로 리드는 크게 다음과 같은 세 가지의 기능을 수행한다(Metz, 1977).

- 기사가 무엇에 관한 것인지를 독자에게 알려주는 기능
- 필요할 경우 적절한 분위기(mood) 조성 기능
- 독자가 계속해서 기사를 읽도록 만드는 기능

첫 번째 기능은 전체 기사를 요약하는 것이다. 아래 제시된 리드는 전체 기사가 미국의 보호무역 조치로 인한 국가 간 무역마찰을 다루고 있음을 말하고 있다. 독자들은 이러한 내용을 통해 미국의 구체적인 보호무역 조치는 무엇이고 상대국들은 어떻게 대응하고 있는지에 대한 내용을 기대하고 읽을 수 있다.

다음에 제시된 것처럼 리드 단락의 분량이 많다면 독자가 지루해할 수 있다. 한 단락에 2~3문장을 넘지 않는 것이 일반적이다. 기자는 주목을 끌만한 감각적인 단어들이나 생생한 인용을 활용하여 긴 단락의 한계를 어느 정도 극복하고 있다.

글로벌 무역전쟁의 포성이 울렸다. 방아쇠를 당긴 이는 도널드 트럼프 미국 대통령이다. 그는 미국에 철강을 수출하는 모든 나라를 상대로 '무차별적인 관세 폭탄'을 터뜨렸다. "수십 년 된 자유무역 신사협정을 깨뜨렸다"(파이낸셜타임스)는 평가가 나오지만 트럼프 대통령은 '마이 웨이'를 고집한다. 피해를 보게 된 상대국은 즉각 맞대응을 예고했다. 주요 2개국(G2)으로 미국과 으르렁거리는 중국은 물론 우방인 유럽연합(EU)과 캐나다도 보복을 거론했다.[12)]

두 번째, 기자는 리드를 통해 정보전달뿐만 아니라 기사와 관련된 분위기를 독자들에게 전달할 수 있다. 위의 리드는 세계무역전쟁 조짐이라는 국가 간 불협화음에 대한 불안한 상황을 묘사하고 있다. 공격적인 미국의 보호무역조치로 인한 경제적 혼돈과 무역위기감을 표현함으로써 기사에 대한 독자의 관심은 고조될 수 있다.

아래 리드에서 기사 전체의 분위기와 관련된 단어는 '우려'이다. 이후의 내용은 '수출 감소', '마이너스 증가율' 등과 관련되어 있으며, 제시된 경제 전망도 부정적이다. 따라서 어떠한 느낌의 문장을 사용하는가는 뒤이어 나올 내용과도 조화되어야 한다. 마지막 단락에서는 문제에 대한 대안 제시가 보편적으로 이뤄진다.

최근 글로벌 통상 환경이 악화되는 상황에서 한국의 수출이 감소세를 보이고 있다. 미국의 세이프가드(긴급수입제한조치)나 철강관세 부과 같은 통상 악재가 수출기업에 본격적으로 영향을 주기 시작하면 한국 경제의 성장세가 꺾일 수 있다는 우려가 나온다.[13)]

12) 중앙일보, 2018년 3월 3일 1면

마지막 리드의 기능은 독자가 기사에 집중하도록 만드는 데 있다. 이러한 기능이 제대로 작동하기 위해서는 주목할만한 제목을 제시하고 2~3줄 안에 강력한 리드 문장을 배치시켜야 한다. 만족할만한 문장을 위해서 3~4가지 리드를 작성하여 상호 비교하는 훈련도 효과적인 리드 작성에 도움이 된다.

경북도청 신도시에 순환버스와 상주하는 택시가 없어 주민들이 불편을 겪고 있다.[14)]

기사의 요점을 직설적으로 드러내기 위해서는 가급적 주어로 시작되는 것이 바람직하다. 기사의 리드인 위 문장의 경우 '경북도청 신도시 주민들이'로 주어를 바로 드러내는 것이 의미전달에 효과적이다.

리드에 취재원, 취재원 지위, 인용, 공식용어 등을 모두 넣는다면 글은 무겁고 답답한 느낌을 줄 수 있다. 전통적 리드는 사실과 취재원을 모두 포함하는 것이 일반적이었다. 사실전달에 있어 취재원을 활용하는 경우는 그를 증인으로 세우는 작업과 유사하다. 뉴스가 전하는 사실(fact)은 직접적인 정보가치를 지닌다. 반면 취재원은 2차적인 정보로 분류될 수 있다. 물론 뉴스 출처를 기사 어느 부분에서 밝혀야 할 필요성은 있다. 밝힐 수 없는 경우 그 이유도 설명해야 한다.[15)]

13) 동아일보, 2018년 3월 13일 6면
14) 매일신문, 2018년 3월 3일 5면
15) '익명을 요구한', '익명의 제보로 밝혀졌다' 등은 정보 출처를 밝히지 못하는 경우 사용하는 일반적인 표현들이다.

아래 보도된 세 가지 리드를 살펴보자. 대북 특사단 관련 소식 가운데 무엇을 핵심으로 보는가는 언론사별로 차별적이다. 리드에서는 가장 주목할만한 뉴스가 무엇인지를 찾고 관계된 개념을 진술하는 것이 중요하다. 이미 알고 있는 사실을 리드에 표현하는 것은 독자에게 진부하다는 느낌을 줄 수 있다.

아래 ①은 수년간 끊어졌던 남북관계에 대한 소식보다 북・미 정상회담 성사 여부의 걸림돌이 될 수 있는 '비핵화 논의' 이슈에 초점을 둔 리드를 작성하고 있다. 또한 ① 다음 문장에서도 "비핵화 목표는 선대의 유훈이며 이에 변함이 없음을 분명히 했다"는 정 실장의 진술을 소개하고 있다. 하지만 ① 다음 단락의 두 번째 문장에서 정 실장은 "북한에 대한 군사적 위협이 해소되고 북한의 체제 안전이 보장되면 핵을 보유할 이유가 없음을…"이라는 김정은 위원장의 발언을 언급하였다. 즉 비핵화 논의는 북한의 체제 안전 보장이 전제될 때 가능하다는 것이다. 여러 단락으로 나누어 진술하기보다 리드 단락에서 함께 그 의미를 전달하는 것이 신속하고도 효과적인 방법이다.

리드 ②의 첫 문장은 남북정상회담과 관련된 주요 결론을 간결하게 다루고 있다. 짧은 문장으로 글의 힘도 느껴진다. 육하원칙 가운데 뉴스가치가 높은 '무엇(What)'을 드러내는 데 집중하고 있다. 전통적 리드로서 뉴스의 핵심을 첫 문장에 담고 '누가(who)'와 '어떻게(how)'에 대한 정보는 다음 문장에서 제시되었다.

마지막으로 ③의 핵심은 ②의 첫 문장과 유사하다. 하지만 남북정상회담 관련 정보전달이 다소 지연된 느낌이다. 첫 문장을 뉴스 핵심으로 가져가는 것이 중요하다. 따라서 첫 문장을 "남북

정상회담이 다음달 말 판문점 평화의집에서 열릴 예정이다."라고 적고 다음에서 다루지 못한 정보를 제시하는 것이 뉴스 주목도를 높이는 데 도움이 될 것이다. ③ 다음 단락에 "김대중·노무현 정부에 이은 제3차 남북정상회담으로, 한반도 긴장 완화를 위한 돌파구를 마련할 계기가 될 수 있을지에 전 세계적 관심이 집중되고 있다."라는 문장이 제시되었다. 남북정상회담의 역사적 의의를 다루는 부분은 적절해 보인다. 하지만 이 문장을 두 문장으로 구분하여 간결하게 제시하는 것도 효과적인 방법이다.

① 김정은 북한 노동당 위원장이 "북·미 대화의 의제로 비핵화도 논의할 수 있다"고 문재인 대통령의 방북 특사단에게 밝혔다. 김정은을 만난 뒤 6일 귀국한 정의용 청와대 국가안보실장은 "김 위원장은 북·미 대화에 적극적으로 임할 용의가 있다는 사실을 분명히 밝혔다"며 이같이 전했다.[16)]

② 남북이 다음 달 판문점 우리 측 평화의 집에서 제3차 남북정상회담을 개최하기로 합의했다. 대북 특사단을 이끌고 방북해 김정은을 면담한 뒤 6일 귀국한 정의용 청와대 국가안보실장은 "(정상회담을 위해) 구체적인 실무협의를 진행해 나가기로 했다"며 이같이 밝혔다. 남북 정상회담이 평양이 아닌 곳에서 열리는 것은 처음이다.[17)]

③ 문재인 대통령의 대북특별사절대표단이 5일부터 이틀간의 일정을 마치고 6일 귀환, 남북 정상회담이 다음달 말 판문점 평화의집에서 열린다고 밝혔다.[18)]

16) 중앙일보, 2018년 3월 7일 1면
17) 동아일보, 2018년 3월 7일 1면

많은 정보를 리드에 담을 경우 기사의 동적인 요소를 줄이는 역효과를 초래할 수 있다. 기사의 첫 문장에 취재원을 포함시켜 누가 무엇을 했다는 것을 반드시 포함시킬 필요는 없다. 발표한 주체가 뉴스 순위에서 밀리는 경우가 많다. 물론 그 취재원이 갖는 무게감이 있는 경우는 예외이다. 나아가 사실을 단순하게 전달하는 것보다 느낌 있게 묘사한다면 독자들은 해당 기사를 더욱 친근하게 대하고 내용에 대한 이해도 높일 수 있다.

리드에서는 숫자 사용에 주의하여야 한다. 통계적 수치는 자체적으로 아무런 의미가 없기에 명확하게 설명되어야 한다. 예를 들어 "불우이웃돕기 성금이 1억 모였다."라는 내용은 독자들에게 모금된 돈이 많은지 적은지와 같은 의미를 설명하지 못한다. 뿐만 아니라 숫자 사용은 글쓰기와 읽기 흐름을 방해하는 요소가 될 수 있다. 가능하면 리드가 아닌 본문에서 구체적 숫자를 제시하는 것이 바람직하다.

전동성(2007)은 미국의 신문 통신에서 사용되고 있는 효과적인 뉴스 리드 몇 가지를 다음과 같이 소개하고 있다.

1) 스트레이트 리드

스트레이트 뉴스 리드(straight news lead)는 독자들을 위해 뉴스를 단순히 요약하는 방식으로 이뤄진다. 이때 이야기의 흐름, 현장 모습 등을 생생하게 묘사해야 한다. 이러한 리드는 하나 혹은 여러 개의 문장이나 단락으로 구성될 수 있다.

상징성 있는 구체적 사례를 포함시켜 종합적인 판단을 제시하

18) 매일신문, 2018년 3월 7일 1면

는 문장도 유용하다. 물가와 관련된 기사를 작성할 경우, 대표적인 품목의 가격 변동을 언급하며 소비자 전체 물가가 올랐다는 내용을 전하는 경우가 이에 해당된다. 물가 상승에 대한 뉴스일 경우, 대표적인 물품이나 서비스를 언급하는 사례들은 시대에 따라 변화하기도 한다. 미용, 버스, 지하철, 콩나물, 연탄, 휘발유, 라면 등 다양한 품목이나 서비스가 특정 시기를 대표하여 사용되었다. "휘발유 가격이 2,000원을 넘어서는 등 소비자 물가가 큰 폭으로 올라 서민경제를 위협하고 있다."와 같은 표현으로 제시되었다.

위와 상반되게 사건 특성이나 경향 등을 종합적으로 언급하고 뒤이어 개별사례에 대한 내용을 배치시키는 전략을 구사할 수도 있다. 예를 들어 전세가 폭등 현상을 언급하고 대표적인 몇 개 지역을 구체적으로 제시하는 형태이다. 본문 마지막 내용에서 의미와 전망 등을 진술하면 하나의 완결 구조가 될 수 있다.

사건에 대한 기자의 통찰력을 문학적 기법으로 표현할 수도 있다. 1980년대 초 목동 재개발 시기에 작성된 김훈 기자의 리드 "목동 마을 사람들은 불도저가 미웠다"는 매우 간결하면서도 함축적인 의미를 내포하고 있다(임철순, 2013). 실제적 사건에 대한 문제의식을 사회적 해석과 절묘하게 결합한 방식이다.

2) 인칭 리드

1인칭 단수는 목격자의 이야기인 경우 가능하거나 방송뉴스로서 활용될 수 있다. 1인칭 단수인 '나(I)'를 사용하는 사례들은 한국보다 외국 신문에서 볼 수 있는 형식이다. 우리나라의 경우 1인칭보다는 2인칭 리드가 폭넓게 사용되고 있다. 하지만 최근에는 온라인을 중심으로 1인칭 글쓰기가 확대되는 추세이다.

"어떻게 생각하십니까?"와 같은 질문 형식의 리드[19]와 인용문[20]을 활용한 리드는 스트레이트 뉴스보다 피처 뉴스에서 빈번하다. 스트레이트 기사에서 질문형 리드는 바람직하지 않을 수 있다. 기자의 업무는 독자에게 알려주는(inform) 일이지 질문을 던지는 것이 아니기 때문이다(Metz, 1977). 인칭 리드가 효과를 거두려면 감칠맛 나게 사용되어야 한다.

3) 대조 리드

대조적인 글쓰기는 피처 기사에서 손쉽게 사용될 수 있는 리드 형식이다. 대조 리드(contrast lead)를 활용하려면 글쓴이는 극적인 반전 상황을 연출할 수 있는 상반된 메시지를 찾아내야 한다. 독자들은 극적인 스토리에 쉽게 몰입하기 때문이다. 성공한 사람을 다루는 기사의 경우 먼저 힘들고 어려웠던 순간을 제시하고 최근 성공 스토리를 전개하는 방식이다.

---

19) 질문형 리드는 기사가 다루고자 하는 상황이 하나로 쉽게 정리되기보다는 문제가 더 부각되는 경우 쓸 수 있다. 예를 들어 특정 직책에 대한 인선 과정이나 어떠한 새로운 정책이 예견될 때 사용할 수 있다. 특히 독자가 제기된 질문에 대한 답을 찾는 데 관심이 있을 때 효과적일 수 있다. 이것이 충족되지 않을 때 질문형 리드를 시도하는 것은 위험하다. '예' 혹은 '아니오'와 같은 답변을 이끄는 질문보다 사려 깊고 흥미 있는 답변을 제기할 수 있는 질문이 선호된다.

20) 취재원의 말이 기사 주제를 잘 요약하고 대변할 때 사용된다. 많은 사람들의 마음과 부합되는 인용이 있을 때 사용하는 것도 바람직하다.

1996년 겨울 어느 날 밤, 서른살을 갓 넘긴 공연기획자 인재진이 전화기를 들어 통장 잔고 자동응답 번호를 눌렀다. 수화기 너머에서 "현재 잔액은 0원입니다" 하는 소리가 들렸다. 그는 하루 종일 아무것도 먹지 못했다.…

그가 올해 9회째를 맞는 '자라섬 국제재즈페스티벌'의 인재진(47) 총감독이다. 경기 가평군의 83만㎡(약 25만 평)짜리 황무지 섬을 세계적으로 주목받는 재즈 축제장으로 바꾼 이다.[21)]

위의 내용은 재즈 전문가가 되기 전의 힘든 삶과 성공한 축제의 총감독자로서의 활동을 대조적으로 잘 제시하고 있다. 특히 통장 잔고와 굶주림에 대한 디테일한 내용은 세계적인 축제 책임자로서의 역할을 감동적으로 바라보게 만드는 요인이다. 재즈 축제의 규모는 섬의 면적으로도 확인될 수 있다.

4) 지연 리드

지연 리드(delayed lead)를 사용할 때는 발생한 사건에 대한 독자의 궁금증을 지속적으로 유지할 수 있도록 글을 전개해야 한다. 적절한 표현이 이뤄지지 않을 경우 독자들은 지루함을 느낄 수 있다. 다음의 문장은 독자의 호기심을 지속적으로 자극하고 있다. 과연 무엇일까에 대한 궁금증이 글에 대한 몰입도를 높이는 방식이다.

21) 조선일보, 2012년 9월 15일 B1면

> 하루 종일 '야동' 그러니까 음란 동영상만 보는 사람들이 있습니다. 또 다른 사람들은 엽기 동영상만 보고 있습니다. 한 사무실입니다. 양편에 모니터를 보는 사람들이 있는데 모니터 속에 영상이 심상치 않습니다. 노골적인 성 묘사 등이 담겨있습니다.[22)]

기자가 "대놓고 야동을 보는 이 사람들은 방송통신심의위원회 통신심의국 모니터링 직원들입니다."라는 문장을 제시함으로써 글의 흐름을 반전시키고 있다. 야동을 보는 사람들은 인터넷 유해 콘텐츠 여부를 판단하고자 1년에 10만 건 정도를 처리하는 사람들이라는 내용을 전달하면서 독자의 긴장감도 해소되고 이들에 대한 궁금증으로 자연스럽게 연결되고 있다.

5) 일화 리드

일화(逸話) 리드(anecdotal lead)는 잡지에서 더욱 선호되는 유형이다. 신문에서 사용될 경우 일화는 주제와 맞아야 하고 맛깔스럽게 표현되어야 한다. 독자의 흥미를 돋울 수 있는 재미있는 스토리를 사용하는 것이 중요하다. 뉴스 주변 정보가 복잡할 경우 이를 일화적으로 재미있게 풀어나가는 방식도 독자의 주의를 끄는 유용한 도구일 수 있다. 물론 이러한 형태의 기사가 1면 탑을 차지하는 경우는 드물다.

영남일보 사회면에 보도된 "일했던 공장서 빼돌린 장물로 '막걸리 파티'"라는 제목의 사건 관련 뉴스를 보자. 독자는 제목을

22) TV조선. 더하기뉴스, "매일 '야동'에 '엽기 동영상'만 보는 사람들?"(2018년 5월 12일)

통해 절도와 관련된 기사임을 알고 기사를 읽기 시작할 것이다. 그러나 이 기사를 접한 독자들은 처음 두 단락에서 사건의 흐름과는 다른 한 노숙자의 이야기만 보면서 무슨 일이 발생하였는가에 대해 호기심을 가지고 글에 빠져들 것이다. 세 번째 단락을 접하고서야 절도에 대한 내용임을 파악할 수 있다.

> A씨(44)는 길거리를 집 삼아 지내는 노숙인이다. 2006년 이혼한 뒤 아내, 딸과 헤어진 이후 줄곧 노숙생활을 하고 있다. 그는 평소 대구지역 도시철도 역사와 지하상가를 돌아다니지만 달서구의 한 역사에서 주로 잠자리를 해결했다.
>
> 그의 신분은 노숙인이었지만 '부업'도 있었다. 바로 공사판 일용 노동자. 일정한 거처가 없었던 A씨는 돈이 궁할 때 공사 현장에서 일한 후 받은 돈을 밑천 삼아 또다시 떠돌이 생활을 반복했다. 딸린 식구가 없는 자유로운 몸이었기에 아쉬움도 없었다. 비슷한 처지의 동료 노숙인의 존재도 그에게 적지 않은 위안이 됐다.
>
> 그러던 지난해 10월, 제법 찬 바람이 불 때쯤 A씨는 생활비를 마련해야겠다고 마음을 먹었다.…[23]

문장의 서술 방식은 매우 일화적이며 산문적이다. 대다수의 간결한 사건 뉴스 방식보다 이처럼 이야기 형태로 풀어나가면 독자의 주목을 끄는 데 도움이 될 수 있다. 그러나 지나치게 많은 일화가 사용될 경우 전체 뉴스가 무겁다는 느낌을 줄 수 있다. 또한 적절한 긴장을 조성하지 못할 경우 글이 지루하다는 평가를 받을 수도 있다.

---

23) 영남일보, 2013년 1월 29일 6면

이밖에도 인용 내용 가운데 위트 있는 내용을 사용하거나 풍자적인 요소를 가미한 유머 넘치는 리드(gag lead)를 만들 수도 있다. 이를 위해서는 재미있는 요소를 발굴할 수 있는 기자의 재치와 감각이 필요하다. 재미난 리드 문장은 독자의 흥미를 높이는 긍정적인 요소가 될 수 있다. 문화나 스포츠 관련 뉴스에서 고려해볼 만하다(구교태, 2013).

미디어를 통해 공개된 글은 독자의 관심을 자극하는 것이 매우 중요하다. 독자의 관심을 얻지 못한다면, 수고하여 작성된 글이라도 독자로부터 외면당할 수 있다. 따라서 독자의 관심을 얻고 흥미를 높이기 위해 리드는 매우 중요하다. 다음은 이를 위한 효과적인 리드 작성 요령들이다.

먼저 기사의 주제가 독자와 관련된 것이어야 한다. 사람들은 자신에게 직접 영향을 미칠 수 있는 것들에 주목하기 때문이다. 리드를 통해 독자들이 주제의 중요성이나 사건의 심각성을 느낄 수 있어야 한다. 이를 위해 충격적인 통계자료가 사용되기도 한다.

또한 독자의 흥미를 불러일으키기 위해 주의를 끌 수 있는 인용문을 사용할 수도 있다. 이는 피처 기사에서 빈번하게 사용된다. 화제의 중심이 되는 인물의 말이나 최근 유행어, 사람들에게 익숙한 시, 노래, 경구 등에서 출발할 수도 있다. 경우에 따라 유머 있는 내용을 인용하면 그 효과가 커지기도 한다.

기사 주제에 대해 독자의 생각을 끌어내고자 첫 문장에 의문문을 사용하기도 한다. 의문문으로 시작되는 문장은 기사의 내용과 밀접하게 관련된 것이어야 하며 독자가 추론할 수 있는 것이어야 한다. 이런 경우 의문문은 극적 효과를 발휘하거나 독자들에게 생각할 시간을 주는 역할을 수행한다.

동일한 사건을 보도하면서 기자들이 어떠한 방식으로 뉴스의 초점을 구성하는지 아래 사례들을 살펴보자. 리드 첫 문장에서 세 신문사는 동일하게 문재인 대통령의 신년 기자회견 내용을 다루고 있지만 강조된 부분은 조금씩 차이가 있다.

중앙일보는 대통령의 입장 발표를 다루면서 정부 주도적인 개헌안을 강조하고 있다. 글의 논조는 '3월'이라는 시점 제시와 '직접 나설 수 있다'는 표현으로 볼 때 매우 강력하다. 반면, 동아일보와 매일신문의 개헌 관련 내용은 이러한 내용이 과거의 연속선상에서 이해할 수 있다는 점을 강조하고 있다. 확고한 대통령의 신념을 전달한다는 점에서 중앙일보의 다소 도발적 문장과 대조적이다.

뉴스의 핵심이 무엇인가라는 측면에서 보면 날짜나 장소는 부수적인 정보라 할 수 있다. 이러한 측면에서 매일신문의 경우처럼 청와대 영빈관이라는 정보는 내용의 핵심과 다소 거리가 있다. 따라서 개헌 관련 내용을 간략하게 전달하고 날짜나 장소는 다른 문장으로 제시하는 것이 바람직할 수 있다.

> 문재인 대통령이 10일 국회가 3월까지 개헌안을 발의하지 못할 경우 정부가 직접 나설 수 있다는 '개헌 시간표'를 제시했다.[24)]

24) 중앙일보, 2018년 1월 11일 1면

> 문재인 대통령이 10일 신년 기자회견에서 6월 지방선거와 개헌 국민투표를 동시에 실시하겠다고 재차 강조했다.[25)]

> 문재인 대통령이 10일 청와대 영빈관에서 열린 신년 기자회견에서 자신의 대선공약인 '올해 지방선거 때 개헌'을 또 한 번 강조했다.[26)]

리드는 간결하고 쉽게 표현되어야 한다. 다음에 제시된 리드는 "최근 성폭력 범죄가 늘어나고 있지만 중고등학교의 성교육 수업은 줄어든 것으로 나타났다." 혹은 "최근 늘어나는 성범죄에도 불구하고 중고등 학생의 성교육은 줄어들고 있다는 교육과학기술부 자료가 나왔다."로 수정되는 것이 바람직하다. 취재에 활용되는 보도자료의 용어가 어렵다면 쉽고 편한 단어로 바꾸려는 노력이 필요하다.

> 최근 성폭력 범죄가 증가세를 보이는 가운데 중학교와 고등학교의 성교육 수업시수는 오히려 감소하고 있는 것으로 나타났다.[27)]

메츠(William Metz, 1977)는 효과적인 리드 작성 방법을 다음과 같이 주문하고 있다. 제시된 대다수의 원칙들은 기사 본문 작

25) 동아일보, 2018년 1월 11일 A4면
26) 매일신문, 2018년 1월 11일 1면
27) 대구일보, 2012년 10월 8일 7면

성에서도 고려되어야 한다. 작성된 첫 번째 리드를 그대로 사용하는 것은 문제가 있다고 생각하는 습관을 가져라. 그래서 작성, 수정, 재작성, 수정, 재작성, 편집, 재작성, 편집을 통해 결과물이 나올 수 있다는 생각을 가져야 한다. 기자는 "There is no great writing, only great rewriting."이라는 말을 마음에 새길 필요가 있다. 어색한 문장을 확인, 수정하기 위하여 기사를 큰소리로 읽어보는 것도 좋은 방법이다. 다음은 리드를 작성할 때 유의할 사항들이다.

- 짧은 리드를 사용하라. 하나의 문장에 사용될 최적의 단어 수는 14~16개 혹은 7단 기준 3줄 이하로 하는 것이 바람직하다. 일반적으로 사람들은 40단어 이상의 문장을 이해하기 어려워하고 지루해한다. 문장의 의미가 모호한 경우 하나의 장문을 2~3개의 단문으로 변환시키는 작업이 필요하다. 만약 장문을 사용해야 한다면, 전과 후에 단문을 위치시켜 변화를 주는 것도 고려할만하다.
- 짧은 문장은 독자가 지속적으로 기사를 읽는 데 도움을 준다는 사실을 기억하라.
- 리드는 대부분 1~2문장으로 구성된다.
- 특별한 경우가 아니라면 시간이나 장소를 함께 제시하는 리드를 피하라. 대다수의 리드는 'who'나 'what'으로 시작한다.
- 추상적 단어를 피하라. 추상적인 의미를 파악하기 위한 추가적인 노력이 소요된다는 점을 고려하면 직설적으로 밝히는 것이 중요하다.

- 인상적인 인터뷰 내용을 사용하는 것도 고려하라. 특히 인터뷰 기사에서는 보편화된 방법이다. 인터뷰 전체를 대표할 1~2문장을 찾아서 리드 문장으로 사용할 수 있다.
- 고유명사의 철자를 정확히 확인해야 한다. 뿐만 아니라 객관적 수치도 정확해야 한다. 자릿수 하나가 완전히 다른 의미를 만들 수 있다.
- 가능하다면 지시어(that, this, it)를 생략하라. 그리고 과거나 미래 사건을 언급할 때는 '지난'과 '다음'이란 단어를 사용하지 않도록 주의해야 한다.
- 효율적 표현을 위해서는 하나의 문장에 같은 단어를 두 번 사용하지 말하야 한다.

위 사항들 외에도 글쓴이가 하나의 단락에서 접속사를 빈번하게 사용하는 것을 자제하는 것도 중요하다. 지나칠 경우 생각의 흐름을 단절시키기 때문이다. 또한 컴퓨터의 '맞춤법' 체크 기능을 사용하거나 사전을 참조하는 것도 늘 생활화해야 한다. 물론 언론사마다 가지고 있는 매뉴얼 원칙을 지키는 것도 전체 기사들의 통일성을 위해 필요하다.

이름과 직책, 직급 등을 언급할 때, 처음에는 성과 이름을 사용한 후 다음부터는 성과 호칭을 사용하여야 한다. 예를 들어 '홍길동 대통령은…'이라는 문장이 있었다면, 두 번째부터는 '홍 대통령'으로 표기하여야 한다. 이는 경제성의 원칙에서 이해할 필요가 있다. 리드가 제시된 후 본문은 언급된 정보들을 순서대로 나열하면 된다. 그래서 기사의 주요 항목들은 처음 몇 단락에서 소개되거나 설명되어야 한다. 기사 말미에 새로운 정보를 추가하는 것은 가급적 피해야 한다.

작성된 리드를 검토할 때 사용된 부사들을 확인하는 것도 중요하다. 중복된 부사들은 동사의 힘을 약화시키기 때문이다. 특히, 매우, 비교적, 상대적으로 등과 같은 강조의 부사들은 군더더기일 수 있다. 무엇에 비해 상대적이고 비교적인지 구체적으로 밝히는 것이 정확한 표현이다. 대다수의 형용사들도 불필요한 경우가 많다. 개념들은 흔히 명사에 내포된 경우가 많기 때문이다. 따라서 기자는 부사와 형용사 사용에 인색할 필요가 있다.

기자는 능동형 동사가 글을 명료하게 하고 문장에 힘을 더한다는 점을 명심하여야 한다. 그래서 문장을 지연시키지 않는 능동형을 가능한 사용하여야 한다. '~사고가 일어나게 되었다'는 '~일어났다'로 표현하는 것이 적절하다. 기사에서 '드러났다', '밝혀졌다', '알려졌다' 등의 수동형은 누가 정보를 제시하고 있는지를 생략한 경우가 많다. 취재원의 신원이 명확하지 않다면 정보의 신뢰도가 훼손될 수 있다.

수동형이 필요한 경우도 있다. 먼저 글의 리듬감을 고려하여 능동형 문장들만을 사용하기보다 수동형을 적절하게 배치하는 것이 효과적이다. 또한 문장에서 뉴스의 초점이 되는 중요한 인물이 있다면 그를 중심으로 문장을 작성하기 위해 수동형을 사용할 수도 있다. "괴한 3명이 00국가 총리를 사살했다."라는 문장에서 뉴스의 중심은 총리이다. 따라서 "00국가 총리가 괴한 3명에게 사살됐다."라는 표현이 바람직하다.

가능하면 하나의 단락에 하나의 출처만을 부여하는 것(attribution)이 적절하다. 여러 취재원을 사용할 경우 한 단락에서 한 취재원을 사용하고 단락을 바꾸어 다른 취재원을 사용하는 것이 바람직하다. 취재원을 다룰 때 정확하고 직접적인 인용을 회피하는 것은 바람직하지 않다. 소위 '소식통에 의하면', '알려온 바에 의하면', '한 관계자는' 등과 같은 방식은 문제가 있다. 기자가 모호한 성격의 정보를 확산시켰다는 비난을 받을 수도 있다.

리드 작성이 마무리되면 본문으로 넘어간다. 본문도 리드와 같이 역피라미드 방식을 생각하며 작성하는 것이 기본이다. 가장 중요한 내용을 본문의 맨 앞에 위치시키고 가장 의미 없는 것을 맨 뒤에 놓으면 된다. 그리고 리드에서 언급한 사항들을 보다 구체화시키고 앞의 정보들을 뒷받침하는 내용들을 제시하면 된다.

4. 기자회견과 인터뷰

미디어의 관심을 받고자 하는 개인이나 조직에게 기자회견(news conference)은 생산품, 이슈, 이벤트 등을 공표할 수 있는 좋은 수단이다(구교태, 2013). 취재원은 정보를 내보내는 방법을 스스로 통제할 수 있어 인터뷰보다 기자회견을 선호한다. 또한 한 번에 여러 기자들을 접촉할 수 있기에 많은 시간도 절약할 수 있다. 반대로 기자들에겐 인터뷰 재량권과 문제를 파악할 충분한 시간이 없다는 점이 단점이다. 그래서 대다수의 기자들은 기자회견을 달가워하지 않는다고 한다.

기자회견을 준비하는 PR 관계자나 당사자는 기자회견을 할 때 두 가지 전략을 추구한다. 첫 번째 방법은 기자회견이 무엇을 다룰 것인지를 사전에 알려주는 전략이다. 많은 사람들이 관심을 기울이는 상황에서 빈번하게 사용된다. 두 번째는 기자들이 회견장에 나타날 때까지 발표주제를 비밀로 하는 방법이다. 관심이 없는 기자들을 회견장에 불러오기 위해서는 회견 내용에 대한 호기심과 긴장감을 조성하는 것이 효과적이다.

기자회견 소식을 접한 기자는 먼저 회견장 참여 여부를 판단해야 한다. 참석 행위가 홍보 담당자에게 이용당하는 것인지 국민적 관심사를 다룰 기회인지를 생각해보아야 한다. 또한 기자회견 참석자들에게 회견 주최 측이 어떠한 조건을 설정한다면 수용 여부를 판단해야 한다. 예를 들어 기자회견 당사자가 기자들의 질문을 받지 않는다고 한다면 이를 수용하는 것이 옳은지를 결정해야 한다.

뉴스보도를 위해서는 배경 정보를 확보하는 것도 중요하다. 기자회견에서 발생할 수 있는 여러 변수들을 면밀히 검토하여 효과적으로 대처할 수 있어야 한다. 주제에 대한 사람들의 관심이나 반응을 살펴보거나 회견 후 기자회견 당사자, 지인, 온오프라인 등을 통해 관련 기록들을 살펴보는 것도 중요하다. 방송뉴스라면 전체 기자회견을 녹화하여 필요한 부분을 사용하려는 자세가 바람직하다.

글쓰기 작업을 위한 정보 수집 활동 가운데 인터뷰는 살아있는 생생한 정보를 접할 수 있는 기회가 될 수 있다. 좋은 인터뷰를 하려면 먼저 적합한 인터뷰 대상을 찾는 노력이 중요하다. 누가 적절한 대상인지를 파악하기 위해서는 여러 사람들의 이야기에 귀 기울이거나 관련 내용에 대한 기사 검색도 효과적이다.

인터뷰에 참여하는 기자라면 비언어적 표현들도 스토리텔링의 강력한 도구라는 점을 명심할 필요가 있다. 사람들은 타인과 함께 있을 때 몸을 통해 표현하는데 이러한 움직임은 말보다 더 솔직하게 화자의 상태를 드러내기도 한다. 인터뷰 참가자가 말하는 투를 기자가 전달하지 않는다면 뉴스 이용자들은 인터뷰 참가자(interviewee)가 어떤 상태인지를 느끼기 어려울 것이다. 그 빈자리를 채우려는 기자라면 인터뷰 기사에 비언어적인 정보들을 포함시키고자 노력해야 한다. 많은 분량의 기사를 작성해야 하는 경우나 잡지 등에서 이 방식은 더욱 효과적이다.

질문과 답변의 정형화된 인터뷰 기사가 아니라면 관련된 내용을 부분 인용함으로써 독자의 감각을 깨울 수도 있다. 섬세한 세부 묘사를 통해 인터뷰 참여자의 생각, 감정, 느낌들을 전하는 것도 가능하다. 나아가 참여자 성격을 보여주거나 글의 분위기를 고조시킬 때 혹은 전달 내용의 세부적 묘사가 필요한 때도 인터뷰 내용을 사용할 수 있다.

보여주기와 들려주기를 적절하게 혼합하여 독자들이 실제 경험한 것처럼 느끼도록 글을 작성하는 것이 중요하다. 이러한 구성은 글에 대한 흥미도 높일 수 있다. 인터뷰 방법과 절차는 다음 장의 인터뷰 기사 영역에서 더 구체적으로 살펴볼 수 있다.

3

Chapter

미디어 글쓰기 유형

제1절 전통적 미디어 글쓰기

미디어를 통해 매개되는 글쓰기 유형은 스트레이트(straight)와 피처(feature) 기사로 크게 구분될 수 있다. 스트레이트 기사는 사건·사고 등 취재한 정보를 사실적, 객관적으로 서술하는 가장 기본적인 형태의 기사이며 미디어 이용자들이 가장 많이 접할 수 있는 유형이기도 하다. 피처 기사는 스트레이트 기사를 보완하는 내용으로 구성되며, 해설과 같이 주관적 견해나 주장들이 포함된 형태를 말한다.

뉴스는 내용적 속성에 따라 크게 경성뉴스(hard news)와 연성뉴스(soft news)로 분류되기도 한다. 이들 사이에 명확한 기준을 설정하기는 어렵다. 그러나 경성뉴스는 사회 공적 영역에서 발생했거나 막 일어날 것 같은 사건을 말한다. 이것은 기본적으로 무엇이 발생했고, 왜 일어났으며, 어떠한 영향이 독자에게 미칠 수 있는지를 다룬다.

반면 연성뉴스는 인간적 흥미와 신기성(novelty) 있는 내용으로 독자들에게 즐거움을 주거나 정보를 주는 뉴스라 할 수 있다. 연성뉴스는 사람, 장소, 이슈에 초점을 둔 피처(feature) 기사인 경우가 많다. 어떠한 사건이 뉴스 보도 시점과 맞물려 발생할 때 우리는 이를 속보(breaking news)라 지칭한다. 연성뉴스의 경우 반드시 속보성 뉴스에 기초하지는 않는다.

1. 스트레이트 기사

스트레이트 기사는 사건이나 이슈를 육하원칙에 따라 사실(fact)과 사실의 출처인 취재원(source)을 밝히는 형태의 글쓰기다.[1] 사실 전달이 강조되다 보니 표현보다는 시의성 있는 정보를 간결하고 정확하게 구성하여 매체 이용자에게 신속히 노출시킬 수 있는 전략이 중요하다. 속보성뿐만 아니라 정확한 의미전달도 중요하다. 이를 위해 기사 작성자는 가능한 이해하기 쉬운 표현법을 사용해야 한다.

황성근(2005)은 스트레이트 기사에 필요한 글의 표현 규칙으로 다음 항목들을 열거하고 있다. 먼저 일반 문장에서는 존대어를 사용하지 않는다. 직함을 사용할 때도 경칭 사용을 금한다. 두 번째 언급부터 약칭을 사용해야 한다. 이때 '씨'자 대신 '직함'을 사용하는 것이 일반적이다. 단, 인용문장에서는 상황에 따라 존대어를 사용할 수도 있다. 인명은 반드시 한글로 표기한다. 나이를 나타낼 때는 이름 뒤에 괄호를 사용해 제시한다. 미디어 글쓰기에서는 사람의 나이도 중요한 정보이기에 공개하는 것이 바람직하다.

육하원칙은 스트레이트 뉴스에서 사건을 효과적으로 전달하는 중요한 방법이다. 여섯 가지 질문을 중심으로 취재한 내용을 정리하고 부족한 부분을 보완하는 노력이 스트레이트 뉴스 작성의

1) 누가(who), 언제(when), 어디서(where), 무엇을(what), 왜(why), 어떻게(how)를 지칭하는 육하원칙은 스트레이트 기사가 추구하는 글쓰기의 방향성을 간명하게 보여주고 있다. 하지만 기사에 따라 이들 가운데 어떤 부분은 생략될 수도 있다는 유연한 사고가 필요하다. 육하원칙에 지나치게 집착할 경우, 글이 경직되고 지루해질 수 있기 때문이다.

출발점이다. 다음의 동아일보 기사 "시민단체 경력 공무원호봉 인정 백지화"는 정부 인사혁신처가 공무원 인사체계 관련 입법 예고한 내용을 연기한다는 내용을 다루고 있다. 제시된 뉴스를 육하원칙에 따라 정리하면 다음과 같다.

1 누가(who) : 인사혁신처
2 언제(when) : 1월 8일
3 어디서(where): 인사혁신처 보도자료
4 무엇을(what) : 공무원보수규정 입법예고
5 어떻게(how) : 시민사회단체 근무경력 호봉 인정 연기
6 왜(why) : 불공정하다는 여론

인사혁신처는 시민사회단체 상근(常勤) 경력을 공무원 호봉에 반영하는 방안을 추진하지 않기로 8일 결정했다.

인사혁신처는 이날 오후 보도자료를 내고 시민사회단체 활동 경력을 동일 분야는 100% 이내, 동일하지 않은 분야는 70% 이내로 호봉을 인정하는 내용을 뺀 '공무원보수규정(시행령)개정안'을 9일 다시 입법예고하겠다고 밝혔다.

인사혁신처는 보도자료에서 "(시민사회단체 근무 경력의 호봉 인정) 내용에 대해서는 그동안 많은 의견이 개진돼 더 심도 깊은 검토가 필요한 것으로 판단해 이번 개정안에 포함하지 않기로 했다"고 밝혔다.

이에 앞서 인사혁신처는 5일 '비영리민간단체 지원법'에 따라 등록된 시민사회단체의 상근 경력은 동일하지 않은 업무라도 최대 70% 호봉에 반영하기로 하는 내용을 담은 개정안을 입법예고했다. 인사혁신처는 "시민사회단체에서 사회적 가치 실현을 위해 애쓴 경력도 공직에서 인정받도록 하기 위한 것"이라고 취지를 설명했다.

입법예고 이후 공무원 사회뿐만 아니라 공무원시험을 준비하는 청년들 사이에서까지 "불공평하다"는 비판이 끊이지 않았다.

〈이하 생략〉

출처: 동아일보, 2018년 1월 9일 A10면

기사를 육하원칙에 따라 세분화한다면 관련 내용을 객관적으로 점검하여 기자가 놓친 부분이 없는지를 세밀하게 관찰할 수 있다. 위 기사의 경우 주제에 대한 독자의 판단에 도움을 줄 수 있는 논거가 다소 부족하거나 모호한 내용도 있어 가독성을 해치고 있다. 먼저 보수규정 관련 개정안이 만들어진 시점이 모호하다. 또한 본질적으로 시민사회단체의 경력이 공무원호봉 산정에 적절한지를 파악하려는 노력도 부족해 보인다. 독자의 공정한 판단을 위해서는 국외 관련 사례나 전문가 의견을 살펴보는 것도 유용하다. 공무원이나 공무원 준비생들의 의견도 중요하지만 인사 행정을 다루는 전문가의 진단이 없다는 점은 다소 아쉬운 부분이다.

글의 전개 방식에 있어서 앞의 네 단락 모두 동일한 주어를 사용한 것은 개선되어야 할 부분이다. 동일 주어로 문장들을 전개하면 글의 리듬감이 떨어져 읽는 이에게 단조로움을 줄 수 있기 때문이다. 능동형 문장으로 진술되는 네 단락 중 하나를 수동형으로 전환하거나 새로운 명사를 주어로 활용하는 방법을 생각해볼 수 있다.

다음 기사의 경우 리드문장은 "최근 글로벌 통상 환경이 악화되는 상황에서 한국의 수출이 감소세를 보이고 있다."이다. 따라서 기사 주제는 '통상 환경 악화에 따른 수출 감소'라 말할 수 있다.

단락별 핵심 단어는 '수출액 감소', '마이너스 증가율', '하루 평균 수출 증가율 감소', '수출에 대한 무역 전쟁의 영향', '역행하는 정부의 경제 전망', '정부 예상과 어긋난 수출' 등이다. 첫 단락에 제시된 '우려'라는 단어는 본문에 제시된 메시지가 부정적이라는 것을 암시하고 있다. 그리고 기사는 결론으로 정책 대안을 주문하는 인터뷰 내용을 제시하고 있다.

1 누가(who) : 한국 수출
2 언제(when) : 2018년 3월 초
3 어디서(where): 글로벌 시장
4 무엇을(what) : 수출 감소
5 어떻게(how) : 품목과 지역별 감소
6 왜(why) : 통상 환경 악화

최근 글로벌 통상 압력이 악화되는 상황에서 한국의 수출이 감소세를 보이고 있다. 미국의 세이프가드(긴급수입제안조치)나 철강관세 부과 같은 통상 악재가 수출기업에 본격적으로 영향을 주기 시작하면 한국 경제의 성장세가 꺾일 수 있다는 우려가 나온다.

12일 관세청에 따르면 이달 1~10일 기준 한국의 수출액은 136억7200만 달러로 지난해 같은 기간보다 3.4% 줄었다. 이는 반도체와 휴대전화 수출이 호조세를 보인 반면 승용차와 선박수출이 10% 가까이 감소했기 때문이다. 국가별로는 미국과 중국으로의 수출이 4%대의 증가세를 보인 반면 베트남(-3.2%), 중동(-39.8%)지역 대상 수출 감소 폭이 컸다.

올 들어 한국의 수출액은 1월 22.3% 증가했지만 2월 4.0% 늘어나는 데 그치며 증가율이 둔화했다. 이달 들어 열흘 동안 증가율이 마이너스(-)로 돌아서면서 수출 전선에 '빨간불'이 켜진 것이다.

〈중략〉

신세돈 숙명여대 경제학과 교수는 "3월 수출감소는 환율 요인이 크지만 앞으로 통상 이슈가 수출에 반영될 가능성이 크다"며 "다양한 정책대안을 준비해야 할 시기"라고 말했다.

출처: 동아일보(2018년 3월 13일 6면). 관세전쟁 이제 시작인데… 수출코리아 벌써 '빨간불'

신문사의 경우 편집국 내 각 부서는 고유의 취재 영역을 중심으로 취재 활동을 한다. 그러다 보니 취재 분야별 기사 작성의 특성과 작성 요령도 있다. 정치, 경제, 사건・사고, 과학・기술, 스포츠 기사의 특성과 유의사항들은 다음과 같다.

1) 사건・사고 기사

범죄사건, 교통사고, 화재 등과 같은 사건・사고에서는 모두 현장이 중요하다. 따라서 기자는 사건・사고가 발생한 현장이나 그곳과 관련된 사람으로부터 핵심 정보를 얻고자 하여야 한다. 현장 취재의 핵심은 육하원칙에 따른 정보 수집이다. 사건・사고 현장에서 확인 가능한 취재원은 사고를 담당하는 공무원(경찰, 소방관 등), 목격자, 피해자나 생존자, 주변 사람들(희생자 지인, 이웃 사람 등)이 있으며, 이들의 신원과 연락처를 확인하면서 관련 정보를 수집하여야 한다. 사건・사고 관련 취재 내용으로는 ① 관련된 사람들의 신상 정보와 상태, ② 발생장소, ③ 발생시각, ④ 발생사실, ⑤ 사건이나 사고의 원인 등이 있다(이재경, 1998).

다음은 절도 사건과 관련된 보도자료 내용이다. 사건 제목, 요약설명, 사건 개요와 담당자 연락처를 담고 있다. 사건을 요약한 부분이 기사의 리드 문장으로 구성될 가능성이 높다. 관련자 인적사항은 익명으로 처리되었다(제4장 명예훼손 참조).

영화관 内 절도 피의자 검거

영화상영관 内에서 관객이 영화를 보는 사이 옆 좌석에 놓아 둔 휴대폰과 지갑 등 1,200만원 상당을 절취한 피의자 검거

□ 관련자 인적사항
- ○ 피의자 : A (48세, 남)
- ○ 피해자 : B (45세, 남)

□ 사건개요
- ○ '18. 3. 28. 00:12경 00구 00동 영화상영관에서 피해자가 영화를 보는 사이 옆 좌석에 놓아 둔 휴대폰, 지갑 등 1,200만원 상당을 절취한 피의자를 3. 29. 19:55경 주거지에서 검거

□ 조치 및 수사사항
- ○ 피해자의 신고를 접수하고 수사 착수
- ○ 최종 위치 주변 아파트 CCTV 분석, 영화관 출입자와 인상착의 동일한 피의자 특정
- ○ 주거지 확인, 피의자 긴급체포

□ 검거자 : 형사00 00 000 / 010-0000-0000
강력00 00 000 / 010-0000-0000

보도자료 내용을 바탕으로 사회부 기자는 스트레이트 기사를 작성할 수 있다. 그러나 기사의 완결성에 부족한 부분이 무엇인지를 분석하고 보완할 것이 있다면 추가 취재를 결정하여야 한다. 위 보도자료에 대해서는 발생 사건에 대한 구체적인 정보와 범행 동기를 추가적으로 취재할 수 있다. 설령 더 이상의 취재가 불필요한 보도자료인 경우에도 담당자를 통한 내용 확인은 필수

이다. 다음은 위 보도자료에 근거하여 작성한 언론사들의 실제 뉴스이다. 각 언론사들이 추가적으로 취재한 부분들을 간접적으로 확인할 수 있다.

기사 1

대구 00경찰서는 영화관에서 관객 금품을 훔친 혐의(절도)로 A(48)씨를 불구속 입건했다고 3일 밝혔다.

A씨는 지난달 28일 0시 12분께 대구 00구 한 영화관에서 옆자리 관객 B(45)씨가 영화를 보는 사이 컵 홀더에 놓아둔 휴대폰, 1천만원짜리 수표가 든 지갑 등 1천200만원 상당 금품을 훔친 혐의를 받고 있다.

경찰은 도난 신고를 받고 통신 정보, 영화관 CCTV 등을 분석해 이튿날 A씨가 사는 아파트에서 그를 붙잡았다.

경찰 관계자는 "A씨는 지인과 영화를 보러 갔다가 영화가 끝날 무렵 옆자리 관객이 둔 소지품을 훔쳤다"며 "초범이고 피해 물품을 모두 회수해 불구속 입건했다"고 말했다.

기사 2

대구 00경찰서는 3일 영화관에서 옆자리 관객의 휴대전화와 지갑 등을 훔쳐 달아난 혐의로 A(45)씨를 불구속 입건했다.

경찰에 따르면 A씨는 지난달 28일 자정쯤 00구 한 영화관에서 옆자리에 앉은 피해자의 휴대전화와 지갑 등 1천200만원 상당의 금품을 훔친 혐의를 받고 있다. 전문직 종사자인 피해자는 이날 개인적인 사정으로 지갑 안에 1천만원권 수표 등 거액을 갖고 있었다고 경찰은 설명했다. 경찰조사에서 A씨는 "충동적으로 범행을 저질렀다"고 진술했다. 경찰 관계자는 "A씨는 별다른 범죄 경력이 없었고, 피해 물품도 온전히 되찾았다"고 밝혔다.

기사 3

영화관에서 절도를 저지른 40대가 경찰에 붙잡혔습니다.

대구 00경찰서는 00구에 있는 영화관 안에서 좌석에 둔 휴대폰과 지갑 등을 훔친 48살 A씨를 절도 혐의로 불구속 입건했습니다.

A씨는 영화를 보던 중 충동적으로 금품을 훔친 것으로 드러났습니다.

출처: 기사 ❶ – 연합뉴스
기사 ❷ – 매일신문
기사 ❸ – CJ헬로비전 대구방송

보도자료 내용과 언론사의 뉴스를 비교하면, 연합뉴스는 사건 경위(컵 홀더에 놓아두었다 도난당했다는 사실)를 보충 취재하고 도난물품이 회수되고 피의자를 신병 처리한 방식을 추가적으로 다루었음을 알 수 있다. 반면 매일신문의 경우는 피해자에 대한 추가 정보와 피의자의 범행동기를 보다 상세히 보도하고 있다. 사건 경위와 범행동기에서 차별적이지만 전체 맥락을 이해하려면 둘 다 놓칠 수 없는 부분이다. 케이블 방송사인 CJ헬로비전 대구방송의 경우, 방송뉴스의 특성상 가장 간결한 방식으로 내용을 전달하고 있다. 특히 리드문장은 뉴스에 해당되는 '무엇(what)'만을 다룸으로써 방송뉴스의 특성을 보여주고 있다. 하지만 피해물품을 '휴대폰과 지갑 등'으로 표기하여 피해액수를 제시하지 못한 것은 다소 아쉬운 부분이다.

위 매일신문 기사의 경우 첫째 문장에 있는 '3일'은 잘못된 정보이다. 마치 3일 발생한 사건처럼 인식될 수 있기 때문이다. 실제 사건은 약 1주일 전에 발생하였다. 3일은 관련 내용에 대한 보도자료 발송 날짜이다. 또한 피의자 A씨의 나이도 잘못 제시되었다. 기사 수정 과정에서 고유명사나 숫자에 대한 확인을 소홀히 한 결과이다. 두 번째 단락의 경우 전체 내용이 지나치게 긴 것도 아쉬운 부분이다. 마지막 두 문장을 새로운 단락으로 구성하는 것도 시도해볼 수 있다.

사건·사고를 취재하는 기자는 보도자료를 단순히 기초자료로 인식할 필요가 있다. 기자들이 다그치면 공보 관계자가 관련 자료를 조금씩 추가해 내놓는 경우도 있다. 기자들은 기본자료를 참고해서 경험과 노하우를 살려 양질의 기사를 만들어야 한다. 결국 기자와 데스크, 신문사의 조직역량이 기사의 수준을 결정하게 된다.

산불과 같은 사건 취재는 보도자료를 토대로 개별적으로 공보실 또는 해당 부서에 문의하거나 현장을 직접 방문하여 진행한다. 보도자료(발생일시, 장소, 진화 상황, 피해내역 등)를 검토 후 현장을 찾을 때, 현장 목격자나 피해 주민들의 생생한 목소리를 담아 기사의 현장감을 높이는 것이 중요하다. 보도자료를 넘어 현장의 목소리를 담기 위해 발로 뛰어다녀야 한다는 의미이다. 다음에 제시된 일선 취재기자의 경험담은 사건, 사고와 같은 부정적 내용에 대한 취재가 얼마나 어려운지를 보여준다(구교태, 2013).

> 사건, 사고가 발생하면 관할 지자체와 기관 등에서는 일단 축소하거나 은폐하려는 경향이 있습니다. 공무원은 사건이 커질수록 이런저런 부담이 되니까요. 여론질타(초기대응 실패, 늑장진화 등)에 이은 관련자 문책 등도 따를 수 있으니까요. 반대로 미담, 홍보 기사 등 자기 부서나 조직이 빛날만한 기사는 이런저런 초를 쳐서 보냅니다.

산불 같은 사건은 대개 기사 구도가 정해져 있다. 이를테면 속보성 스트레이트 기사와 박스 기사(상보)로 크게 구분될 수 있다. 속보성 스트레이트 기사는 대부분 사고규모, 피해내역, 사고원인, 진화 현황, 지자체 대책 및 경찰수사 등을 다루는 반면, 상보는 왜 피해가 컸나, 피해주민들의 사연, 보상대책 등에 대해 더 깊은 논의를 전개한다. 상보는 박스 기사 형태로 상황에 따라 비중이 높은 정보를 우선적으로 처리하기도 한다. 이때 관련 사진이나 약도(산불 발생지점과 산불 확산경로), 도표(주요 산불 일지) 등을 추가하면 지면의 완성도가 높아질 수 있다.

한편 재난[2)]보도 관련 문제점으로 지적되는 것은 언론이 재해보도 자체에 주목하기보다 구독자 중심으로 보도하면서 발생한 선정성과 관련되어 있다(구교태, 2013). 즉 극적인 보도 구조를 통한 흥미위주의 보도를 한다는 것이다. 예를 들어 보도사진의 대부분이 광각렌즈를 통해 피해 현장의 모습을 극적으로 보여주거나 클로즈업을 통해 피해자의 고통스러워하는 모습을 확대하여 보도하는 경우를 말한다. 일본의 재해 방송 특징에 대해 이창현(1995)은 조금이라도 밝은 뉴스를 전달하려 하거나 이재민이 가장 필요로 하는 생활 정보를 전달하려는 자세가 우리와 차별적임을 지적하고 있다.

2) 경제 기사

경제 관련 기사의 파급효과는 지대하다. 하나의 기사라도 다양한 측면에서 사람들의 경제 활동에 직접적인 영향을 미칠 수 있

2) 재난은 '특정 시점에 특정 지역에서 발생하여 그 지역사회 전체 혹은 일부분이 심각하게 인명 피해와 정신적 물질적 피해를 입어 그 사회의 정상적 기능을 마비시키는 사건을 지칭한다(Fritz(1991), 정연구(1998)에서 재인용).

다. 부동산 경기 활성화를 예상하는 기사를 생각해보자. 전세로 이사를 가려는 사람들은 주택 구입을 고려할 수 있고 주식시장을 기웃거리는 사람들은 건설주에 대한 투자를 계획할 수 있다. 또한 수험생들은 관련 전공에 대한 진학을 희망하기도 한다. 따라서 기자는 자신이 작성한 기사의 결과를 생각하면서 내용 하나하나 조심스럽게 다뤄야 한다.

경제부 기자는 다양한 숫자나 장황한 경제 관련 보고서를 다룰 수 있는 능력을 갖춰야 한다. 비율, 퍼센트, 지수, 전문용어 등을 지속적으로 접하기에 회계나 경제학 관련 지식이 풍부하다면 뉴스 제작이 훨씬 쉬울 수 있다. 경제 분야에는 어려운 용어나 현상도 많다. 취재가 필요한 경우라면 기자는 일반인들도 쉽게 이해할 수 있도록 풀어쓸 수 있어야 한다.

영향력 있는 경제 전문가들을 접촉할 수 있는 기술도 필요하다. 다른 분야의 기사에 비해 경제 기사는 정보 획득이 어려운 경우가 많다. 대다수 기자들은 공직자들을 다루는 기회가 많고 공적 영역은 많은 부분이 개방되어 있다. 그러나 비즈니스 분야는 상대적으로 개인적(private)이고, 은밀하고(secretive), 권위적인(authoritative) 성격이 강하다.

경제부 기자들이 취재의 한계를 경험할 경우 정부 기관들을 접촉하는 것도 방법이다(구교태, 2013). 경영 관련 정보들이 다양한 형태로 정부기관에 보고되기 때문이다.[3] 그러나 기자의 특종이 대부분 인적 자원에서 비롯된다는 사실을 생각하면, 평소 인

3) 경제부 기자는 필요한 경우 부동산 거래 실적, 국가 및 지역 재정 기록, 기업 투자 및 채용 계획, 수출입 관련 통계, 기업 및 국가 재무상태, 각종 경제 관련 지표 등을 열람할 수 있다.

적 네트워크를 얼마나 잘 형성하고 있는가가 원하는 정보를 다룰 수 있는 해결책일 수 있다.[4)]

3) 정치 기사

정치 관련 기사를 담당하는 곳은 정치부이며, 소속 기자들은 중앙 및 지방 행정 부처와 국회, 정당 등을 담당한다. 선거기간 동안에는 선거방송토론, 정치광고, 유세 활동 등과 같은 다양한 선거 이벤트를 다루는 특별 취재팀을 운영하기도 한다. 정치 기사를 작성할 때는 다양한 의견들을 공정하게 수렴하여 기사가 편향되지 않도록 노력하여야 한다. 또한 드러난 현상 이면의 사건 배경, 동기, 영향력 등을 세심하게 탐구할 필요도 있다. 각종 정치적 이벤트들은 정보원이 의도하여 만든 결과일 수 있기 때문이다.

정치부 기자는 정치인과 사적 네트워크로 인해 객관적이고 중립적인 글쓰기가 훼손되지 않도록 노력하여야 한다. 이른바 기자의 줄서기 관행은 특정 정당이나 정치인을 편드는 정파 저널리즘 현상을 초래할 수 있기 때문이다.

4) 과학·기술 기사

삶에 대한 정보통신 관련 기술의 영향력이 확대되고, 환경이나 의학에 대한 독자들의 관심이 커지면서 과학·기술 관련 기사들도 늘어나고 있다. 그러나 관련 정보가 전문적이고 용어 자체가

4) 접촉할 수 있는 인적 자원으로 은행 및 증권사 직원, 지역 상공회의소, 경제인 단체, 부동산 중개인, 기업 및 노조 임원, 유통업계 관계자, 경제 및 경영 국내외 전문가, 운송회사, 관련 정부 관계자 등을 고려해볼 수 있다.

난해한 경우가 많다. 큰 언론사일수록 이러한 현상을 전문적으로 다룰 기자들을 채용하고 있다. 전문기자, 대기자라는 직책을 가지고 전문적인 식견을 활용한 글쓰기를 하고 있다.

과학·기술 관련 기사 작성에서 무엇보다 중요한 것은 어려운 현상이나 용어 등을 독자의 눈높이에 맞도록 쉽게 풀어쓰는 것이다. 스트레이트 기사로 다룰 경우라도 해설이나 박스 기사를 병행하여 그 의미나 영향력 등을 이해하기 쉽도록 구성할 필요가 있다. 또한 표나 그래프와 같은 시각적 이미지를 활용하여 독자의 이해도를 높이려는 노력도 중요하다.

일반적으로 그래프는 통계자료를 단순화시켜 의미를 명확하게 전달하는 데 효과적이며 통계적 경향이나 패턴을 보여주는 데 유용하다. 특히 선 그래프는 시간에 따른 통계 수치의 변화를 적절히 보여줄 수 있다는 점이 장점이며, 원도표는 분포 패턴을 단순히 보여주는 데 적합하다는 평가를 받고 있다.

의학 관련 기사도 의학 용어를 구체적으로 풀어쓰는 것이 좋다. 예를 들어 '급성 편도선염의 증상'이라는 진술은 '갑자기 편도에 염증이 생기면'이라고 고치면 친숙하고 쉬운 문장이 된다. 딱딱한 소재를 각종 비유나 새로운 문체를 이용해 재미있게 작성해보는 것도 방법이다. 때로는 영화, 드라마, 역사 등을 인용하거나 설명하면 재미있는 기사로 탈바꿈되기도 한다.

5) 스포츠 기사

스포츠와 레저에 대한 국민들의 관심이 증대되면서 온오프라인에서 스포츠 관련 뉴스의 비중도 늘어나고 있다. 그러나 스포츠 경기는 결말을 예측하기 어렵고 경기시간이 긴 편이라 마감시간에 임박하여 끝나는 경우가 많다. 국제 대회의 경우에는 시차도 일정하지 않아 때론 취재하기도 어렵다. 그래서 스포츠 기사는 다른 기사에 비해 상대적으로 짧은 시간 안에 작성해야 한다는 압박을 받는 경우가 많다.

기사 작성 시 리드에는 경기의 결과가 드러나야 하고, 주목받았던 선수나 경기 상황 등을 생동감 넘치게 표현하고 묘사하여야 한다. 경기 전략이나 참가자의 멘트, 관중과 시민들의 반응 등도 전달하면 기사의 완성도는 높아진다. 스포츠 기사는 감동을 주는 극적 장면을 담은 사진과 함께 편집되는 경우가 대다수다. 역동적인 모습을 통해 독자의 감성을 자극할 수 있기 때문이다.

2. 피처 기사

스트레이트 기사에서 글의 구성은 역삼각형 기법으로 전개되는 것이 보편적이지만, 피처 기사는 서론-본론-결론 형식으로 이루어지는 형태가 빈번하다. 그래서 피처 기사는 사례, 사고, 일화 등으로 기사 전체를 묘사하는 내용을 먼저 전개하는 경우가 많다. 본문에서 주제와 관련된 추가적인 사례와 인용, 사고, 배경을 소개하고 마무리에서 전체를 정리하는 강력한 문장을 제시하는 형태가 일반적이다.

이건호(2010)는 〈월스트리트 저널〉의 유명한 피처 기사 작성자인 윌리엄 블런델(William Blundell)의 피처 기사 작성법을 다음과 같이 소개하고 있다.

첫 번째는 '가렵게 하기(teasing)' 단계이다. 독자가 기사 내용에 대해 궁금증을 가지고 몰입할 수 있도록 만드는 과정에 해당된다. 기사 도입부는 전체를 요약하는 내용보다 주제와 관련된 암시나 배경 정보와 관련되어 있다. 이때 주제는 명확하게 드러나지 않는 경우가 많다.

두 번째 단계는 '기사의 핵심 전달하기(telling what the story is about)'이다. 첫째 단계에서 조성한 독자의 궁금증을 구체적으로 풀어줄 수 있는 내용이 와야 한다. 주제가 추상적이라면 독자들이 이해할 수 있도록 구체적으로 풀어쓰는 것이 중요하다. 예를 들어 첫째 단계에서 투표율 저조현상과 같은 큰 주제를 언급하였다면 여기서는 연령별 또는 지역별 투표율 문제와 같은 구체적 내용을 다루는 것이 바람직하다. 이때 뉴스가치를 고려하여 중요한 내용부터 순서대로 제시하는 것이 좋다.

다음은 '증명(proving)' 단계이다. 이는 독자들이 주제와 관련된 내용을 수용 혹은 지지할 수 있도록 다양한 방식으로 설득하는 과정을 말한다. 전문가의 인터뷰나 통계적 자료와 같이 기자의 주장을 객관적으로 뒷받침할 수 있는 내용들을 제공해야 한다.

마지막은 '기억하기(remembering)' 단계이다. 전체 정보를 마무리하면서 기사 내용을 재확인하는 과정이다. 취재원의 진술을 인용하거나 현상을 스케치할 수도 있다. 기자는 다루는 주제에 대해 강한 여운을 남길 수 있는 결말을 작성하는 것이 중요하다.

1) 르포

르포 기사는 취재 대상이나 현장의 모습을 독자들에게 생생하게 전달해주는 뉴스이다. 사실 전달이라는 측면은 스트레이트 기사와 동일하지만 현장에 대한 글쓴이의 감각을 직접 중계하는 형태에서 차이가 있다. 특정 장소에서 벌어지는 사실이나 사건을 현장감 있게 구성한 기자의 목격담이자 체험담이다. 그러므로 기자는 여러 상황과 분위기를 그림 그리듯 묘사하는 문장들을 빈번하게 사용하는 것이 좋다.

르포 기사에서도 기초 자료 조사는 취재할 내용에 대한 상세한 이해와 취재방향을 설정하는 데 많은 도움이 된다. 장소나 사건 관련 정보들을 미리 파악함으로써 기자는 어떠한 방식으로 취재할지에 대한 감을 가질 수 있다. 기자가 관련 정보를 제대로 파악하고 있을 때 취재원의 의견을 적절히 판단하고 후속 취재나 인터뷰도 쉽게 진행할 수 있다.

황성근(2005)은 르포의 구성 방식을 시간적 또는 주제별 구성, 그리고 이 둘을 혼용한 형태로 설명하고 있다. 시간적 구성은 기행문의 형식을 취하는 글을 의미하며 가장 보편적인 방법이다. 주제별 구성은 개별 단위로 주제의 독립성을 유지하면서 글을 작성하는 것을 말한다. 혼합형은 시간적인 순서로 내용이 전개되지만 주제별로 제시되는 경우이다. 르포 글쓰기는 스트레이트 기사처럼 육하원칙이나 역피라미드 형식의 글을 추구하지 않는 것이 일반적이다.

르포에서 현장성을 살리는 방법으로 다양한 사람의 말을 인용하는 것이 효과적이다. 한 사람에 대한 의견만을 사용하면 기사의 흐름이 객관적이라기보다 편파적이라는 느낌을 줄 수 있다. 인용에 있어서도 취재 대상의 특성을 그대로 살리는 사투리나 은어를 담아내는 것도 현장감을 살리는 데 도움이 된다.

기사의 시작에서 시간과 장소를 먼저 언급하는 경우가 많다. 그리고 서두문을 잡아주고 다시 현장 실태를 언급하면 된다. 이 과정에서 현장 사람들의 생동감 넘치는 진술들을 담아내는 것이 중요하다. 대책을 제시하고자 할 때에는 공신력 있는 조직이나 전문가의 멘트를 인용부호를 사용하여 서술하는 것이 바람직하다. 또한 마지막에 취재하면서 자신이 느낀 해결책을 부분적으로 제시할 수도 있다.

르포 기사는 역피라미드 형식의 글로 전개되기보다 피라미드형이나 혼합형으로 작성되는 경우가 많다. 다른 유형의 미디어 글쓰기가 그렇듯 가장 재미있는 사실을 구체적으로 쓰면서 나머지는 덧붙이는 식으로 기술하면 된다. 취재 상황 가운데 어느 사실이 전체를 요약할 수 있는 요점이 될지를 잘 판단하여야 한다. 대상이 결정되면 그에 대한 세밀한 관찰과 주요 인물들의 진술들을 생생하게 기록하여야 한다.

다음은 북미 회담이 성사되기에 앞서 북한에 억류된 미국인을 구출하기 위해 방북했던 미 국무장관 그리고 함께 비행기에 몸을 실었던 수행기자의 모습을 담은 기사이다. 인용과 묘사가 긴박하게 전개되는 방북 취재 과정을 생생하게 잘 표현하고 있다. 기자의 출장과 미국인 구출 과정에서 보여준 행동들이 시간별로 구체적으로 잘 묘사되어 독자들도 당시의 급박한 상황을 피부로 느낄 수 있다. 국무장관과 기자의 대화 인용도 상황별 심리 상태를 파악하는 데 효과적이다. 미국 공항 활주로에 내리면서 북한 방문기의 느낌이 되살아났다는 진술로 기사는 마무리되었다.

이 비밀스러운 출장에 대해 그 누구한테도 미리 말하지 말라는 '함구령'도 떨어졌다. 이들 2명의 기자는 조용히 사무실 문을 닫고 국무부 관리들에게 "우리가 짐작하는 그곳에 가는 게 맞느냐"고 물어봤고, 이들은 조용히 고개를 끄덕였다. … 폼페이오 장관이 김 위원장을 만나고 90분 후인 오후 5시 30분에 돌아왔을 때 기자들은 폼페이오 장관을 붙잡고 '좋은 뉴스를 기대해도 되느냐'고 물었고, 폼페이오 장관은 이에 얼굴에 미소를 띤 채 '행운 사인'인 손가락을 꼬는 제스처로 낭보를 귀띔했다.[5)]

르포는 프랑스어 르포르타주(reportage)의 약칭으로 논픽션적인 탐방, 보도, 보고를 의미하는 용어다. 단편적인 보도가 아니라 자신의 식견을 배경으로 심층 취재하고 에피소드를 포함시킨 기사이다. 르포 기사에서 독자의 집중도를 높이려면 취재 범위를 최소화하는 것이 중요하다. 주제가 포괄적이고 소재가 지나치게 많으면 독자의 감동은 줄어들 수 있기 때문이다.

〈여기는 독도〉의 저자 전충진(2011)은 좋은 르포를 작성하려면 소재가 중요하다고 말한다. 풍부한 소재가 있을 때 글도 탄탄해지기 때문이다. 그래서 사소한 것도 기록하여 하나의 스토리로 엮어낼 수 있도록 많은 소재를 모으도록 힘써야 한다. 르포 기사는 시기와 사건별로 기획될 수 있다. 전자의 사례로는 무더위 속 수능 준비생들의 힘겨운 노력을 담아내거나 연말 어려운 이웃들의 삶을 기록함으로써 사회적 관심을 높이려는 기사들이 해당될 수 있다. 후자는 주로 시의적인 사건 중심으로 현장을 세밀하게

5) 연합뉴스(2018년 5월 12일). 비밀로 가득찼던 평양 13시간… '007작전' WP · AP기자 동행기

살펴보려는 의도로 기획된다. 예를 들어 꽃게 철에 해상 접경지대에서 발생하는 외국 어선 단속 현장을 다루는 기사나 남북 갈등이 고조될 때 군의 대치 상황들을 취재한 기사들이 이에 해당된다.

3. 기획 기사

미디어 글쓰기를 할 때 기자는 '무엇을 쓸 것인지'와 '어떻게 쓸 것인지'를 함께 숙고해야 한다. 또한 기자가 사건과 이슈에 대한 표면적인 전달을 넘어 '왜'라는 이유를 탐색해 갈 때 더 깊이 있는 기사 작성이 가능하다. 화재가 발생한 경우를 생각해보자. 왜 발생했는가? 왜 사상자가 나왔는가? 왜 대응이 늦었는가?(혹은 빨랐는가?) 등을 생각한다면 다양한 주제에 대한 심층 취재가 가능하다.

기획 기사는 기자나 언론사가 주도적으로 기획하여 취재하는 형태의 기사이다(구교태, 2013). 기획 기사는 대개 기사의 분량이 크고 장기간에 걸쳐 만들어진다. 기획 기사가 다양한 이슈들을 다루고 있지만 몇 가지 유형화된 보편적인 주제들도 있다.

먼저 정부 정책에 대한 설명이나 사회, 경제, 문화적 경향과 관련된 심층 정보가 등장하는 경우가 많다. 풍부한 정보를 담다 보니 사회적 이슈나 쟁점들에 대한 발생배경, 진행상황, 대안 등을 다룰 수 있다. 기자가 쟁점에 대한 여러 의견들을 공정하고도 논리적으로 전개하려는 입장을 가질 때 글의 설득력은 커질 수 있다. 또한 특정 분야에 대해 깊이 있는 내용을 다루다 보니 어려운 전문용어들이 등장하는 경우가 많다. 기자는 이를 철저히 확인하여야 하며 독자들이 쉽게 이해할 수 있는 방법으로 쉽게 풀어써야 한다.

독자들이 원하는 정보를 다루며 구체적 해결방안을 제시하는 기획 기사도 생각해볼 수 있다. 예를 들어 부동산 전략, 일자리 창출, 진학 등의 내용이 이사 철, 졸업시즌, 대학 입시 기간 동안 시의적으로 다뤄질 수 있다. 심층적인 정보성 기획 기사는 관련 독자들에게 실질적이고 직접적인 도움을 주는 경우가 많다. 이러한 정보성 기획 기사의 경우 자료의 출처를 명확히 밝히는 것은 매우 중요하다. 이는 공정하고 정확한 보도뿐만 아니라 정보와 독자를 신속히 연결시켜 주기 때문이다.

또한 인물 기사로 구성된 기획 기사도 적지 않다. 특정 인물에 대한 단순한 인터뷰 기사를 넘어 그 사람의 일대기나 업적을 소개하거나 특정 이슈를 추가적으로 다루는 방식의 글을 생각해볼 수 있다.

기획 기사의 양을 고려하면 기자는 효과적인 전달 방법을 진지하게 고민하여야 한다. 통계자료나 주요 사건 흐름 등을 독자들이 잘 이해할 수 있도록 도표, 그림 등을 효과적으로 사용하는 것도 효과적이다. 특히 온라인 매체를 통해 서비스되는 경우 다양한 그래픽과 동영상도 고려할만한 수단이다.

국내 신문에서 사용되는 기획 기사의 길이는 일반적으로 1,600자 정도다. 기사에 등장하는 적절한 취재원 수는 3~5명이다. 하지만 유용한 인용을 얻어내기 위해서는 대체로 몇 배의 인터뷰 취재가 필요하다.

공정하고 정확한 취재를 위해서는 다양한 의견을 반영하고 전달하려는 노력도 중요하다. 유사한 내용을 담기보다 상반된 의견을 취재에서 활용한다면, 독자들에게 객관적인 글쓰기라는 인상을 줄 수 있다. 특히 갈등적 기사에서는 찬·반의 입장을 소개하는 것이 독자의 올바른 판단을 위해서도 중요하고, 기사에 대한 신뢰도를 위해서도 바람직하다.

공공기관이 관리하는 의미 있는 정보를 법적 절차를 통해 공식적으로 획득하는 것도 기획 기사 작성에 많은 도움이 된다. 우리나라는 1998년부터 「공공기관의 정보공개에 관한 법률」을 시행하고 있다.[6] 국민의 알 권리를 위해 공공기관이 보유하고 관리하는 정보를 국민에게 공개토록 규정한 법률이다. 2011년 시행령에 따르면, "공공기관은 정보의 공개를 결정한 때에는 지체 없이 공개를 결정한 날부터 10일 이내의 범위 내에서 공개일시를 정하여 청구인에게 통지하여야 한다."

4. 칼럼

칼럼은 기둥을 뜻하는 라틴어 칼룸나(columna)에서 유래하였다고 주장한다(박성건, 2011). 칼럼은 신문이나 잡지의 난(欄)이나 기고와 같이 일정 지면에 지속적으로 연재되는 방식을 취하고 있다. 칼럼의 유형은 크리그바움(Kriegbaum, 1956)이 분류한 여섯 가지로 구분될 수 있다.

- 심층보도식 전문가 의견 칼럼(북한 핵문제, 국회 선진화법

6) 정보공개법(FOIA: Freedom of Information Act)은 청구인이 왜 해당 정보를 요구하는지를 묻는 것도 금하고 있다. 기자는 정보공개를 요청하고 필요한 정보를 확보하는 과정에 대한 설명도 기사에 포함시킬 수 있다.

등에 대한 주장)

- 의견 개진 칼럼(보유세나 등록금 인상 등에 대한 사적 의견)
- 가십, 잡담 칼럼(각종 사건, 문화현상 등에 대한 이야기)
- 유머 칼럼(재담, 속담 등에 관련된 내용)
- 에세이 칼럼(고부문제, 귀농 등에 대한 이야기)
- 개인 일기 칼럼(대학교수, 장관 등의 글)

칼럼은 무겁고 논리적인 문장 분위기에서 벗어나 부드럽고 개성적인 방식으로 전개되는 특징이 있다. 집필자도 시인, 종교인, 소설가 등 매우 다채롭다. 일반적으로 좋은 칼럼이라 평가받는 글은 주제가 시의적이며 저자의 체험을 바탕으로 작성된 경우가 많다. 또한 사회적 공감대를 조성하거나 정책에 반영될 수 있는 문제제기와 대안을 제시한 칼럼도 독자의 관심을 끌기에 충분하다.

박상건(2011)에 따르면, 칼럼은 세 가지 논증 구조를 가져야 한다. 먼저 문제제기와 주장이다. 이는 말하고자 하는 무엇을 의미한다. 다음으로 주장은 이를 뒷받침하는 무엇에 관한 것이다. 주로 사례제시와 논리적 근거와 관계있다. 마지막으로 문제제기와 사례를 뒷받침하는 결론부분이다. 무엇이 어떠해야 한다고 생각하는지를 정리한 내용이다.

사회 현상이나 사람들의 행동을 유형별로 분석하는 글쓰기도 기획 기사나 칼럼에서 흔하다. 유형화는 다루는 현상에 대한 차이를 독자들에게 드러낼 수 있는 유용한 방법이다. 특히 심층보도에서 전체 내용을 몇 가지 유형으로 목록을 구성하여 제시한다면 독이성도 높일 수 있다.

5. 사설

사실 중심의 기사보다 의견이나 주장의 비중이 높은 기사 형태로는 논설/사설, 칼럼, 시론 등이 있다. 이 가운데 글의 주제와 논지를 논설위원 상호 간 토론과 협의를 거쳐 결정하는 것은 사설이 대표적이다. 집필자의 사적 입장이라기보다 언론사의 주된 의견을 대표하는 공식적 주장에 가깝다(구교태, 2013).

사설은 논리적인 글 전개를 통해 자신의 견해나 주장을 설득력 있게 표현하는 중요한 수단이다. 그러기에 논증 과정은 명확하게 제시되어야 한다. 어정쩡한 입장을 취한다면 논증 자체가 불가능해질 것이다. 따라서 사설을 쓸 때는 주장하는 바가 무엇인지를 뚜렷하게 말할 수 있어야 한다.

지면 매체에서 사설 집필은 주로 논설위원이 담당한다. 다양한 분야에 대한 폭넓은 경험과 풍부한 지식을 갖추고 필력이 탁월하다는 평가를 받는 사람들이다. 신문사의 논설위원은 대개 빨라야 40대 후반인 경우가 대다수다.

사설은 신문사마다 차이가 있지만 하루 평균 200자 원고지 4~5장 분량으로 3편 정도 다뤄진다. 오피니언 면에 외부 필진들의 칼럼이나 독자 투고 등과 함께 편집되는 것이 일반적이다. 이는 뉴스와 의견을 구분하여 지면 배치를 함으로써 사실보도와 의견 기사를 차별화하기 위함이다.

대부분의 사설은 서론, 본론, 결론으로 구성된다. 서론은 다루고자 하는 주제에 대한 사실을 제시하거나 문제제기를 통해 결론의 일부를 암시하는 글의 출발점에 해당된다. 과장되거나 지나치게 구체적인 내용을 제시하기보다 문제나 현안을 간략하게 압축

그림 3-1 사설 집필 과정

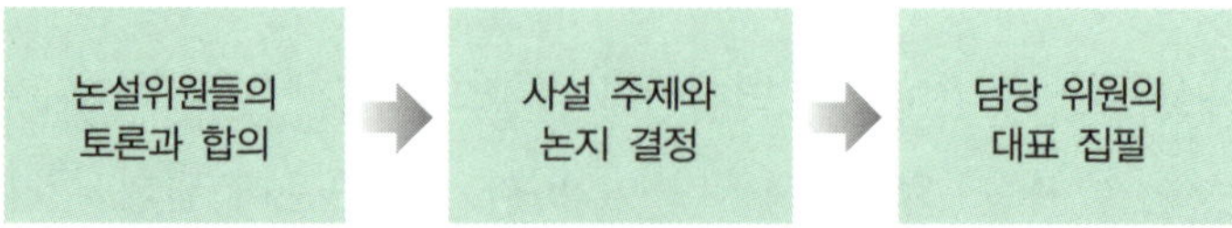

출처: 김병철(2004). 미디어 글읽기와 글쓰기. p.186.

하는 문장이 좋다.

간결한 문장으로 독자의 시선을 붙잡아 두는 것도 중요하다. 서론부분에서 이야기를 장황하게 가져가지 않도록 주의해야 한다. 독자가 글의 방향을 파악하기 어려워 지루함을 느끼고 글 읽기를 단념할 수 있기 때문이다. 따라서 기자는 일반적 진술, 사회적 사건, 역사적 실례, 혹은 인용이나 속담 등을 활용하여 주제에 대해 포괄적으로 접근하는 것이 필요하다.

본론에서는 제기된 문제나 사실에 대한 구체적인 설명과 더불어 언론사의 입장이 세시되어야 한다. 입장 제시는 단정과 증명으로 구분된다. 단정은 문제에 대해 긍정 혹은 부정의 형식으로 입장을 밝히는 것이며, 증명은 단정에 대한 논리적 입증을 말한다. 효과적인 논증을 위해서는 다양한 대안들을 사용하는 것이 좋다. 다양한 대안들을 사용할 때 결론의 강도도 커질 수 있다. "홍길동은 이번 선거에서 민국당 공천을 거부했다. 정당정치에 대한 반감도 드러냈다. 결국 그는 무소속으로 출마할 것이다."라는 진술이 논리적으로 가능할 수 있다.[7]

7) "나는 대학생이다."라는 주장이 참이라면 "대학생이 아니다."라는 주장은 거짓이다. 그러나 귀납논증에는 어떤 주장이 거짓이라고 해서 반드시 반대 상황이 참이 되는 것은 아니다. 예를 들어 "학생들이 학교에 불평을 하지 않는다. 따라서 학생들은 학교에 만족하고 있다."라고 유추하는 것은 그릇된 판단

결론은 본론을 토대로 자신의 주장이나 대안을 제시하는 내용으로 구성된다. 결론은 사설을 마무리하는 부분이기에 문제의 핵심을 다루는 확실한 주장을 필요로 한다. 독자에게 자신의 입장을 각인시킬 짧고 강렬한 문장을 제시해야 한다. 요약과 정리를 하면서 자신의 주장이 갖는 '의미'를 밝히거나, 제기된 논점을 넓은 안목에서 '전망'하는 것도 생각해볼 수 있다.

다음은 중앙일보와 한겨레가 공동기획으로 작성한 사설을 비교·분석할 수 있도록 소개하는 중앙일보의 '사설 속으로'[8] 내용이다. 다소 대조적인 논조를 검토함으로써 관련 이슈를 어떻게 해독할지를 판단하는 데 도움이 될 수 있다. 이러한 비교 분석 활동은 이슈에 대한 논증의 힘을 키우는 데도 효과적이다. 〈표 3-1〉을 통해 이명박 전 대통령의 검찰 출석에 대해 두 언론사가 어떠한 방식으로 가치적 평가를 내리고 정책적 주장을 제시하는

일 수 있다. 불평과 만족을 동일 선상에서 연결하는 것은 논증에 문제가 된다. 자신이 원하는 결론을 도출하기 위해 다른 사람들이 무지하다는 사실로 자신의 의견을 주장하는 방식이다.
'무지에 호소하는 논증'은 다음의 경우에서도 사용되고 있다. "어느 누구도 유령이 없다는 것을 증명하지 못했다. 따라서 유령은 존재한다." 유령이 있는데 증명하지 못한 것일 수도 있고, 실제로 유령이 없어 증명하지 못한 것일 수도 있기 때문이다. 논증은 모르는 것을 모른다고 인정하는 방식으로 결론이 도출되어야 한다. 이런 상황을 고려하면 자신의 주장은 증거를 통해 조심스럽게 진술되는 것이 바람직하다.

8) 중앙일보는 '사설 속으로' 섹션을 다음과 같이 소개하고 있다. 소개된 글이 말해주듯 사설은 이슈에 대한 언론사의 입장이 명확하게 드러나는 통로라 할 수 있다. 상반된 논조의 사설을 비교·분석한다면 해당 이슈에 대한 다양한 관점을 가지는데 도움이 될 수 있다(중앙일보, 2018년 3월 27일자 26면).

"중앙일보와 한겨레의 사설을 비교·분석하는 두 언론사의 공동지면입니다. 신문은 세상을 보는 창(窓)입니다. 특히 사설은 그 신문이 세상을 어떻게 바라보는지를 가장 잘 드러냅니다. 서로 다른 시각을 지닌 두 신문사의 사설을 비교해 읽으면서 세상을 통찰하는 보다 폭넓은 시각을 키울 수 있을 겁니다."

표 3-1 언론사별 사설 논조 비교

항목	중앙일보	한겨레
사실	이명박 전 대통령이 검찰에 출석했다. 1년도 채 되지 않아 박근혜 전 대통령이 거쳐 간 바로 그 검찰청 포토라인 위에 섰다.	이명박 전 대통령(MB)이 14일 피의자 신분으로 검찰에 나왔다. 이 전 대통령은 "… 역사에서 이번 일로 마지막이 됐으면 한다"고 말했다.
평가	검찰은 고소·고발이 있어 수사에 착수했을 뿐이며, 수사하다 보니 여러 가지 범죄 사실이 포착됐다고 주장해 왔다. … 하지만 정권과 검찰이 이 전 대통령을 표적으로 삼아 반년 이상 탈탈 털었다고 보는 국민도 적지 않다. … 사실 여부를 떠나 이러한 인식이 사회 일각에 퍼져 있는 것은 분명한 현실이다.	이 전 대통령이 각종 혐의를 부끄러워해야 할 처지임에도 불구하고 오히려 정치보복론을 내세우는 것에 허탈함을 감추기 어렵다. 이 전 대통령은 모든 진실을 역사와 국민 앞에 털어놓아야 한다. … 최소한 정치보복 운운하며 잔꾀를 부린다는 인상을 주진 말아야 한다.
주장	검찰은 그 어떤 사안을 대할 때보다도 신중한 태도를 견지해야 한다. 명확히 확인된 사실과 다툼의 소지가 있는 사실을 구분해야 한다. … 검찰은 피의자의 방어권을 충분히 보장하고 증거주의를 엄격히 따르면서 이 수사의 결론을 내야 할 것이다.	박근혜 전 대통령에 이어 이 전 대통령까지 두 전직 대통령이 동시에 형사처벌될 가능성도 제법 높다. … 모든 사람은 법 앞에 평등하다. 일체의 정치적 고려 없이 범죄의 경중에 따라 죗값을 치르는 게 마땅하다.

지를 비교해보자.

중앙일보는 표적수사 혹은 정치보복에 대한 논란을 중심으로 검찰의 엄격한 수사와 기소를 주문하는 논조를 제시하고 있다. 검찰의 사법원칙 준수라는 일반론적 주장을 하고 있지만 정치보복에 대한 우려가 폭넓게 수용된 믿음이라는 의견을 강조하고 있다. 하지만 여론조사 결과는 다소 대조적으로 나타났음을 기억할 필요가 있다. 예를 들어 여론조사 전문기관인 리얼미터에 의하면 구속 수사에 '찬성한다'는 의견이 2월 28일 67.5%(반대 의견 26.8%)로 나타났고 3월 14일에는 '법에 따라 엄정하게 처벌해야 한다'는 의견이 79.5%가 나온 것으로 밝혀졌다. 이러한 여론조사에 노출되었던 사람이라면 중앙일보의 정치보복 주장이 다소 비논리적이라 판단했을 수 있다. 또한 사설 분량을 고려하면 제시된 세 단락을 세분화하는 노력도 필요해 보인다. 쉬운 표현들이 많지만 지나치게 큰 단락은 글의 흐름을 무겁게 만들기 때문이다.

반면 한겨레는 혐의를 부인하는 모습에 대한 비난과 죄에 대한 공정한 처벌을 강조하고 있다. 특히 정치보복이라는 주장은 부끄러워해야 할 처지에 있는 사람이 방패막이 전략으로 활용하기 위한 것이라고 비난하는 모습이다. 다소 감성적 글쓰기가 느껴지는 부분이다. 네 번째 단락에서는 이 전 대통령의 항변에 동조하는 야당 대표에 대한 비판도 다루었다. 문제에 대한 논의를 다소 확대하는 모양새다. 이는 글의 초점을 다소 산만하게 만들 수 있다. 하지만 전체적으로 단락 구성 원칙이 명확하고 논리적이다. 정치적 발언에 대한 비난은 결국 엄격한 법 적용을 통한 단죄(斷罪)를 설득하는 논리로 사용되고 있다.

한편 사설에서 필자의 주장이 중요하거나 새로운 것일 때, 결론을 많은 독자들이 공유하고 있을 때, 해당 주제가 기존에 많이 다뤄져 식상한 경우라면 '결론-본론-결론' 방식으로 글을 구성하는 것도 효과적이다. 주제의 결론을 먼저 제시한 뒤 본론, 결론으로 논지를 펼치는 형식이다. 이처럼 두괄식 글쓰기로 주장이 글의 앞부분에 가는 경우 글의 논조가 쉽사리 흔들리지 않는다는 장점이 있다.

자신과 반대되는 주장이 널리 퍼져있는 경우 반대론을 앞세운 사설을 작성하는 것도 좋은 방법이다. 자신의 견해와 다른 반대론을 먼저 제시한 후 이를 반박함으로써 자신의 주장이 타당함을 입증하는 사설이다. 이러한 형태의 사설은 '서론-본론-결론' 형태와 유사하게 '반대론 소개-반대론 반박-자기주장' 순으로 전개한다.

이러한 논증 방법을 귀류법이라 한다. 귀류법은 주장하려는 반대 진술이 비상식적이거나 모순적임을 밝힘으로써 자신의 진술을 지지하는 논증 방법이다. 상대의 입장을 반박함으로써 자신의 주장을 정당화시킬 수 있다. 이는 전제된 내용의 진실성을 따지기보다 형식적인 타당성을 강조한다. 어느 논증이 좋은가는 귀납적 방식으로 살펴볼 수 있다. 과거 논란이 되었던 군 복무자 가산점제 관련 주장을 귀류법을 활용하면 다음과 같이 진술할 수 있다.

주장: '군 가산점제'를 찬성한다.
반대 주장: '군 가산점제'를 반대한다.
'군 가산점제'를 시행하지 않는다면 군 복무를 마친 사람들은 취업 시 상대적 박탈감을 느낄 수 있다. 군 복무 기간 취업준비를 열심히 할 수 없기 때문이다. 군 복무자는 공평한 취업 기회를 침해받은 것이다. 따라서 이들에게 '군 가산점제'를 통한 지원이 필요하다.

이밖에도 '군 가산점제'를 반대한다면 군 복무자에 대한 실질 임금을 보전해주기 위한 국가와 국민의 부담도 생각해볼 수 있다. 결국 반대로 인한 문제점을 진술함으로써 최초의 명제, 즉

'군 가산점제'를 논리적으로 지지할 수 있다.

한편 하나의 이슈에 대해 의견이 맞서는 경우도 생각해볼 수 있다. '군 가산점제'에 대한 찬성 주장처럼 반대되는 주장도 귀류법을 통해 가능하다.

주장: '군 가산점제'를 반대한다.

반대 주장: '군 가산점제'를 찬성하다.

'군 가산점제'를 시행한다면 현역 근무를 할 수 없는 사람들을 차별하는 것이다. 현역 복무가 선별적으로 이뤄지기 때문이다. 이는 개인의 동등한 기회를 침해하는 비인권적 처사이다. 따라서 '군 가산점제'를 시행해서는 안 된다.

또한 '군 가산점제'를 찬성하면 인사 채용에 대한 결정권이 약화되는 측면을 공격할 수도 있다. 조직에 필요한 능력보다 군 복무 여부가 채용 여부를 결정하는 요인이 될 수 있기 때문이다. 이처럼 자신의 주장에 대한 찬반 논리를 여러 측면에서 살펴보는 노력이 중요하다. 충분한 논거가 제시될 때 설득의 힘도 커지기 때문이다. 또한 대조적인 다양한 의견을 검토하여 반박하는 모습은 필자의 주장을 보다 객관적이고 공정하게 인식하도록 만들 수 있다.

여론형성에 대한 사설의 기능을 고려하면 주관적 판단이나 편견보다 객관적이고 공정한 글쓰기가 무엇보다 중요하다. 이러한 중요성에도 불구하고 사설은 해당 언론사의 가치관이 반영되고 회사의 이익을 추구하는 논지가 많아 비판의 대상이 되곤 한다. 사설을 쓸 때 고려해야 할 사항들은 다음과 같다(김병철, 2004).

1) 쉽고 간결한 글

사설도 독자가 이해하기 쉽도록 간결하게 작성되어야 한다. 쉬운 이해를 위해서는 구체적으로 풀어쓰는 것이 중요하다. “세계의 미래는 원자력 에너지를 사용하는 한 위험하다.”란 명제를 가지고 사설을 작성하는 경우를 생각해보자. 막연히 ‘위험하다’라는 측면은 너무 포괄적이다. 구체화시키는 작업이 필요하다. 예를 들어 자연재해 발생 가능성이 증대되어 원자력 발전소의 안전이 위협받는다는 상황을 가지고 주제를 구체화시킬 수 있다. 이러한 주장은 타당한 논거와 연결되어야 하며 충분한 근거를 제시하여야 한다. 누구나 공감할 수 있는 후쿠시마 원전사고 사례를 활용하는 것도 효과적인 방법일 수 있다.

복문보다 단문을 사용하고 한 문장에 하나의 개념이나 사실을 담아야 한다. 접속사도 최소화하여 읽는 호흡이 느려지지 않도록 주의해야 한다. 한 문장 안에 너무 많은 표현들을 넣을 경우 글은 산만해져 이해하기 어려워진다. 이외수(2012)는 이러한 현상을 음식으로 비유하여 다음과 같이 유머러스하게 표현하고 있다.

> 쇠고기 닭고기 돼지고기에 고등어 이면수 오징어를 집어넣고 미나리 당근 시금치 감자 마늘을 첨가한 다음 소금 간장 설탕 된장에 후추를 뿌리고 마요네즈까지 처바른 상태…

이러한 상태를 막고자 한다면 꾸미는 단어들을 가급적 자제하고 문장 순서를 바르게 배열하는 훈련이 필요하다. 또한 복잡한 정보를 전달할 가장 기본적인 문장 구조는 무엇인지를 판단하는 것도 중요하다.

2) 주장이 분명한 글

사설은 필자의 주장을 논리적으로 전개하거나 구체적인 대안 제시를 통해 여론형성을 적극적으로 이뤄낼 수 있는 기사 유형이다. 그래서 사설 작성자는 관련 이슈를 양비론적으로 전개하기보다 찬성과 반대에 대한 뚜렷한 시각을 가져야 한다.

이해관계가 첨예한 경우나 어느 한쪽에 대한 주장이 문제를 초래할 경우 양측의 문제점을 골고루 지적할 수 있다. 하지만 최종 결론은 명확해야 한다. 다루고자 하는 주제 혹은 논점을 중심으로 자신의 주장을 체계적이고 명확하게 펼쳐야 글의 설득력도 커진다.

3) 정확한 정보가 있는 글

해당 주제나 사안에 대해 사설을 작성할 경우 정확한 정보에 근거하여야 한다. 부정확한 정보에 근거한 글은 설득에 제한적이며 공허할 수밖에 없다. 뉴스보도와 같은 정확성을 가지고 독자의 공감을 얻도록 확인하고 판단을 내리는 글쓰기가 필요하다.

4) 객관적이고 공정한 글

자신의 주장을 명확하게 밝히는 것 못지않게 객관적이고 공정한 글쓰기가 이뤄져야 한다. 일방적인 자기주장이라는 느낌을 독자에게 주지 않도록 글이 전개되어야 한다. 공적 이슈를 다룰 때 우리 사회가 가진 보편적 가치에 기준하여 균형 잡힌 시각으로 자신의 이야기를 전달하려는 자세가 필요하다.

올바른 논증을 위해서는 옳은 판단, 옳은 주장(명제), 곧은 논리가 있어야 한다(김열규, 2010). 여기서 옳은 판단은 다루고자 하는 사건이나 현상에 대한 글쓴이의 올바른 결정을 말한다. 그리고 판단은 다양한 요인들을 토대로 합리적으로 이뤄져야 한다. "남북 정상회담이 북한의 핵문제를 해결하기 위해 필요한가?", "우리의 정치체계에서 대통령 단임제가 바람직한가?" 등과 같은 물음에 대해 객관적 판단을 내려야 할 때가 있다. 사람들은 자신의 판단을 근거로 주장을 펼친다. 따라서 옳은 주장을 위해서는 스스로 묻고 답하는 철저한 판단 과정이 중요하다. 판단 과정이 부적절하면 뒤따를 논거도 억지스러울 수 있다.

판단을 토대로 제기된 주장은 합리적으로 진술되어야 한다. 즉 납득할만한 수준에서 논의되어야 한다. 논증적인 글을 작성하는 사람은 세 가지 요소를 절차적으로 고려하면서 글을 구성하여야 한다. 먼저 자신의 주장(명제)을 제시한다. 그리고 반박할 다른 사람의 주장이나 생각의 문제점을 지적한다. 마지막으로 자신의 명제가 옳음을 논리적으로 증명해야 한다. 논증적 글쓰기를 발전시키기 위해서는 자신의 주장을 대안 및 반대 주장에서 단순히 분리하지 않고 자신의 주장과 반대 주장 그리고 관련 이유와 근거 사이의 관계를 확립하고 논리적으로 연결시키는 과정이 필요하다.

설득적인 주장의 기초가 되는 명제(proposition)는 대개 "A는 B이다." 방식으로 진술된다. 명제가 명확하게 진술된다면 글도 힘이 생긴다. "경선에서 당원들의 의견을 담아내는 것이 민주적이다."와 "경선에서 오픈 프라이머리 방식이 민주적이다."라는 진술을 비교해보자. 당원들의 의견을 모으는 과정이 어떠하든 당원들의 다양한 생각을 존중하고 이를 반영하려는 노력은 분명 민주적 과정으로 인식될 수 있다.

하지만 두 번째 명제의 경우, 우리의 정치가 정당 정치인 점을 고려하면 일반 시민들까지 당내 경선에 참여하는 것이 바람직한지는 논란이 될 수 있다. 혹은 절충안으로서 당원과 시민들의 참여를 고려해볼 수도 있다. 입장에 따라 주장이 달라질 경우 명제에 맞는 타당한 논거가 만들어져야 한다. 주장들을 연결시키는 합당한 논거가 갖춰질 때 설득력을 가질 수 있다. 아리스토텔레스(Aristotle)의 삼단논법은 인간의 추론 과정을 확인할 수 있어 논리적 사고를 위한 중요한 도구로 활용되고 있다. 기본 원리는 다음과 같다.

대전제(명제 A): 인간은 죽는다.
소전제(명제 B): 홍길동은 인간이다.
결　론(명제 C): 홍길동은 죽는다.

위의 명제들은 각자 그 자체로 명확하다. 제기된 각 명제들은 인간 홍길동이 인간이기에 죽을 수밖에 없음을 말하고 있다. 앞서 예시된 "경선에서 소속 당원들의 의견을 담아내는 것이 민주적이다."라는 사례를 위의 삼단논법에 적용해보자. 제기된 명제들의 진실성은 또 다른 문제이다. 연역논증의 형식에서만 문제가 없다고 볼 수 있다. 연역논증은 유용한 논증수단이지만 전제들이 참이라는 조건 속에서 타당하다.

대전제: 민주주의에서 정당은 필수적이다.
소전제: 당원들의 의견으로 정당은 운영된다.
결 론: 민주주의를 위해 정당 구성원의 의견은 무엇보다 중요하다.

경선 방식으로서 오픈 프라이머리를 반대하는 주장을 정당 조직의 관점에서 삼단논법을 활용하여 전개할 수 있다. 현대 민주주의에서 정당 정치의 중요성을 강조하면서 오픈 프라이머리를 반대하는 논리를 세운 것이다. 이러한 과정을 통해 당내 경선에서 오픈 프라이머리 방식을 도입하자는 주장을 지지 혹은 반대하는 입장으로 논증할 수 있다. 이러한 논증 방식을 연습하고 다른 사람과 의견을 교환함으로써 사고를 확대한다면 글의 설득력을 키우는 데 도움이 될 것이다.

연역논증과 달리 귀납논증은 확률적 진실성을 판단하는 논증이다(채석용, 2011). 연역논증에서는 참 혹은 거짓으로 진술되지만 귀납논증에서는 '신뢰한다', '매우 신뢰한다', '불신한다', '매우 불신한다' 등으로 평가된다. 효과적인 귀납논증을 위해서는 다양한 사례들이 동원되어야 한다. 주장의 근거가 풍부해야 설득력을 발휘할 수 있기 때문이다.

귀납적 주장은 일반화가 어려운 측면이 있다. 얼마만큼의 근거들이 적당한지 판단하기가 어렵다. 강한 논증을 위해서는 많은 양도 중요하지만 다양한 영역에 대한 근거를 전략적으로 제시하는 것이 효과적이다. 이때도 근거자료들을 무질서하게 나열하기보다 유형별로 체계적으로 제시하면 의미전달에 도움이 된다.

6. 인터뷰 기사

대다수의 미디어 글쓰기는 정보획득을 위한 취재 활동으로서 인터뷰를 사용한다(구교태, 2013). 흔히 "기자는 질문하는 직업이다."라는 말이 있을 만큼 인터뷰는 기사 취재의 핵심이다. 노련한 기자라면 취재원에게 부담 없이 다가가 원하는 정보를 손쉽게 끄집어 낼 수 있어야 한다. 질문은 날카롭되 표현과 태도는 부드럽게 하는 기술을 늘 염두에 두어야 한다.

1) 인터뷰 유형 및 방법

인터뷰는 크게 뉴스 인터뷰와 인물 인터뷰로 나뉜다. 뉴스 인터뷰는 기사 작성을 위해 관련자들의 사건 개요, 목격담, 견해, 주장 등을 듣는 행위를 말한다. 정보의 정확성을 높이려면 가능한 많은 사람들을 인터뷰하는 것이 바람직하다. 특히 갈등이나 대립되는 내용의 경우 이해 당사자에게 공정하게 접근하려는 노력이 중요하다.

인물 인터뷰는 뉴스의 초점이 되거나 조명할 가치가 높은 사람을 대상으로 기사를 작성하고자 할 때 수행된다. 인터뷰 기사에서 인터뷰는 취재 활동의 핵심이다. 기자는 관심 있는 인물을 인터뷰하면서 특정 이슈에 대한 의견, 삶의 철학과 비전, 근황 및 활동 등과 관련된 상세한 정보를 바탕으로 기사를 작성한다.

인터뷰 방법으로는 크게 대면, 전화나 전자메일, 서면의 방식이 있지만 최근 들어 모바일 방식이 활성화되고 있다. 서면 인터뷰는 서면으로 인터뷰 질문을 보내고 이에 대한 답변을 구하는 방식을 말한다. 인터뷰 대상의 시간적, 지리적 여건 등에 따라 서면 인터뷰가 수행되기도 한다. 일정이 바쁜 국내외 최고위급 인사, 장기수, 국내외 대기업 회장 등이 이에 해당된다. 대면 인터뷰를 수행하는 기자는 인터뷰 대상의 분위기나 인성, 특성 등을 파악하고자 노력해야 한다. 이런 측면에서 대면 인터뷰는 비언어적 요소와 태도 등을 점검할 수 있는 좋은 방법이다.

서면 인터뷰의 경우 인터뷰 대상이 진지하게 숙고하면서 답변할 수 있어 체계적이고 깊이 있는 답변을 할 수 있다는 장점이 있다. 그러나 인터뷰 질문지에 대한 답변 작성자의 신원을 확인할 수 없다는 점과 유연한 후속 질문들을 제기하기 어렵다는 단점이 있다. 특히 수행원들이나 비서가 작성한 글이 회신될 가능성이 존재한다는 사실을 명심하여야 한다. 나아가 정보 수집 과정이 상대적으로 길다는 점도 단점일 수 있다. 이러한 점을 보완하고자 전화나 전자메일 방식을 선택하기도 한다.

2) 인터뷰 진행

인터뷰는 단독 혹은 공동으로 수행된다. 기자와 인터뷰 대상자가 일대일로 만나는 경우가 단독 인터뷰이고, 기자회견 같이 인터뷰가 이뤄지는 것을 공동 인터뷰라 한다. 공동 인터뷰의 경우 대다수가 인터뷰 대상자에 의해 기획된 경우가 많고 인터뷰 시간도 적어 인터뷰어의 관심사를 충족시키기가 쉽지 않다. 또한 기획이라는 측면에서 생각해보면 언론이 주최 측에 이용당할 우려도 없지 않다.

모든 인터뷰는 저마다 독특한 특성이 있다. 기자는 인터뷰 대상에 따라 유연하게 대처해야 한다. 계획대로 인터뷰 진행이 어려운 경우가 많기 때문이다. 인터뷰 진행에 도움이 되는 다음의 지침들을 살펴보는 것도 도움이 될 수 있다.

먼저 적절한 옷을 입고 시간을 잘 지켜야 한다. 당신이 입고 있는 복장이 수행하는 인터뷰의 중요성을 말해주기도 한다. 인터뷰 대상자들은 대개 빠듯한 스케줄을 가지고 있다. 시간 약속을 성실히 지키는 것은 인터뷰 대상에 대한 예의이다.

인터뷰 목적을 지속적으로 점검하는 것도 중요하다. 인터뷰 대상자와 짧은 대화 후 인터뷰 질문을 던지기에 앞서 인터뷰의 목적을 다시 알려줄 필요가 있다. 이러한 행위가 인터뷰이의 기억을 새롭게 하고 인터뷰 내용에 집중하도록 만들기 때문이다. 인터뷰 대상이 일련의 질문을 제기하는 이유를 제대로 알고 있을 때, 기자가 명료하고 도움 되는 답변들을 얻을 가능성도 높다.

인터뷰 대상이 녹음을 허용한다면, 가능한 눈에 띄지 않도록 이를 수행하는 것이 좋다. 마이크를 내밀거나 기계 조작하는 모습을 자주 보이는 것을 피해야 한다. 사전에 녹음 장치 조작을 확인할 필요가 있다. 녹음 기계 설정이 끝나면 인터뷰하는 시간 동안 장비에 개의치 말고 인터뷰에만 집중하여야 한다.

인터뷰 동안 집중해서 들어야 하며 이해할 수 없는 단어나 문장이 있다면 즉시 질문하여 확인하여야 한다. 직접 인용할 문장이 있는 경우 자신이 정확하게 알고 있는지를 확실히 하기 위해 인터뷰 대상에게 이를 반복해서 말해줄 것을 요청할 수도 있다.

저명한 사람들은 자신의 말이 잘못 인용될 가능성이 있음을 인식하고 있다. 그래서 이러한 요청에 대부분 기꺼이 응하는 편이다.

인터뷰 대상이 연장하기를 원하지 않는다면 인터뷰 시간이 지켜져야 한다. 인터뷰가 끝나면 가능한 빠른 시간 안에 기자수첩을 점검할 필요가 있다. 시간이 지나면 인터뷰 내용들이 혼동되어 인터뷰 동안 메모장에 표시한 기호나 그림, 축약된 단어의 의미를 이해하는 것이 어려울 수 있기 때문이다.

인터뷰 주제가 논쟁적인 경우, 메시지에 찬성하거나 반대할 수 있는 조직이나 사람이 있을 수 있다. 이런 경우 정확한 사실(fact)이나 통계자료들을 점검할 필요가 있다. 예를 들어 공원에서의 흡연 반대 정책이 나왔다면 실제 정책이 집행되는 시기나 찬반 여론이 어떠한 집단을 통해 어떠한 명분으로 전개되고 있는지를 사전 점검하여야 한다.

특정 인터뷰 질문에 대한 답변 과정에서 준비된 다른 질문에 대한 답변도 나올 수 있다. 이럴 경우 준비된 질문은 답변되었음을 표시할 필요가 있다. 인터뷰 과정에서 질문 목록에 없는 새로운 이슈가 제기되는 경우도 있다. 이러한 경우 새로운 이슈를 위한 질문을 위해 준비된 질문 순서를 바꿀 수도 있다.

인터뷰 분위기를 부드럽게 하여 충분한 대화가 이뤄질 수 있는 환경을 조성하는 것도 중요하다. 청문회식 질문만 던질 경우 상대방은 자신을 방어하면서 비협조적인 상황을 연출할 수 있다. 기자는 인터뷰 내내 상대방이 당황하지 않도록 노력하여야 한다. 상대방이 긴장할 수 있는 메모나 녹음은 상대방의 태도나 분위기를 살펴가며 양해를 구하고 실행에 옮겨야 한다. 녹음은 인터뷰 내용을 이해하는 도구이자 말을 바꾸는 것을 대비한 보험의 성격도 있다.

기자는 무엇보다 인터뷰 대상자의 이야기를 흥미롭게 경청하고 있다는 인상을 심어 주어야 한다. 이를 통해 상호신뢰가 형성되면서 심층적인 정보도 나올 수 있다. 또한 상대의 답변에 간단한 추임새를 넣거나 흥미 있는 이야기를 끄집어내면서 상대방에게 질문하는 기교도 부릴 줄 알아야 한다.

간결한 질문이 이뤄질 경우 상대방이 쉽게 파악하고 답변에도 집중할 수 있다. 여러 가지 내용을 하나의 질문에 다 포함시킨다면, 상대방을 혼란스럽게 하여 충실하지 못한 답변결과를 얻을 수 있다. 상대방을 긍정적으로 평가하면서 이해하려는 태도도 중요하다. 가벼운 질문부터 시작하여 무거운 질문으로 옮겨가는 것도 답변에 대한 상대방의 집중도를 높이는 데 도움이 된다.

인터뷰가 끝날 때 "그밖에 더 하고 싶은 말이 있습니까?"라는 질문을 던지면 예기치 않은 답변을 얻을 수도 있다. 질문에서 벗어났다는 안도감으로 자신의 속내를 드러낼 수도 있기 때문이다. 심지어 인터뷰가 끝나면 고급 정보를 털어놓는 사람도 있다고 한다. 긴장이 풀려서 알고 있는 이야기를 허심탄회하게 쏟아낸다는 것이다. 기자라면 이 시간을 소중히 여기고 충분히 들을 수 있어야 한다.

리차드슨(Richardson, 2007)은 효과적인 인터뷰 전략으로서 다음 사항들을 추천하고 있다.

- 인터뷰에 앞서 학습하라. 인터뷰 주제나 대상에 대한 철저한 준비가 이뤄질 때 효과적인 인터뷰가 이뤄질 수 있다. 다양한 자료조사가 필수적이다. 필요하다면 관련된 사람들을 조

사하는 것도 고려되어야 한다.

- 질문 문항들을 준비하라. 사전 문항 준비를 통해 중요한 것을 점검할 수 있는 기회를 가져야 한다. 이때 질문의 순서도 함께 평가되어야 한다.
- 준비된 문항을 벗어날 마음의 준비도 필요하다. 상대방의 예기치 못한 반응에 대응할 수 있도록 주의 깊게 경청하여야 한다. 사전준비가 철저하다면 대처 능력도 높일 수 있다.
- 저널리즘 활동에 맞는 시각적 단서들을 제공하라. 상황에 맞는 옷차림과 기자의 공적 위치를 보여줄 수 있는 시각적 도구를 적절히 활용하여 인터뷰의 중요성을 말하는 것도 좋은 방법이다.
- 간결하게 질문하라. 질문은 짧고 상대방의 이야기가 길어지는 것이 바람직하다. 핵심만 질문하고 쉬운 단어를 사용하는 것도 필요하다.
- 인터뷰 대상자의 진술이 너무 빠르다면 속도조절이 필요하다. 인터뷰 참여자가 지나치게 서두를 경우 그의 진술 하나 하나가 매우 소중하다는 메시지를 전달하면서 천천히 말해 줄 것을 정중히 요청해야 한다.
- 듣는 것 못지않게 보는 것도 중요하다. 인터뷰에 참여한 상대방이 어떻게 행동하는지 비언어적(nonverbal) 메시지를 정리하고 효과적으로 해석한다면 인터뷰 내용을 더욱 풍성하게 만들 수 있다.
- 신선한 이야기를 만들어라. 인터뷰가 없었다면 알 수 없었던 사실들이라는 확신을 독자에게 주어야 한다. 즉 진부한 이야기는 과감히 삭제해야 한다.

- 진술의 구체적 의미를 확인하라.[9] 준비한 질문만 하는 것이 아니라 진술된 답변에 대하여 질문함으로써 내용을 정확하게 파악하는 것이 중요하다.
- 인터뷰 대상자의 신상 정보를 거듭 확인하라. 상대방의 기본 정보를 모두 안다는 자만은 위험하다. 필요할 경우 명함도 요청하여 재확인할 필요가 있다.

3) 인터뷰 기사 작성

인터뷰 기사의 리드는 인터뷰 동기나 인터뷰 가운데 가장 핵심적인 진술로부터 시작되는 경우가 많다. 지연된 리드를 사용한다면 인터뷰 대상 관련 주변 정보로부터 시작할 수도 있다. 본문에서는 제기된 질문들이 자연스럽게 전개되어야 한다. 시간적 혹은 주요 사건별 전개를 시도하거나 사적 혹은 공적 영역으로 나누어 작성하는 것이 바람직하다. 다른 유형의 기사에서 단락의 자연스런 연결이 중요하듯 인터뷰 기사에서는 질문의 연결이 매끄러워야 한다.

인터뷰 내용은 크게 세 가지 방식으로 진술된다(남재일, 2013). 첫째 유형은 스트레이트 인터뷰라고 불리는 일문일답(一問一答) 방식이다. 먼저 인터뷰 동기를 적고 질문과 답변을 차례로 제시한 기사이다. 답변 내용에 뉴스가치가 있고 독자가 원하는 사실을 가진 경우 적합한 방식이다. 인터뷰 질문은 기호('-', 'Q' 등)나 볼드체로 제시되고, 답변 내용을 제시할 때는 큰따옴표(" ")나

9) 기자는 인터뷰하는 동안 상대방의 진술이 구체적으로 무엇을 의미하는지를 지속적으로 점검해야 한다. 즉 "What does that mean?"이라는 질문을 반복해야 한다.

인터뷰이의 성(姓) 등이 사용된다. 그리고 인터뷰 질문은 의문문과 서술형 모두 가능하다. 인터뷰 내용 중 인상 깊은 주제들은 새로운 기사로 처리하거나 재미있는 일화(逸話)를 다룬 내용을 박스형 기사로 사용하기도 한다.

인터뷰를 진술하는 두 번째 유형으로는 기자가 인터뷰 내용을 인용하면서 글을 전개하는 서술형 방식이 있다. 일문일답식 인터뷰 기사보다 뉴스가치가 높은 주제에 사용되는 경향이 있다. 다음 동아일보 기사는 2018 평창 동계올림픽을 계기로 남북한 교류가 무르익는 상황에서 클래식 음악계의 상징적인 인물과 관련된 내용을 다루고 있다. 취재기자는 인터뷰 내용과 현장에 대한 관찰을 중심으로 스토리를 엮어가고 있다. 남북한 관련 가장 인상적인 인터뷰 내용이 리드로 사용되었다.

> "음악 앞에선 누구나 출신을 잊고 하나가 될 수 있습니다. 일단 연주를 시작하면 남한이든 북한이든 모두 음악을 위해 일하는 사람이 되기 때문이죠."
>
> 지휘자 정명훈 씨(65)가 음악 감독을 맡은 '원 코리아 유스 오케스트라'가 11일 창단 연주회를 개최한다. 정 감독은 5일 서울 송파구 롯데콘서트홀에서 열린 기자간담회에서 "롯데문화재단이 당초 청년 오케스트라 창단을 제안했고 기왕이면 남북이 조금이라도 가까워지자는 의미에서 '원 코리아' 프로젝트를 제시했다"고 창단 계기를 밝혔다.
>
> 〈중략〉
>
> "북한을 방문했을 때 베토벤 교향곡 9번 '합창'을 연주했습니다. 베토벤은 일평생 자유를 위해 싸운 음악가였기 때문입니다. 이번에 연주할 '영웅'은 가장 힘찬 곡이라 창단 연주회에 잘 어울리죠. 일평생 음악밖에 모르고 살아왔지만, 음악보다 중요한 건 인간과 휴머니티라는 걸 전하고 싶습니다.

출처: 동아일보(2018년 1월 6일 25면). "음악으로 남북이 하나될 수 있죠"

인터뷰 내용을 기술하는 마지막 유형은 일문일답식과 서술식을 혼합한 방식이다. 인터뷰 분량이 긴 경우에 사용되는 편이다. 특히 잡지에서 인물 탐구 방식의 기사 작성에서 빈번하게 사용된다.

혼합식에서는 가장 핵심적인 인터뷰 내용이 리드로서 사용되고 인터뷰 대상에 대한 소개가 이어진다. 여기까지는 일문일답식 인터뷰 기사의 리드 형태와 유사하다. 그러나 이 형식은 더 나아가 인터뷰 내용을 요약하고 강조하려는 내용을 본문의 여기저기에서 지속적으로 다룬다. 일문일답 형식으로 관련 인터뷰 질문과 답변이 간헐적으로 제공된다.

한반도 전문가인 스인훙 런민(人民)대 교수에 대한 혼합식 인터뷰 기사에는 총 11개의 질문이 사용되었다(동아일보, 2018년 3월 12일 5면). 많은 질문이 야기할 문제를 해소하고자 혼합식 인터뷰 형식이 사용된 듯하다. 하지만 기사량을 고려하면 여전히 질문 문항이 과하다. 질문 수가 많을 경우 전체 맥락에 대한 이해가 어렵기 때문이다.

① 핵 담판이 어떤 식으로 진행될까, ② 핵 담판 과정에서 한미는 어떻게 나올까, ③ 김정은이 핵 감축이 아닌 동결을 주장하면 트럼프 대통령이 받아들일까, ④ 왜 그런가, ⑤ 그럼 북·미 수교도 가능할까, ⑥ 김정은은 왜 대화에 나왔나, ⑦ 대북 제재로 인한 압박감은…, ⑧ 왜 중국이 배제됐다고 보나, ⑨ 중국 정부는 북·미 대화를 환영한다, ⑩ 현재 대화가 북·중 관계에 도움이 될까, ⑪ 앞으로 중국은 어떻게 해야 하나.

질문이 많을 경우 가장 보편적인 수정 방법은 유사한 질문끼리 묶어서 제시하는 것이다. 위 질문 문항들 가운데 ③, ④, ⑤ 그리고 ①, ②, ⑥은 상호 관련된 질문들이기에 내용을 연결시키는 방식을 취할 수 있다. 또한 전체 맥락에서 질문 ⑦과 답변은 전체 내용과 다소 이질적이다. 기사를 줄여야 한다면 가장 먼저 고려할 수 있다. 질문 ⑪은 인터뷰이의 전망, 조언, 예측 등으로 마무리되는 인터뷰 기사의 보편적 형식이다.

인터뷰 기사의 후반부에서는 시사적 질문을 넘어 인터뷰이의 보편적 관심사를 다루기도 한다. 친근한 일상을 드러냄으로써 독자와의 공감대를 형성하는 데 도움이 된다. 아래 제시된 내용은 실제 인터뷰 환경을 편안하게 가져가지 위해 기자가 던질 수 있는 질문들이기도 하다.

바둑이 아닌 다른 취미를 묻자 "음악을 듣거나 드라마를 보면서 스트레스를 푼다. 요즘에는 KBS2TV 드라마 '황금빛 내 인생'을 재밌게 보고 있다"고 말했다. 가수 겸 연기자인 수지를 좋아하는 그는 "데뷔 때부터 팬이고, 지금도 가장 좋아하는 연예인"이라고 했다.[10)]

인터뷰이에 대한 사적인 질문으로 인생관, 미래계획, 목표, 취미, 좋아하는 음악이나 음식, 종교 등이 활용되기도 한다. 하지만 민감한 질문을 먼저 제기한다면 인터뷰 참가자를 당혹케 할 수 있다. 인터뷰 참가자의 능동적인 답변을 얻고자 한다면 민감한 질문을 인터뷰 말미에 두는 것이 바람직하다.

10) 중앙일보(2018년 1월 6일자 18면). 중국 '돌의 장막' 뚫은 박정환 "AI 바둑 보고 묘수 많이 배워"

7. 보도사진 기사

보도사진은 시각적 효과(visual effect)와 뉴스가치에 적합한 메시지를 함께 다루어야 한다(한국편집기자협회, 2006). 메시지는 뉴스가치와 관계되지만, 사진 게재 여부는 최종적으로 시각적인 면에서 고려되기 때문이다. 인쇄 매체 가운데 스포츠 신문이나 잡지 등에서 사진은 더욱 선호된다. 이때 레이아웃에 활용되는 사진의 크기나 여백도 중요하다.

보도사진 기사는 크게 ① 제목, ② 해설, ③ 출처로 구성된다. 제목은 폰트 크기에서 해설(본문내용)과 차별화되어야 한다. 아래 기사의 제목은 '개구쟁이라도 좋다, 튼튼하게만 자라다오'이다. 상투적인 표현이지만 사용 빈도를 고려하면 진부하기보다 친숙한 느낌이다.

해설은 보도사진 기사의 본문에 해당되는 것으로 1~3문장으로 구성하는 것이 일반적이다. 〈그림 3-2〉의 해설처럼 사진 속 내용들은 모두 구체적으로 설명되어야 한다. 뉴스가치가 있는 내용을 중심으로 육하원칙으로 제시하는 것이 의미전달에 효과적이다. 다음 그림의 해설에서 장소를 둘째 문장에서 표현한다면 첫 문장을 보다 간결하게 만들 수 있다.

출처는 보도하는 언론사의 사진일 경우 일반적으로 장소와 기자의 이름을 다룬다. 뉴스 제휴 서비스를 이용할 경우 장소와 제공 언론사의 이름을 함께 제공하는 것이 보편적이다.

그림 3-2 보도사진 기사의 구성

개구쟁이라도 좋다, 튼튼하게만 자라다오 어린이날을 하루 앞둔 4일 서울 마포구 월드컵공원 난지천공원 난지잔디광장에서 열린 '2016 마포어린이축제'에서 아이들이 신나게 뛰어놀고 있다. 이날 축제에는 마포구 영유아 7000여 명과 학부모들이 참가해 즐거운 시간을 가졌다. 장승윤 기자 tomato99@donga.com

출처: 동아일보, 2016년 5월 5일 12면

위의 사진은 어린이날의 주인공인 아이들의 건강한 미소를 잘 담고 있다. 힘차게 달리는 아이들의 천진난만하고도 역동적인 모습이 어린이에 대한 희망과 더불어 표현되었다. 독자들이 쉽게 공감할 수 있는 좋은 사진이다.

뉴스보도에서 사용되는 사진은 내용에 따라 크게 다섯 가지로 분류될 수 있다(한국편집기자협회, 2006). 현장(spot) 뉴스 사진은 사건·사고와 같이 기획되지 않은 돌발 상황을 담은 사진을 지칭한다. 반면 일반 뉴스 사진은 사전에 계획된 행사 관련 사진과 관련되어 있다. 그리고 특집 사진 혹은 피처(feature) 사진은 연례행사, 동물 등과 같이 비시사적인 인간적 관심사를 다룬 것을 의미한다.

스포츠 사진에서는 스포츠나 레저 분야의 생생한 현장이 담겨져야 한다. 스포츠 사진의 경우, 경기 규칙에 대한 폭넓은 지식을 가지고 있을 때 보다 다양한 사진을 만들 수 있다. 마지막으로 사진 가운데 가장 높은 비율을 차지하고 있는 인물사진은 얼굴 중심(mug shot)의 인터뷰 사진과 직업, 신분 등과 같은 주변 환경에 대한 정보를 사진에 표현하는 인물사진(environment portrait)으로 구분된다.

사진 기사의 배치에서 고려해야 할 것은 피사체의 시선이다. 지면 밖으로 향하지 않는 방식으로 사진을 편집하고 배치하는 것도 중요하다. 피사체의 시선이 지면 밖을 향하면 기사가 분산되는 느낌을 줄 수 있기 때문이다.

보도사진 기사는 독자에게 사진 기사 단독으로 서비스되거나 일반 기사 내용과 함께 제공된다. 〈그림 3-3〉의 경우 동아일보는 사진 기사로 서비스한 반면, 중앙일보는 증시 관련 충격을 시각적으로 표현하고자 보도사진을 활용하고 있다. 기사의 상황을 묘사하기 위해 보조 혹은 참조 자료로 사용된 사례이다. 기사의 내용을 시각적으로 쉽게 이해할 수 있도록 사진을 배치시켜 독자의 주목도를 높이고 있다. 특히 디지털 시대 편집기술이 발전하면서 사진은 시각화를 위한 수단으로서 활용 범위가 확대되는 추세이다. 동일 사진도 영상이나 그래프 등에서 폭넓게 활용될 수 있다. 이러한 활용은 취재부서보다 편집부에서 더 고민할 사항이다.

보도사진의 경우 출처 표기 방식에 대한 이해도 필요하다. 〈그림 3-3〉의 첫째 사진의 출처는 해당 사진이 뉴욕에서 생산되었으며 중국의 신화통신과 제휴관계인 국내 민간 뉴스통신사인 뉴시스가 동아일보에 제공하였음을 말해주고 있다. 같은 날 중앙일보도 동일한 사진을 사용하였는데 이는 미국의 경제전문 뉴스통신사인 〈블룸버그(Bloomberg)〉의 자료를 인용한 것이다.

그림 3-3 **보도사진 활용 유형**

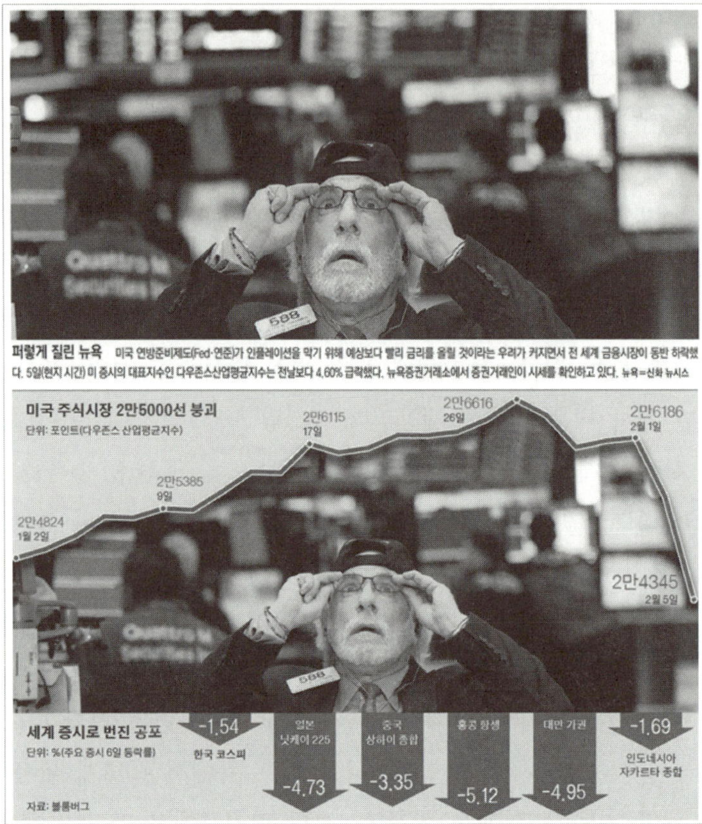

출처: (위) 동아일보, 2018년 2월 7일 12면; (아래) 중앙일보, 2018년 2월 7일 3면

보도사진 기사는 지면 편집에서 색인으로 사용되기도 한다. 이러한 기능은 지면별 레이아웃 과정에서 공간이 부족할 경우 유용한 수단이자 다채로운 지면구성에도 도움이 된다. 다음 〈그림 3-4〉는 중앙일보 3면에 실린 2018 평창 겨울패럴림픽 선수단 출정식 소식을 전하는 보도사진 기사이다. 선수단 출정 소식을

요약, 전달하면서 구체적 내용을 어느 지면에서 추가적으로 볼 수 있는지를 안내하는 색인으로 활용한 경우다. 다른 보도사진 기사처럼 제목과 본문이 제시되었고 관련 내용을 추가적으로 확인할 수 있는 관계지면이 제시되었다.

그림 3-4 보도사진 기사의 색인 기능

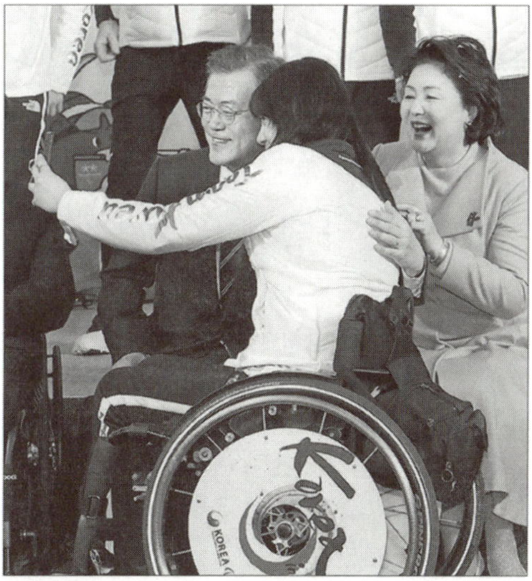

겨울패럴림픽 D-6 문재인 대통령과 부인 김정숙 여사가 2일 서울 세종문화회관에서 열린 평창 겨울패럴림픽 한국 선수단 출정식에 참석해 노르딕 국가 대표인 서보라미 선수와 셀카를 찍고 있다. 2018 평창 겨울패럴림픽은 오는 9일부터 18일까지 열린다. >> **관계기사 11면** 김상선 기자

출처: 중앙일보, 2018년 3월 3일 3면

지면의 경우 신문이 접히는 접지선 자리를 고려하여 사진을 배치해야 한다. 사진이 상하로 분리될 경우 전달효과가 반감될 수 있기 때문이다. 특히 인물사진에서 신체의 특정 부위가 절단되어 서비스된다면 시각적 불편함을 야기할 수도 있다.

시각적 효과를 고려하면 사진은 2단 이상의 크기로 사용하는

것이 바람직하다. 한 지면에서 작은 사진을 여러 개 분리하여 위치시킨다면 산만하여 독자의 관심을 끌기가 어려울 수 있다. 부득이 여러 사진을 사용해야 한다면 가급적 한곳으로 모아야 한다. 또한 사진의 위치를 지면 왼쪽 상단이나 지면 중앙에 두는 것이 시각적 안정감을 높이는 데 도움이 된다.

한편 기사 내용을 강조하거나 설명하는 방식으로 보도사진을 사용하기도 한다. 〈그림 3-5〉는 해운대해수욕장 앞쪽에 세워지고 있는 주상복합건물에서 벌어진 추락사고 관련 뉴스이다. 왼쪽 사진은 영남일보에 보도된 사진으로 고층건물의 모습과 돋보기 기능을 통해 사고의 위치를 확대시켜 보여주고 있다. 전체 건물의 높이가 구체적으로 표현되어 추락의 충격을 가늠해볼 수 있는

그림 3-5 보도사진 게재 방식

2일 오후 추락사고가 발생한 부산 엘시티 공사현장. 원내 점선은 55층에 설치된 안전작업구조물이 떨어져 나간 모습

2일 오후 부산시 해운대구 엘시티 공사현장 외벽 작업대(왼쪽 사진 원 안)가 200여m 아래로 떨어졌다. 이 사고로 근로자 등 4명이 사망했다. 오른쪽은 작업대가 추락한 자리. [사진 부산 소방안전본부]

출처: (왼쪽) 영남일보, 2018년 3월 3일 6면; (오른쪽) 중앙일보, 2018년 3월 3일 10면

방식으로 제시되었다. 아찔한 고층건물의 형태를 반영한 세로 편집이 돋보이는 사진이다.

중앙일보는 사고의 위치를 확대한 사진과 추락지점을 보여주는 사진을 함께 사용하고 있다. 이들은 주변 상황을 설명하는 데 도움이 될지라도 고층건물의 높이를 실감나게 표현하거나 추락 위치를 상세히 보여주는 데 한계를 드러내고 있다. 사건의 공간적 정보를 시각적으로 표현하는 데 있어 영남일보의 사진보다 시각적 효과가 다소 떨어져 보인다. 긴 세로형 사진과 더불어 추락 장소를 클로즈업하여 구체적 피해 상황과 사태의 심각성을 보여주는 사진 배치가 다소 아쉬운 부분이다.

사용되는 사진의 특정 부분을 강조하고자 〈그림 3-5〉의 경우와 같이 원, 타원, 돋보기 등을 활용하기도 한다. 이밖에도 원본 사진을 흑백이나 컬러로 처리하는 정도에 따라 전달하는 의미도 달라질 수 있다. 일반적으로 흑백사진은 내용에 대한 주목도를 높인다는 평가를 받고 있다. 하지만 시각적 요소들이 두드러진다면 컬러사진이 효과적일 수 있다.

해설이 마무리되는 방식도 신문사별로 차별적이다. 영남일보는 마침표를 사용치 않지만 중앙일보는 해설을 항상 마침표로 마무리한다. 영남일보의 경우 해당 기사를 공영 뉴스통신사인 연합뉴스로 받았기에 사진에 별도의 출처를 제시하지 않고 있다. 중앙일보의 경우 지역주재 기자가 기사 작성을 하고 '부산소방안전본부'로부터 관련 사진을 받아 출처로 표기하였다. 기관으로부터 제공받은 사진 출처에 대해서는 괄호를 사용하고 있다.

이밖에도 스케치 기사, 동정 관련 기사, 특정 인물이나 기업 등에 대한 홍보성 기사, 서적 소개나 영화 시사회 기사, 부음 기사와 같은 다양한 뉴스 유형들이 있다. 여기서 스케치 기사는 왜? 어떻게? 등 특정 사건이나 현상들을 하나의 제목 아래 여러 주변 이야기들을 다루는 기사를 말한다. 예를 들어 선거 관련 보도를 할 때 후보별 선거유세, 이색 선거운동, 각 선거캠프 분위기 등 다양한 이야기를 하나의 주제 아래 간략하게 구성하는 형태이다. 부음 기사의 경우에는 누구의 상인지를 밝히고, 장지나 발인 날짜를 정확히 확인하여 보도하는 것도 중요하다. 미국 대다수 신문사들은 부음 기사를 유료로 운영하고 있다.

8. 보도자료

언론 활동에서 보도자료는 중요한 취재원이다. 하지만 보도자료에 대한 지나친 의존은 이슈나 정책에 대한 심층보도를 소홀하게 만드는 요인이 된다. 주요 취재원(news source)인 보도자료와 언론인의 관계는 세 가지 방식으로 설명될 수 있다(구교태, 2013; Gieber & Johnson, 1961).

첫째, 취재원과 기자의 관계가 완전 분리된 형태이다. 완전 분리형 모델은 양자가 기능과 역할, 문제의식, 사회적 거리, 가치관 등에서 완전히 분리되어 상호접촉이 거의 없는 상태를 말한다. 취재원은 뉴스를 제공하는 일만 수행하고 기자는 사실을 있는 그대로 객관적으로 보도만 하는 고전적 자유언론 체계에 충실한 관계 구조이다.

둘째, 취재원과 기자가 부분적으로 동화된 유형을 생각해볼 수 있다. 이 모델은 양자가 역할수행 과정에서 어느 정도 가치관을 공유하면서 서로 동일한 욕구가 있을 때 협력하는 관계를 의미한다.

셋째, 취재원과 기자가 완전히 동화된 형태도 가능하다. 이는 양자의 가치관과 역할이 완전히 합쳐져 취재원은 기자들의 구미에 맞는 보도자료만 제공하고 기자들 역시 취재원의 의도에 맞는 기사를 작성하는 방식이다. 완전 동화형 모델이 더욱 강화되면서 뉴스는 이제 전통적인 공정한 게이트키퍼(gatekeeper)의 손을 거쳐 제작된다고 믿기 어렵게 되었다. 보도자료가 기사화되는 과정에는 뉴스가치뿐만 아니라 기자와 취재원 간의 협력 등 사회적 관계도 무시할 수 없다는 의미이다.

PR 전문가들은 과거보다 더욱 정교하게 보도자료를 만들고 기자와의 커뮤니케이션도 강화하는 추세이다. 보도자료 작성은 미디어 글쓰기와 동일한 방식으로 이뤄진다. 주로 스트레이트 기사 작성 방식을 따른다. 보도자료에 대한 기자의 관심을 높이기 위해서는 사건이나 이슈 자체가 가진 영향력이 무엇보다 중요하다. 그래서 많은 기업들이 뉴스가치가 높은 이슈를 발굴하고자 PR전문가들을 활용하고 있다.

보도자료를 작성하는 조직마다 보도자료 양식의 차이는 다소 있지만 공통적으로 요구되는 항목들이 있다(구교태, 2013). 보도자료 담당자, 작성부서, 제목, 리드, 본문 등이다. 필요한 경우 사진도 첨부파일로 전달하여야 한다. 특히 뉴스를 읽기보다 보는 경향이 강한 매체를 목표로 한다면 시각적 요소와 사진들을 적절히 활용하여야 한다. 보도자료 담당자의 연락처는 2개 이상 제공하여야 한다. 희망하는 보도일자가 있을 경우 특정 날짜를 언급할 수 있다. 그러나 제한된 날짜 제공은 보도 확률을 감소시키는 요인이 되기도 한다.

9. 방송뉴스

방송뉴스를 만들려면 시각적으로 생각하는 것이 중요하다. 이는 뉴스를 구성할 때 압도적인 의미전달을 위해서는 영상 요소들을 고려해야 한다는 말이다. 최적의 시각적 요소를 찾아낼 수 있는 능력이 필요하며 인터뷰 영상, 자료 영상, 현장음 등을 적절히 활용할 수 있어야 한다. 예를 들어 신문 인터뷰와 달리 영상 인터뷰를 위해서는 조명, 위치, 현장음 등과 같은 영상 제작 관련 요소들이 개입되고 취재원도 카메라 앞에서 자연스럽게 촬영되어야 하는 여러 변수들이 많다.

영상에 맞는 인물을 찾고 적절한 공간에서 촬영하는 과정들도 중요하다. 나아가 과거의 영상자료를 제시하거나 복잡한 데이터를 시각적으로 보여주고 설명할 수 있는 편집적인 노력도 필요하다. 이러한 모든 과정들이 영상뉴스를 어떻게 시각화할까라는 차원과 연계되어 있다.

내용적으로 방송뉴스는 '읽는 글'이 아닌 '말하는 글'이기에 문어체가 아닌 구어체로 작성하는 것이 좋다. 말하는 글은 읽는 글보다 더욱 짧고 명료하다. 시간적 여유를 가지고 글의 내용을 이해하는 것이 허용되지 않기 때문이다. 방송뉴스는 음성에 좌우되는 단점이 있기에 적은 어휘를 사용해야 전달력을 높일 수 있다.

문어체가 사용되는 신문에서는 논리적 측면에 호소하는 것이 강하여 정보의 중복 및 반복처리를 권장하지 않는다. 하지만 방송은 구어 중심적인 매체이고 주로 의존하는 정보처리 기관이 청각이기에 중복 및 반복된 정보처리를 허용한다.

글의 구성도 소리를 중심으로 자연스럽게 작성할 수 있다. 예를 들어 "~ 못미더운 이유입니다."는 "~ 못미더운 이윱니다."로 간결하게 소리 나는 대로 적는 것과 같다. 또한 "홍길동 기자입니다."는 "홍길동 기잡니다."로 "홍길동 기자의 보도입니다."는 "홍길동 기자의 보돕니다."로 쓰고 읽는 것이 바람직하다.

영상전달에서 감각적인 진술들은 무엇보다 중요하다. 2018년 남북 정상회담 하루 전 북적이는 임진각 모습을 다룬 문화방송의 뉴스는 다음과 같은 표현으로 연결되고 있다[11]: "~ 사람들의 발길이 아침부터 이어지고 있습니다.", "~ 평화통일을 기원하는 형형색색 리본이 달리고 있습니다.", "~ 가족 단위나 외국인 관람객도 눈에 띕니다.", "~ 분주하게 움직이고 있습니다.", "~ 마음들이 계속해서 모이고 있습니다." 서술형 표현만으로도 정상회담 장소의 모습을 전달하는 뉴스라는 것을 누구나 알 수 있다. 그리고 문장들은 시청자들이 그 장소를 느낄 수 있도록 감각적으로 진술되고 있다.

메시지는 영상자료와 함께 조화롭게 전달되어야 한다. 그래서 영상에서 기자가 뉴스를 전달하는 위치도 중요하다. 일반적으로 장소나 배경에 대한 설명이 함께 이뤄지기 때문이다. 따라서 뉴스 주제와 직접 관계되는 곳을 선택하는 것이 바람직하다.

기자들은 시간을 계산할 수 있도록 뉴스 원고를 작성한다. 사람마다 읽는 속도는 다르지만 원고 1장에 평균 20~30초로 양을 정해 놓고 있어 원고 분량에 따라 방송시간을 대략적으로 계산할 수 있다. 기자 리포트는 평균 4장 분량으로 진행된다(이재경・김학희, 1998).

11) 문화방송 정오뉴스(2018년 4월 26일). '남북 정상회담 하루 앞… 북적이는 임진각'

1) 방송뉴스 유형

스트레이트 뉴스는 카메라 기자의 영상물과 취재기자의 기사를 뉴스 진행자가 전달하는 보도양식을 말한다. 짧은 내용을 다룰 때의 뉴스 형식이다. 기사의 비중에 따라 문장 수와 읽는 데 걸리는 시간이 차이가 난다. 뉴스가치가 적은 기사는 대개 2~3개 문장, 20초 내외로 작성되지만 비중 있는 기사는 1분 정도 걸리며 5~6개 문장으로 이뤄진다. 스트레이트 뉴스 영상은 최소한의 컷과 장면(scene)으로 구성된다. 간단한 사건·사고, 행정, 행사 관련 소식이 단신 뉴스의 소재로 많이 활용되고 있다.

사건·사고를 간략히 기술하고 전달하는 단신[12] 스트레이트 뉴스인 경우 앵커나 아나운서의 멘트로 방송이 진행된다. 단신은 내용이 짧기에 시청자가 사건을 파악하기 쉽도록 간결하게 전달되어야 한다. 앵커의 멘트가 이뤄질 때 뉴스에 대한 시청자의 이해를 위해 그림과 문자를 사용한 제목이 상단 모서리나 하단에 제공되곤 한다. 주어진 시간 동안 시청자의 관심을 끌려면 방송뉴스 제목은 지면뉴스의 경우보다 더욱 간결해야 한다.

다음 〈그림 3-6〉의 왼쪽은 연합뉴스TV에 보도된 스트레이트 뉴스이다. 뉴스는 3개 문장으로 구성되었으며 20여 초 분량이었다. 아나운서의 멘트와 더불어 2018 평창 동계올림픽대회 및 동계패럴림픽대회 홍보대사 위촉식 행사 관련 2017년 자료 영상이 나가고 지난 월드컵대회 공연 모습이 사용되었다. 다소 시간이 지난 자료영상들을 사용하여 영상화질의 차이가 두드러지거나

12) 짧게 요약하여 낭독하는 뉴스를 말한다. 작은 사안이나 아직 확보된 자료화면이 없을 때 사용하는 경우가 많다. 화재, 교통사고, 자살, 강력사건 등 돌발적인 상황으로 발생한 뉴스 혹은 구속/판결/집회 관련 기사가 많다.

계절적 요소도 보도시점과 상이하다는 문제점을 보여주었다. 뉴스에 필요한 자료영상을 편집할 때 영상의 시의성과 화질 점검이 얼마나 중요한지를 보여주고 있다.

> 소프라노 조수미와 가수 소향이 내일 열리는 평창 동계패럴림픽 개회식에서 패럴림픽 주제가를 함께 부릅니다. 주제가는 '평창, 이곳에 하나로'라는 제목으로 가수 소향도 참여했습니다. 조수미는 앞서 2002년 한일 월드컵축구대회 때도 '챔피언'이라는 주제가를 불러 큰 사랑을 받았습니다.

그림 3-6 스트레이트 방송뉴스 사례[13)]

제시된 〈그림 3-6〉의 오른쪽은 JTBC에서 보도된 문화계 단신 뉴스다. 첫 번째 뉴스는 두 문장, 약 14초가 소요되었다. 아래 두 기사의 경우 문장당 약 7초의 시간이 소요된 것으로 나타났다. 기록적 낙찰 소식을 전하면서 비교 대상을 언급함으로써 시청자의 이해를 높인 문장이라 할 수 있다. 방송뉴스에서 시점을 구어

13) (왼쪽) 연합뉴스TV(2018년 3월 8일). 조수미・소향, 패럴림픽 개회식에서 주제가 부른다; (오른쪽) JTBC(2018년 3월 8일). [뉴스체크] 이중섭 '소' 47억 낙찰

체적으로 어떻게 사용하였는지도 주목할 필요가 있다. 신문의 경우 구체적 날짜가 제시되지만 방송에서는 '오늘', '어제'와 같은 표현이 사용된다.

어제 서울옥션 경매에서 이중섭 작가의 그림 '소'가 47억 원에 낙찰됐습니다. 이중섭 작품 가운데 가장 높은 금액이고 근현대 작가 가운데 추상화가 김환기 다음으로 최고가 기록입니다.

방송뉴스 가운데 리포트 기사는 전통적인 텔레비전 뉴스 보도 양식을 일컫는 것으로 앵커나 아나운서만이 진행하는 스트레이트 뉴스와 뚜렷한 차이를 가진다. 아침이나 밤 종합뉴스나 정오 뉴스 시간에는 리포트 기사가[14] 주를 이룬다. 앵커나 아나운서가 다룰 내용을 10~15초 요약하여 설명하고, 기자의 리포팅을 소개하는 방식으로 진행된다. 소개는 "중계차 연결합니다. 000 기자, 그곳 분위기 전해주시죠.", "보도에 000 기잡니다.", "000 기잡니다." 등으로 다양하게 이뤄진다.

기자 리포팅은 아이템(item)별 약 1분 20초가 소요된다. 앵커가 기자의 리포트를 소개할 때 뉴스 제목이 화면 하단이나 오른쪽에 제시되는 것이 일반적이다. 기자의 리포팅 과정에서 담겨진 현장음은 생동감을 전달하는 데 효과적이다. 취재기자와 카메라기자는 촬영 장면들이 취재내용과 적절히 조화될 수 있도록 사전에 협의해야 한다.

14) 기자가 내레이션, 인터뷰, 관련 화면 등을 구성하여 자신의 이름으로 전달하는 뉴스이다.

〈표 3-2〉 리포트 기사의 경우 보도되는 기사 제목이 하단부에 등장하고 관련 사진이 배경으로 사용되었다. 13글자의 요약형 제목이 전체 내용을 잘 함축하고 있다. 뉴스 진행 앵커가 무엇에 관한 뉴스인지를 밝히고 리포팅 기자를 소개하는 방식으로 진행되었다. 리포팅에서는 스토리와 관련된 녹화 영상이나 인터뷰 등의 자료가 보편적으로 사용된다. 재난 상황이나 대형 행사를 소개하는 뉴스는 필요에 따라 생중계 영상을 내보내기도 한다.

▌표 3-2 ▌방송의 리포트 뉴스 사례

[앵커 멘트]

한해의 안녕을 기원하며 큰 불을 놓는 제주 들불축제가 오늘 저녁 새별오름 일대를 수놓았습니다. 참석자들은 타오르는 불꽃을 보며 새해 소망을 기원했습니다. 강00 기자가 다녀왔습니다.

[리포트]

〈현장스케치〉

제주의 탄생을 표현한 LED 조명이 오름을 수놓으며 '불놓기'의 서막을 알립니다. 축제 참가자들은 저마다 소원을 담은 횃불을 들고 대형 달집에 불을 붙입니다. 시뻘건 불길이 축구장 30개 크기인 20만 제곱미터의 오름 한 면을 휘감으며 장관을 연출합니다.

〈기자 인터뷰〉

[밀란/네덜란드 관광객 : "정말 멋있고 이렇게 놀라운 광경은 처음입니다."]

〈현장스케치〉

제주 들불축제는 소와 말을 풀어 키웠던 한라산 중산간 풀밭에 불을 놓아 새 풀이 돋도록 한 옛 목축문화에서 유래됐습니다. 올해로 스물한 번째를 맞으며 제주의 대표 축제로 자리 잡았습니다.

〈현장보도(stand-up)〉

이 곳을 찾은 도민과 관광객들은 활활 타오르는 오름을 보며 희망 가득한 새봄이 찾아오길 기원했습니다.

〈기자 인터뷰〉

[최OO/제주시 애월읍 : "우리 가족 모두 건강하게 해 달라고 소원 빌었습니다."]

올해는 불씨 퍼레이드와 말과 관련된 일이 잘 되길 기원하는 '마조제' 행사도 첫선을 보였습니다. 제주의 오름을 환히 밝힌 들불처럼 새 희망의 기운도 함께 타올랐습니다. KBS 뉴스 OOO입니다.

출처: KBS 9시 뉴스, 2018년 3월 3일

〈표 3-2〉에서 담당 기자는 축제 상황과 규모를 설명하고 축제 장면에 대한 인상을 전달하고자 외국인 참가자를 인터뷰한 짧은 영상을 사용하고 있다. 다음으로 기자가 축제의 유래를 설명하고 참가자의 활동을 소개하는 멘트가 이어졌다. 뒤이어 축제 활동을 설명하는 참가자의 인터뷰가 리포터의 발언을 지지해주는 자료로서 활용되고 있다. 뉴스에서는 두 번의 인터뷰가 사용

되었는데 둘 다 6초를 초과하지 않고 있다. 뉴스에 사용되는 인터뷰는 10초를 넘지 않는 것이 일반적이다.

기자가 축제 참가자의 활동을 설명할 때 기자의 현장보도(stand-up) 영상이 한 번 사용되었다. 이는 현장에서 녹화가 이뤄지기에 기사 작성이 마무리되기 전에 만들어져야 한다. 리포트 뉴스를 제작할 때 기자는 현장보도 영상을 사용할지 여부를 판단하여야 한다. 사용을 결정한 경우라면 어디서 현장보도 멘트를 할지(리포팅의 처음, 중간, 마무리)를 사전에 정하고 연습할 필요가 있다.

뉴스 리포팅은 시청자가 이해하기 쉽게 이뤄져야 하며 말하듯이 자연스러워야 한다. 기자는 시청자가 이해하기 쉽도록 쉬운 말과 표준어를 사용하여야 한다. 리포팅 분량은 시청자들이 영상을 보고 감상할 수 있는 시간적 여유를 고려하여 결정된다. 또한 단순한 문장구조뿐만 아니라 전달 속도[15]도 중요하다. 평소 호흡, 발성, 마이크 사용법을 익혀 둘 필요가 있다. 그리고 의미를 말하듯이 전달하기 위해서는 말의 완급, 강약, 간격 등도 자연스러워야 한다.

인쇄 매체의 뉴스와 마찬가지로 방송뉴스도 리드가 필요하다. 리드는 가장 중요한 사실을 다루며 20자 안팎으로 작성된다. 방송문장을 작성할 때 지켜야 할 기본 원칙으로서 최영재・양영철(2011)은 다음 사항들을 강조하고 있다.

15) TV는 영상과 소리가 어울려야 하기에 뉴스 읽는 속도가 라디오보다 늦다. 반면 라디오는 오디오 중심 매체이기에 텔레비전보다 뉴스 전달 속도가 빠르다. TV 뉴스는 대략 1분에 350~370 음절을 읽는다고 한다.

- 첫 문장에서 결론을 제시한다.
- 간결하고 명료한 문장을 만든다. 한 숨에 전달할 수 있는 짧은 문장이 바람직하다.
- 논리구성을 간략하게 한다. 원인과 결과를 바로 연결하는 문장이 좋다.
- 원칙적으로 주어를 문장 맨 앞에 두고 서술어를 주어 가까이 위치시킨다.
- 시간 흐름에 따라 문장을 구성한다.
- 전체에서 세부적으로 가는 글의 흐름이 필요하다.

또한 최영재와 양영철(2011)은 효과적인 의미전달을 위해 단어사용의 적절한 원칙들을 제시하고 있다. 줄임말 사용, 수식어 빼기, 절제된 숫자 사용,[16] 구어체적 시제,[17] 쉬운 용어, 첫 문장 약칭 사용 자제, 정확한 우리말 사용 등을 제안하고 있다.

방송뉴스에서 취재 대상에 대한 내용을 전달할 때 경어를 사용해서는 안 된다. 뉴스는 시청자들을 대상으로 하며 공평하게 서비스하는 것이기 때문이다. "대통령이 말씀하셨습니다."가 아닌 "대통령은 말했습니다."라고 말해야 한다. 또한 발표된 여러 내용을 전달할 경우 "전했습니다.", "언급했습니다." 등의 다양한 표현을 써서 변화를 주는 것도 필요하다. 하지만 인터뷰나 대화

16) 되도록 많은 숫자 사용을 피하고 적절한 선에서 끝자리는 반올림하여 큰 단위를 사용할 필요가 있다. 1만, 1천은 '만, 천'으로 쓰고 읽는다.

17) 신문 기사의 경우 날짜가 제시되는 경우가 많지만 방송은 시점을 구어체적으로 표현한다. 00일 대신 오늘, 어제, 지난 5일, 지난달 5일 등을 사용한다. 시간은 오전, 오후 외에도 새벽, 아침, 낮, 저녁, 밤 등을 적절하게 활용하는 것이 좋다.

등에서는 경어를 적절하게 사용할 수 있다.

구어체로 쓴다는 것은 우리가 평소에 쓰는 말투를 사용한다는 것을 의미한다. 듣기 편한 말이 의미전달도 쉽다. 관련된 사례들을 몇 가지 정리하면 다음과 같다.

표 3-3 구어체적 표현 사례

문어체	구어체	사례
~하여, ~해	~해서	위해 → 위해서, 운전하여 → 운전해서
~하였습니다.	~했습니다.	결정하였습니다. → 결정했습니다.
~되어, ~돼	~돼서	실패하게 되어 → 실패하게 돼서
~되었습니다.	~됐습니다.	희생되었습니다. → 희생됐습니다.
~으나	~지만	걷는 것이 좋으나 → 걷는 것이 좋지만
~안 하고	~하지 않고	운동도 안 하고 → 운동도 하지 않고
~며	~면서	밖으로 나가며 → 밖으로 나가면서
~아	~아서	높아 → 높아서, 일어나 → 일어나서

직역하는 습관도 수정될 필요가 있다. 예를 들어, "감사원이 공기업에 대한 실사에 나섰습니다."는 "감사원이 공기업을 실사했습니다."로 "학생과 학교 관계자가 등록금 문제를 논의하기 위한 회동을 가졌습니다."는 "… 논의하기 위해 모였습니다."로 바꾸는 것이 좋은 표현이다.

단어의 올바른 의미를 이해하고 사용하는 것도 중요하다. 무심코 사용해온 단어들 중에는 잘못 사용되고 있는 경우도 많다. 피로회복–원기회복(피로해소), 발자국 소리–발소리, 진위 여부–진위, 임산부–임신부 등과 같이 올바른 어휘를 선택하는 것도 매우 중요하다. 이밖에도 '혈세(血稅)'는 '가혹한 조세'를 의미하며, '기리다'는 좋은 점이나 잘하는 일을 높이고자 할 때 사용하는 말이다.

2) 방송뉴스 구성과 특성

앵커 멘트 후에 이뤄지는 리포팅은 일반적으로 기자 멘트, 기자 현장보도(stand-up),[18] 인터뷰[19] 등으로 구성된다. 육하원칙을 강조하는 스트레이트 기사와 달리 리포트 기사는 화면 스케치나 사건 분위기 묘사에서 출발하여 본문으로 들어가는 기법들을 구사한다. 그래야 현장감도 살고 뉴스 몰입도도 커진다.

스트레이트 기사는 역피라미드로 작성되는 것이 보편적이지만, 리포트 기사는 피라미드나 혼합식과 같은 다양한 방식이 가능하다. 일반적으로 임팩트 강한 화면이나 멘트가 도입부에 배치된 후 본문과 결론이 뒤따르는 형태를 취한다. 기자는 뉴스를 요약 혹은 강조하거나 이슈와 관련된 미래를 전망하며 결론을 마무리하는 편이다.

18) 기자가 현장 상황을 배경으로 설명하거나 시청자들에게 현장감을 전달하기 위해 사용하는 영상 표현 기법이다. 주로 기사의 첫머리 또는 중간에 장소나 특정 상황을 생생하게 소개할 때 혹은 기사 말미에 전체 내용을 정리할 때 사용되며 10~15초 분량이 일반적이다.

19) 인터뷰는 카메라보다 취재기자를 바라보며 진행되는 것이 가장 보편적이다. 하나의 뉴스에서 1~2개 문장이 사용되며 건당 10초 내외로 구성된다. 인터뷰에 사용되는 일반적인 카메라 앵글은 시청자에게 인물이나 사물을 객관적으로 보여주고 안정적 느낌을 줄 수 있는 수평 앵글(eye angle)이다. 높은 위치에서 인터뷰 참가자(interviewee)를 바라보는 하이 앵글(high angle)도 상황판단과 객관적 설명을 위해 사용되기도 한다. 영상 구도를 잡을 때 카메라 기자는 헤드룸(headroom), 룩킹룸(lookingroom), 리드룸(leadroom)과 같은 화면의 여백에 신중하여야 한다. 카메라 포지션은 방향성과 입체감을 살리는 3/4 샷이 일반적이다.

(1) 방송 인터뷰

방송뉴스에서도 보도 내용에 대한 신뢰감을 높이고 생생한 전달을 위해 인터뷰를 적극적으로 활용한다. 사용되는 인터뷰는 대개 10초 이내의 영상클립으로 편집되어 제시되지만 다루어야 할 내용이 많은 경우 필요한 내용들을 여러 번 나누어 사용하기도 한다. 기자의 멘트와 인터뷰 내용을 동일하게 가져갈 필요는 없다. 효과적인 방송 인터뷰를 위해서 지켜야 할 기본적인 사항들은 다음과 같다.

- 10초 안팎으로 간결하게 진행히기. 핵심 단어만 포함시키도록 집중하여야 한다. 간결한 문장이 의미 파악과 뉴스 집중에 도움이 된다.
- 구어체로 표현 쓰기. 문자로 된 인터뷰 질문을 읽듯이 표현하지 말고 말로 하듯 하여야 이해가 쉽다. 특히 외래어나 전문용어를 가급적 피하도록 노력해야 한다.
- 수식어 빼기. 수식어는 자신의 판단이 개입되는 경우가 많다. 수식어 생략으로 객관적 사실전달에 힘써야 한다.
- 추상적 표현 피하기. 직설적 표현이 의미전달에 효과적이다.
- 편안한 대화식으로 하기. 인터뷰 질문에 앞서 상대방이 카메라에 긴장하지 않도록 편안한 분위기를 만들어야 한다. 다양한 대화를 통해 상대방의 이야기가 쉽게 나올 수 있도록 경청해주는 자세도 필요하다.
- 개방형 질문[20]을 하고 긍정적으로 대응하기. 관련 이슈에

---

20) 인터뷰 대상자의 생각을 허심탄회하게 듣고자 할 경우는 개방형(open-ended) 질문이 바람직하다. 특히 상대방이 인터뷰 경험이 적고, 긴장하거나 흥분

대한 다양한 답변을 듣고 필요한 내용을 편집하여 활용하겠다는 접근이 요구된다. 또한 긍정적인 반응은 상대방의 적극적인 진술로 자연스럽게 연결될 수 있다.

- 취재원(source) 밝히기. 출처를 다루는 것은 기사의 객관성과 신뢰도를 확보하는 방법이다. 어떤 취재원이 사용되느냐에 따라 뉴스가치도 달라질 수 있다.

카메라 기자는 취재기자가 수집한 정보를 토대로 여러 현장 상황들을 판단하여 접근 방법을 결정해야 한다. 카메라 기자는 촬영에 앞서 방송시간을 고려하여 장소에 맞는 촬영 장비를 준비해야 한다.

가. 대면 인터뷰

기자와 취재원이 직접 만나 묻고 답하는 형식의 인터뷰다. 방송에서는 질문이 생략되는 것이 일반적이다. 대다수 인터뷰 내용은 기자의 리포트를 증언하는 역할을 한다. 전통적인 인터뷰 방식은 인터뷰 참가자의 발언이 자막과 함께 10여 초 동안 제시되는 방식이다. 이때 인터뷰이의 이름, 소속, 직책이나 직급 등이 함께 제공된다.

인터뷰 장면 촬영 시 사선방향에서 인터뷰이를 담는 것이 자연스런 연출에 도움이 된다. 참가자가 카메라를 응시하지 않도록

상태에 있다면 자유로운 상황을 연출하는 개방형 질문이 적절하다. 그러나 답변이 모호할 때 혹은 특정한 입장을 밝히기를 거부할 때는 폐쇄형(closed-ended) 질문이 적절하다. 폐쇄형 질문을 사용할 경우 일반적으로 기자는 요점을 신속하게 파악할 수 있으며 인터뷰 대상자는 주제에 쉽게 집중할 수 있다.

하여야 한다. 이를 위해 인터뷰이가 기자를 바라보고 발언하는 것이 좋다. 카메라는 대개 수평이나 하이 앵글을 사용한다. 원 샷이 일반적이지만 상황에 따라 투 샷이 사용될 수도 있다. 야외나 몇 가지 답변이 요구되는 경우 투 샷이 효과적일 수 있다.

〈그림 3-7〉은 전통적인 대면 인터뷰 방식들이다. 만나는 장소나 시간도 인터뷰에 영향을 줄 수 있다. 인터뷰 참가자의 직무와 관련된 공간에서 인터뷰를 하는 것이 내용에 대한 신뢰나 이해에

그림 3-7 전통적인 대면 인터뷰 사례[21]

21) (위) KBS(2018년 3월 6일). '국회 앞 집회 금지' 법원이 위헌 제청
(아래) MBC(2018년 3월 8일). 놀이터 다시 문 열었지만… 반려견 갈등 계속

도움이 된다. 또한 참여자가 편하게 느끼는 공간이나 시간도 인터뷰이의 자연스런 답변을 받아내는 데 효과적이다.

2018 평창 동계패럴림픽대회 준비 과정에 대한 내용을 다룬 〈그림 3-8〉의 대면 인터뷰 영상들은 인터뷰이를 중심으로 노출시키는 전통적 대면 인터뷰 방식과는 구분된다. 취재 배경을 중심으로 한 전통적 영상구성과 달리 분할 화면을 만들어 취재원

그림 3-8 대면 인터뷰 사례[22]

22) (위) SBS(2018년 3월 6일). 평창 패럴림픽, 폭설에 '비상'… "24시간 치워도 부족해"
(아래) MBC(2018년 3월 6일). 패럴림픽 입촌식, 역대 최고성적 도전한다

인터뷰 장면과 배경 영상을 함께 내보내고 있다. 이때 인터뷰 참가자의 신원 정보는 자막으로 서비스된다. 〈그림 3-8〉의 아래 영상에서는 입촌식에 참여한 선수단을 중심으로 경기에 대한 참가자의 각오가 잘 표현되고 있다.

취재원의 신분을 보호해야 하는 경우 인터뷰 참가자의 등 뒤를

그림 3-9 취재원 익명 처리 사례[23)]

23) (위) SBS(2018년 3월 9일). 유력 트로트 제작자가 성폭행… 피해자 더 나와선 안 돼
(아래) JTBC(2018년 3월 8일). 공기업 vs 중소기업 다른 야근 횟수… '워라밸' 격차로

배경으로 촬영하기도 한다. 또한 관련 주제와 일치하지 않는 일반인의 초상이 노출될 때도 모자이크 처리하여 개인의 사생활을 보호하기 위한 조치가 필요하다. 특히 재난이나 사건사고를 다루는 뉴스의 경우 일반인에 대한 노출은 2차 피해를 초래할 가능성이 있기에 유의해야 한다. 초상을 굳이 드러낼 필요가 없는 경우 배경 영상과 더불어 자막으로만 처리하기도 한다.

나. 전화 인터뷰

전화 인터뷰는 취재원이 기자를 만나길 꺼리거나 거리나 비용으로 인한 취재 한계가 있는 경우 효과적인 방법이다. 이때 통화 내용은 자막으로 처리하고 관련 영상이나 방송사 로고가 있는 전화기를 보여주기도 한다. 인터뷰 내용과 자연스럽게 영상구성을 하여야 한다. 주제에 맞는 공간이나 관계자들을 적절히 활용하는 것도 필요하다. 익명이 중요할 경우 음성변조를 통해 보도하기도 한다.

〈그림 3-10〉의 세 개의 영상들에서는 전화 인터뷰 내용이 자막으로 동일하게 제공되었다. 인터뷰 내용에 어울리도록 근로자들의 이동 장면과 회사 철문이 닫히는 장면의 영상이 이어지고 마지막으로 차량진입을 막는 구조물 속 텅빈 공장 내부 모습이 제공되었다. 이는 공장 폐쇄 가능성을 영상으로 구성하여 표현한 것이다.

그림 3-10 전화 인터뷰 사례[24)]

다. 서면 인터뷰

서면 인터뷰는 일정이 바쁜 고위 공직자, 기업의 최고 경영자, 면회가 어려운 장기수 등에게 사용될 수 있는 기법이다. 편지나 PC통신을 활용한 서면 인터뷰도 가능하다. 방송 화면에서 인터

24) JTBC(2018년 3월 6일). 한국GM 구조조정 계속… '문자 해고'에 떠는 노동자들

뷰 대상자의 얼굴사진을 띄우고 답변을 글자로 제시하는 것이 보편적이다.

(2) 현장보도

리포터 기사에서는 뉴스 내용과 부합되는 배경 장면을 배경으로 10~15초 정도의 현장보도(stand-up) 멘트가 진행되기도 한다. 현장보도 멘트를 할 때 기자는 현장에서 카메라를 서서 바라보거나 이동하면서 리포팅을 진행한다. 카메라를 바라보고 움직이는 경우 어색한 움직임이 일어나지 않도록 사전에 동선을 파악하고 있어야 한다.

현장보도는 기자가 뉴스현장에서 카메라를 향해 내용을 전달하는 기법으로 다음과 같은 좋은 점이 있다(정형기, 2015). 첫째, 현장에 있는 기자의 모습을 곧장 일반에게 보여줄 수 있고, 둘째 실행이 아주 단순하며, 셋째 빠르다는 점이다. 현장보도를 하는 기자의 복장도 중요하다. 오염된 지역에서 정장차림이 어색하듯 공공기관에서는 평상복이 어울리지 않는다. 수해나 재해 현장에서는 방송사의 비옷이나 겉옷, 산악취재는 등산복, 스케치나 아름다운 장소 소개에는 화려한 옷이 적합하다.

취재기자가 화면에 등장하는 방식은 생생한 현장을 만드는 데도 효과적이다(정형기, 2015). 기자가 화면에서 움직이거나 취재원과 이야기하는 장면, 현장 여기저기를 가리키거나 만지는 행위, 도구를 사용하는 행위 등도 유용한 방법이다. 또한 움직일 때는 단호하고 씩씩한 모습을 보여주는 것이 좋다. 취재원은 기자와 함께 움직이면서 기자와 이야기하는 장면을 연출할 수 있다. 또한 이슈나 상황을 설명하거나 현장을 안내하는 장면을 보여줄 수도 있다.

중요한 취재현장을 영상으로 담지 못했다면 CG로 표현할 수도 있다. 이것도 어렵다면 현장을 재연하는 것도 대안이다. 이런 경우 사실이 왜곡될 가능성도 있어 유의해야 한다.

10. 방송 제작기획서

비록 글쓴이의 작업이 미디어를 통해 그대로 표현되지는 않더라도 제작기획서 작성은 방송 제작에 앞서 필수적인 과정이다. 방송의 기본적인 방향과 방침인 기획서가 효과적으로 기능하기 위해서는 구체적이고 실용적으로 제시되어야 한다.

기획서의 핵심은 아이디어이고 이를 개발하면 아이템이 된다(유세문, 2014). 그리고 아이템을 담아낸 것이 기획서이다. 이러한 관계를 고려하면 먼저 아이디어가 신선해야 한다. 마지막으로 보다 중요한 것은 기획서에 제시된 아이디어는 매력적이고도 이해하기 쉽게 진술되어야 한다. 따라서 기획서를 작성하는 사람은 자신이 생각하는 스토리에 대한 짧은 시놉시스(synopsis) 정도는 제시할 수 있어야 한다. 여기서 시놉시스는 줄거리 또는 개요를 의미한다.

기획서 작성도 기사 작성 절차를 토대로 구성될 수 있다. 먼저 어떤 주제의 이야기를 담을 것인지를 결정해야 한다. 이때 이 주제를 왜 선택할 필요가 있는지를 검토할 필요가 있다. 뉴스가치와 같이 프로그램 주제도 나름의 의미를 가져야 할 것이다. 연출가는 정보성을 추구할 것인지 감동이나 흥미를 담을지를 결정해야 한다.

주제 선정은 주변 생활 속에서 쉽게 찾을 수 있다. 예를 들어,

우리는 거리에서 접하는 전광판을 통해서 다양한 형태와 콘텐츠를 경험하고 있다. 이는 미디어파사드(Media Facade)[25]라는 관광 상품이나 홍보 수단과도 연결된다. 프로그램을 통해 이러한 변화를 쫓을 수도 있고 도시의 빛 공해라는 측면에서도 접근해볼 수도 있다.

좋은 기획을 위한 조건으로 장해랑과 이상요(2107)는 여섯 가지를 주장한다. 첫째 조건은 프로그램을 만드는 이유와 관련된 분명한 주제의식이다. 두 번째는 수용자의 니즈, 시장의 트렌드에 적합한 시의적인 내용이어야 한다. 세 번째는 기존과 차별적인 창의성과 실험성을 보여줄 수 있는 '새로움(something new)'과 '다름(something different)'이 있어야 한다. 네 번째는 동일 장르에서도 다른 콘셉트를 가진 기획으로 포지셔닝(positioning)할 수 있어야 한다. 다섯째는 누구를 주 시청자로 삼을 것인가를 결정하는 목표설정(targeting)이며, 마지막은 취재나 영상 제작이 여러 조건 속에서 가능한가와 관련된 '실현 가능성'이 좋은 기획을 위한 조건에 해당된다.

앞서 언급된 국내 방송 시장의 트렌드를 분석하는 노력도 중요하다. 이를 위해 시청률 상위 콘텐츠 특성들을 〈표 3-4〉와 같이 키워드로 분석해볼 수 있다. 이는 인기 트렌드를 파악하여 필요한 장르와 프로그램을 기획하는 데 효과적이다. 또한 채널별 경쟁력을 강화하기 위해서 정체성을 확보할 수 있는 콘텐츠 라인업을 확대하는 것도 생각해볼 수 있다. 나아가 프로그램 트렌드뿐만 아니라 사회 이슈 및 트렌드에 대한 키워드 분석도 시청

25) 파사드(Facade)와 미디어(Media)의 합성어로 건물 외벽 등에 조명을 설치하여 미디어 기능을 구현한 것을 말한다.

자와의 호흡을 위해 중요한 요소이다. 뉴스나 웹툰, 드라마, 영화 등에 나타난 이슈나 트렌드를 확인하는 활동들이 필요한 이유이다.

프로그램 제작기획의 출발점으로 박원달 PD는 '물음표' 방법을 제안하고 있다(2006). 우리 삶에서 TV가 사라지면 어떻게 될

표 3-4 상위 콘텐츠 키워드 분석[26)]

유형	내용	관련 프로그램
관찰	• '유명인'들의 사소한 '일상' • 일상 속 재미와 공감대 찾기 • 화제와 시청률 모두 우위	미운우리새끼, 집사부일체, 동상이몽2_너는내운명, 백년손님, 나혼자산다, 살림남2
	• 특별한 이벤트가 있는 관찰 해외 한식당 창업, 감옥생활 등 • 새로운 세계 관련 동경/궁금증	윤식당2, 효리네민박2, 착하게살자
모방 & 도입	• 신규 콘텐츠 제작 시 다른 플랫폼의 성공 사례 모방	하트시그널 → 로맨스패키지 문제적남자 → 문제는없다
	• 성공 콘텐츠의 키워드를 재활용한 시즌제 제작 또는 스핀오프[27)]	윤식당2, 알쓸신잡2, 강식당, 슈가맨2, 너의목소리가보여5
특정 콘셉트 (경제·남성·여행)	• 돈벌기, 경제 지식 등 한국인의 최대 관심사 관련 스토리텔링	백종원의 골목식당
	• 남성 출연자 특성이 드러나는 프로그램. 인문학, 야외 취미생활 등 특화된 분야 활용	강식당, 알쓸신잡2, 문제적남자, 아는형님, 뭉쳐야뜬다, 도시어부
	• 지역 초점 여행 테마. '장소'의 매력도 인기의 이유	짠내투어, 뭉쳐야뜬다, 효리네민박2, 어서와 한국은 처음이지

26) 2017.12.1.~2018.2.18. 지상파, 종편, PP 등의 인기 프로그램들에 대한 키워드 분석결과이다.

27) 스핀오프(spin-off)는 기존의 영화, 드라마, 게임 등에서 등장인물이나 설정을 가져와 새로 이야기를 만들어 내는 것 또는 그렇게 만들어진 작품을 지칭한다.

까?[28] 휴대폰이 없다면 어떠한 변화를 경험할까? 등과 같은 질문은 사람들이 의존하는 것에서 벗어날 때 나타날 수 있는 영향력을 생각해볼 수 있는 계기가 될 수 있다. 적절한 물음표를 던지기 위해서는 제기되는 질문에 대한 상황인식이 선행되어야 한다. 미디어 의존의 심각성을 이해하려면 관련 현황과 문제점을 파악해야 하는 것과 같다. 그래서 좋은 프로그램을 기획하려면 다양한 정보에 민감하고 사고의 지평을 확장시키는 훈련이 필요하다.

프로그램 제작기획서는 누가 방송 내용을 주도적으로 이끌어 갈 것인지에 대한 정보도 다루어야 한다. 이를 위해서는 방송 진행자나 출연자에 대한 진술도 필요하다. 또한 프로그램 방송시간에 대한 정보도 포함시켜야 한다. 방송시기와 시간을 적절하게 설정하는 것도 프로그램 성공과 관계되기 때문이다. 나아가 해당 내용을 스튜디오에서 제작할지 혹은 야외에서 제작할지도 판단해야 한다. 이러한 결정은 방송 내용뿐만 아니라 방송 제작 예산, 장비, 인력 등을 포괄적으로 고려하여 결정될 수 있다.

기획의도는 제작기획서에 반드시 포함되어야 할 내용이다. 기획의도는 프로그램 제작 목적을 의미한다. 즉 왜 해당 프로그램을 만들려고 하는지에 대한 구체적 답변이다. 기획된 내용이 '최초'이거나 알지 못했던 사실들에 주목한다면 호기심은 극대화될 수 있다. 끝으로 제작방법은 소구 대상이 프로그램 내용에 공감하거나 설득될 수 있도록 체계적으로 제시되어야 한다. 효율적 방법이 무엇인지를 세밀하게 표현하는 과정이다. 이는 소구 대상

28) 이 질문은 EBS 프로그램 〈TV가 나를 본다, 20일간 TV 끄고 살아보기〉를 제작하는 계기가 되었다고 한다.

에 대한 이해를 토대로 만들어질 때 효과적일 수 있다. 미디어 이용자의 사회문화적 특성과 배경을 파악하여 프로그램 구성 계획이 소개되어야 한다.

표 3-5 기획서 작성 고려사항

구분	내용	차원
Who	누가 메시지를 전달할 것인가?	방송진행
When	언제 방송할 것인가?	방송시간
Where	어디에서 방송할 것인가?	제작장소
Whom	누구(target audience)에게 전달할 것인가?	소구대상
What	무엇을 전달할 것인가?	방송주제
Why	왜 이 프로그램을 기획했는가?	기획의도
How	어떻게 표현할 것인가?	제작방법

출처: 박원달(2006). p.15. 수정 후 발췌

〈표 3-6〉은 지역 민영방송사인 TBC에서 제작했던 프로그램 〈풍정 라디오〉에 대한 기획서이다.[29] 제작기획서에서 가장 중요한 기획의도, 작품개요, 주요내용을 검토함으로써 프로그램 제작 동기와 구성방식을 이해할 수 있다. 이러한 사례를 통해 어떤 기획서가 좋은 것인지 그리고 어떠한 과정으로 만들어지는지를 파악할 수 있다.

29) TBC 편성기획팀 박원달 PD의 〈풍정 라디오〉는 제44회 한국방송대상 작품상(지역다큐 TV부문), 제44회 한국방송대상 개인상(지역방송진흥상), 방송통신위원회 방송대상 우수상(지역발전 TV부문), 뉴욕페스티벌(New York TV & Film Festival) 다큐멘터리 부문 은상, 휴스턴국제영화제 다큐멘터리 부문 은상을 수상하였다. 본 저서의 독자들이 방송 제작기획서 작성을 참조할 수 있도록 실제 기획서를 제공해준 박원달 PD께 감사드린다.

표 3-6 제작기획서 사례

프로그램명	풍정 라디오
기획 의도	경북 예천군 개포면 풍정리에 미니 FM이 생겼다. 가청권은 풍정리 반경 1km이며 청취자는 수십 명에 불과하다. 평균 나이 77세, 풍정리 어르신들이 PD가 되고 DJ가 되어 89.1MHz 풍정 라디오를 이끌어 간다. 세상에 이런 라디오는 없었다. 그럼, 당최 젊은 사람이라곤 찾아볼 수 없는 조용한 시골마을에 라디오 방송국을 만든 이유는 무엇일까? 좌충우돌, 폭소만발, 예측불허의 생방송을 통해 풍정리 어르신들의 삶이 어떻게 달라지는지 보여주고 싶었으며 내일을 기약할 수 없는 어르신들의 오늘을 행복하게 만들어주고 싶었기 때문이다. 라디오의 힘, 라디오의 가능성을 보여주는 이 프로그램은 공익성과 실험정신이 뛰어날 뿐만 아니라 노인복지에도 큰 도움을 줄 수 있을 것이다.
작품 개요	평생 방송국 근처에도 못가 본 어르신들이 라디오 PD가 되고 DJ가 된다. 헤드폰을 이마에 쓰고, 볼륨을 조절하는 방법을 몰라 마이크에 입을 댔다 멀어졌다 하기도 하고, 음반을 틀지 못해 직접 노래를 부르는 등 폭소만발 좌충우돌 예측불허 어르신들의 첫 방송. 나이를 잊은, 생애 첫 라디오 방송 도전기를 아름답게 그린다. 삼층밥 짓던 새색시 시절, 만담 공연 보러 시내 나들이 가던 처녀시절 등 지난 추억을 떠올리는 사연, 장애 아들의 결혼 실패 후 1년 동안 우울증을 앓으며 집에만 있던 어머니의 하소연, 아들과 어머니의 유쾌한 수다 등 순박한 시골 어르신들의 소소한 일상과 숨은 사연을 방송한다.
주요 내용	**# 프롤로그**[30] FM 주파수를 89.1MHz에 맞추면 풍정 라디오가 나온다. "여기는 풍정 라디오입니다. 제 이름은 황순분이고요. 노래 나갑니다." DJ는 79세 황순분 할머니, 청취자는 58~102세 풍정리 마을 주민들이다. 이미자의 '울어라 열풍아'를 한 편의 뮤직 비디오처럼 소개한다. 평균 나이 77세, 풍정리 어르신들이 만들고 듣는 89.1MHz 풍정 라디오는 오직 풍정리에서만 들을 수 있는 '미니 FM'이다.

30) 프롤로그는 프로그램 예고편에 들어갈 만한 길지 않은 문구들을 사용하는 것이 좋다(유세문, 2014). 프로그램을 보고 싶다는 욕구를 자극할 수 있는 은유적이거나 시청자들에게 직접 물어보는 것 같은 문구도 효과적이다. 기획서를 읽은 사람을 능동적으로 만들 수 있는 글쓰기가 필요하다.

\# 풍정리에 라디오 방송국이 생겼다.
점점 빈 집만 늘어가는 마을 풍정리는 젊은 사람이라곤 찾아볼 수 없는 조용한 시골마을이다. 노인들만 사는 마을 풍정리에 뜻밖의 선물이 도착했다.
오직 풍정리의, 풍정리에 의한, 풍정리를 위한 89.1MHz 풍정 라디오가 찾아왔다. 풍정 라디오, 앞으로 어떤 사연이 펼쳐질지 기대된다.

\# 라디오 생방송 도전기
청취자도, 진행자도 풍정리 주민들인 희한한 라디오 방송이다.
평생 방송국 근처에도 못가 본 어르신들이 라디오 PD가 되고 DJ가 된다.
헤드폰을 이마에 쓰고, 볼륨을 조절하는 방법을 몰라 마이크에 입을 댔다 멀어졌다 하기도 하고, 음반을 틀지 못해 직접 노래를 부르는 등 폭소만발 좌충우돌 예측불허 어르신들의 첫 방송.
나이를 잊은, 생애 첫 라디오 방송 도전기를 아름답게 그린다.

\# 어르신들의 라디오 사연
삼층밥 짓던 새색시 시절, 만담 공연 보러 시내 나들이 가던 처녀시절 등 지난 추억을 떠올리는 사연, 장애 아들의 결혼 실패 후 1년 동안 우울증을 앓으며 집에만 있던 어머니의 하소연, 아들과 어머니의 유쾌한 수다 등 순박한 시골 어르신들의 소소한 일상과 숨은 사연을 방송한다.

\# 라디오로 通하다.
라디오가 생기고부터 만났다 하면 라디오를 매개로 이야기꽃이 피고 그동안 소외됐던 이웃들이 사랑방으로 모여들고, 서로 소통하며 라디오 하나로 마음이 통하게 된 풍정리.
낯선 손님으로 찾아와 친구가 된 '작은 기적', 풍정 라디오!
라디오 하나로 지루한 일상, 굳었던 표정, 닫혔던 마음이 밝고 유쾌하게 바뀐 풍정 라디오의 기적 같은 변화를 담담히 담았다.

좋은 기획 아이디어를 위해서는 기존 장르별 트렌드를 분석하거나 새롭게 해석하는 시도도 유용한 방법이다. 실제 박원달 PD도 〈라디오 가가〉라는 해외의 TV 프로그램을 보면서 산골마을에 미니 FM 방송국을 만들자는 아이디어를 가졌다고 한다. '산골마을 노인들의 라디오 방송 제작기, 그리고 그 속에서 일어나는 삶의 변화'를 관찰하자는 시도 속에서 노인을 키워드로 다큐멘터리를 기획한 것이다. 연출되지 않은 재밌고 가슴 따뜻한 모습을 보여주는 것이 감동의 소재가 된다는 접근이 값진 결과물로 이어졌다.

기획서는 제작될 프로그램에 대한 프레젠테이션이 가능하고 프로그램이 어떻게 완성될지를 보여주며 제작에 소요되는 예산과 인력 운용 상황을 한눈에 알아볼 수 있도록 만들어져야 한다(최영준, 2009). 이러한 의미에서 기획서는 연출자의 능력을 알아볼 수 있는 가늠자이자 프로그램 제작에 앞서 가장 중요한 단계라 할 수 있다. 심지어 기획서가 부실하면 방송국 내부에서 제작이 거부되거나 외부의 제작 협찬도 받기 어렵다. 따라서 방송제작기획서를 위한 효과적인 글쓰기는 좋은 프로그램[31)]을 만들기 위한 필요조건인 셈이다.

제2절 디지털 시대의 뉴스 형식과 구성

1. 디지털 뉴스 구성

디지털 시대 가장 보편적인 경영난 타개 전략 중의 하나는 뉴스 콘텐츠의 온라인화였다. 이는 제작된 콘텐츠의 유통 다변화와

31) 2016년 한국프로듀서연합회의 PD상은 심사기준이 네 가지였다: 잘 만들었는가? 재미있는가? 새로운가? 세상에 이로운가?(장해랑 · 이상요, 2107). 여기서 '잘 만들었는가?'는 종합적 완성도 면에서 주제, 스토리텔링, 영상, 제작 기법 등에 관한 것을 평가하는 기준이다.

새로운 매체의 활용 가능성이라는 측면에서 이해될 수 있다. 뉴스 온라인화는 뉴스 구성과 제공 방식에서 기존과 차별화된 여러 특성들을 보여주고 있다.

모바일 환경은 사용자 인터페이스(작은 모니터), 주변 환경(이동, 접속 등) 등에서 고정형 인터넷과는 상이한 측면이 있다. 콘텐츠 이용에 있어서도 스캔하듯 보는 경향이 더욱 많을 수밖에 없다. 이는 더욱 요약된 정보와 짧은 기사를 추구하는 요인으로 작용한다. 또한 이용자의 노출 증대를 위해서 짧은 단락, 이미지, 문장으로 뉴스를 제작하여 주목도와 가독성을 높이고 있다.

서비스되는 정보 자체를 넘어 관련된 이슈를 하이퍼링크로 연결하여 서비스하는 것도 뉴스 이용 행위를 자극하는 것이다. 하이퍼링크는 비록 모든 형태의 내용에 적합한 것은 아니지만 경성 뉴스를 보완하여 연성적 정보들을 제시하는 데도 도움이 될 수 있다. 나아가 특정 기사를 과거에서 현재까지 그리고 같은 주제 혹은 유사 사건에 대한 풍부한 정보들을 제공할 수 있다는 장점을 가지고 있다(김성회·노윤주, 2012).

독자의 관심과 참여를 높일 수 있도록 다양한 상호작용성이 구현된 콘텐츠 제공도 필요하다. 하이퍼링크(hyperlink)는 주로 특정 단어에 밑줄이나 색깔 등으로 구분되어 있으며 마우스를 대고 클릭하면 관련 내용이나 사이트가 연결되는 구조이다. 단어를 통한 하이퍼링크는 기사 노출을 증대시키는 효과로 이어질 수 있다. 또한 제공되는 하이퍼링크 개수는 해당 사이트의 명성, 수준, 대중성, 영향력 등과도 긍정적인 상관관계가 있는 것으로 알려져 있다.

뉴스 기사 본문에서 링크된 단어들은 크게 세 가지 유형으로 이뤄지고 있다(김성희 · 노윤주, 2012). 먼저 어떤 주제와 관련된 정보의 내용을 검색하는 정보획득형(informational)이 있으며 검색질의어가 여기에 해당된다. 다음으로 탐색형(navigational) 형태는 특정 URL 혹은 출처, 즉 홈페이지 주소로 이동하는 기능을 갖춘 것을 말한다. 회사나 공공기업과 같은 특정 조직의 사이트 주소를 검색하기 위한 것으로 관련 기관이나 인명 등에 홈페이지가 연결되어 있다. 마지막으로 음원이나 프로그램을 다운로드하거나 특정 행위를 유발시키는 것으로 활성화형(transactional)이 있다.

컴퓨터 스크린을 통한 뉴스 읽기는 지면의 경우보다 속도가 지연되는 것이 일반적이다. 그래서 온라인 기사의 양은 지면보다 상당부분 단축될 필요가 있다. 양이 많은 기사라면 목록을 만들거나 여러 페이지에 나누어 게재하는 것이 바람직하다. 이때 '다음 페이지'를 명확히 보여주는 링크를 제시하는 것이 좋다.

웹에 최적화된 글쓰기는 전통적 매체와는 다른 형태로 이뤄져야 한다. 인쇄신문의 기사를 모니터를 통해 전달할 때 바람직한 방향으로서 린(Lin)은 다음 다섯 가지 방법을 제시하고 있다: 명료한 기사 제목, 핵심 요약, 소제목 섹션, 짧은 단락, 목록 구성.

1) 주목 끄는 제목

모바일 이용자들은 주로 이동 중에 사용하는 경우가 많다. 작은 스크린에서 이들의 관심을 끌어내기란 쉽지 않다. 그래서 간결하고, 적절하고, 기술적인 제목을 고려해야 한다. 이때 숙어나 전문용어는 가급적 배제되어야 한다.

제시된 제목은 검색엔진이나 다른 웹사이트 링크 등을 통해 드러날 수 있다. 기사 제목은 구글(Google) 검색 목록, RSS[32] 피드에 등장하고 소셜 미디어에서 공유되기 때문이다. 따라서 온라인 기사에 적합한 최고의 제목은 구체적으로 진술된 것이어야 한다. 기사의 요점을 표현할 수 있는 것이 간접적이거나 암시적인 제목보다 바람직하다. 나아가 심층 모바일 뉴스 이용자들은 부적절하거나 호도될 수 있는 제목에 클릭하여 낚이는 것을 원치 않는다는 주장도 고려되어야 할 것이다.

2) 강력한 도입부와 요약

모바일 이용자들은 암시적, 간접적인 리드문을 기피한다. 핵심을 바로 언급해야 한다. 이미 주목도 높은 제목을 통해 기사의 배경에 대한 설정은 끝났기에 핵심적인 요약문을 만드는 것이 중요하다. 이는 기존 글쓰기 방식처럼 역피라미드형으로 작성되며 더 높은 간결성이 요구된다.

다음 박스에 제시된 요약문은 중국 전국인민대표회의(전인대)에 대한 문화일보의 기사 전개 방식이다.[33] 리드문에 앞서 전인대 관련 내용을 5줄의 개조식 구문으로 간단히 소개하고 있다. 전체 내용의 핵심을 사전에 보여주는 방식이다. 짧게 끊어서 중요한 요점이나 단어를 나열함으로써 독자의 정보처리 효율성을

---

32) 맞춤형 뉴스 서비스(RSS: Really Simple Syndication, Rich Site Summary)를 활용하면 수많은 인터넷 정보 가운데 자신이 원하는 것만 골라 서비스받을 수 있다. RSS 서비스를 제공하는 사이트에 등록하면 자신의 RSS 리더 파일에 요청한 정보들이 모여지는 형식이다. 이러한 서비스로 인해 뉴스 검색의 시간이 절약될 수 있다. RSS 기능이 강화되고 있기 때문에 인터넷 언론사 사이트 방문자가 감소 추세라는 주장도 있다.

33) 문화일보(2018년 3월 5일 10면). "군사대국·자유무역 천명… 美와 본격 패권경쟁 예고"

높이고 시각적인 여유도 제공하고 있다.

> –中 全人大 정부업무보고
> 국방예산 2년 연속 1兆위안 넘어
> 첨단무기 도입·강력한 軍양성
> 국방력 증대 전력 투구할 듯
> 평등협상·시장개방 확대 추진
> 무역분쟁 逆으로 활용 전략

위의 기사 요약문에 이어 다음의 리드문이 제시되었다. 여기서 육하원칙 가운데 장소와 관련된 정보는 여전히 생략되어 있다. 무엇(what), 왜(why), 어떻게(how)와 관련된 내용이 주를 이루고 있다. 본문이 시작되면서 메시지 발생 시점과 장소인 전인대를 처음 언급하고 있다. 아래 문장들을 고려할 때 위의 전인대 관련 요약문에서 2, 3번째 중 하나를 생략하고 '미국과의 군비 경쟁'을 추가하는 것이 전체 맥락을 이해하고 인과관계를 설명하는 데 효과적이다.

> 시진핑(習近平) 중국 국가주석 집권 2기 첫해인 올해 중국이 국방예산 대폭 증액을 통한 '강군몽(强軍夢)' 의지를 본격적으로 드러내 향후 미국과의 본격적인 '군비 경쟁'을 예고하고 있다. 또 미국을 겨냥해 보호무역주의 반대와 자유무역 수호를 내걸면서 시장 개방의 폭을 넓히겠다고 밝혀 이 역시 미국과의 '통상 전쟁'에서 결코 물러서지 않겠다는 강력한 의지를 표명한 것으로 풀이된다.

리드 문장은 핵심 전달을 통해 독자들이 무엇에 관한 기사인지를 신속히 파악하고 기사를 계속해서 읽을 것인지를 결정하는 데 도움을 준다. 온라인에서는 독자들이 긴 문장이나 단락을 더더욱 원하지 않는다. 따라서 가급적이면 3~4줄 이내로 단락 길이를 유지할 필요가 있다.

3) 최소 단어로 최대 정보

하나의 단락에 하나의 아이디어만 포함하도록 하자. 한 단락에 하나의 문장이 바람직하지만 때론 2~3문장을 사용할 수도 있다. 간결함을 위해 수식어를 생략하고 바로 요점을 언급하는 것이 좋다.

휴대용 기기를 위한 글쓰기는 웹을 대상으로 한 글쓰기와 마찬가지로 핵심만이 강조되어야 한다. 덜 중요한 것들은 나중이나 아래에 놓여야 한다. 의미에 영향을 미치지 않을 경우 삭제하는 것이 바람직하다. 핵심적 부분만 남겨지도록 노력할 필요가 있다. 모바일 기기에 대한 글쓰기는 웹을 위한 글쓰기와 유사하지만 더욱더 핵심에 초점을 맞추는 것이 중요하다(Walsh, 2011).

4) 메시지 형태의 다양화

스마트폰이나 태블릿과 같은 모바일 기기는 이미지를 위해 최적화되어 있다. 그래서 기사 작성을 보완할 수 있도록 그래픽과 이미지를 사용하여 시각적 능력을 적극적으로 활용하여야 한다. 비주얼 콘텐츠를 가진 트위터(Twitter)가 시각적 정보가 없는 경우보다 150배 많은 리트윗을 경험한다는 연구결과도 있다(Collis,

2014; Optimind Technology Solution, 2013). 디지털 마케팅 관련 통계결과들에 따르면 이미지를 가진 온라인 기사들이 더 많은 노출량을 가졌다고 한다. 이미지에 2~3단어만을 간단히 사용할 수도 있다. 이를 통해 독자의 주목도를 높이거나 모니터 창을 스크롤할 때 참조용(reference point)으로 활용할 수도 있다. 또한 기사 제목이 10~18단어로 구성된 경우가 일반적으로 더 많은 링크를 받는다고도 한다.

사람들의 20%는 문자에 주목하지만 80%는 문자와 함께 있는 시각적 정보에 끌리는 경향이 있다(Optimind Technology Solution, 2013). 또한 정보 이용자들은 자신들이 본 것의 58%를 기억하지만 읽은 내용은 10%만 기억하곤 한다. 인포그래픽(inforgraphics)[34]을 사용한 웹사이트들은 없는 경우보다 12% 많은 트래픽[35]을 보여주었다.

나아가 목록으로 구성된 내용을 게재하는 경우가 없는 경우보다 노출량이 200% 이상 증가하였다. 심지어 목록과 이미지를 가진 사례는 그렇지 않은 경우보다 333% 많은 노출량을 보였고, 목록에 이미지와 비디오를 가진 사례는 567%까지 노출량이 늘어

---

34) 인포그래픽은 정보를 의미하는 'information'과 그래픽 'graphics'의 합성어이다. 뉴스를 멀티미디어와 그래픽 표현을 통해 시각적으로 전달하려는 뉴스 방식이다. 타임라인, 지도, 인물, 갤러리, 맵 등 다양한 방식으로 데이터를 재편집한 뉴스 콘텐츠이다.

35) 온라인에 진출한 언론사들은 트래픽에 의존하는 경향이 높다. 트래픽 때문에 '어뷰징(abusing)' 현상도 생겨났다. 단순한 스캔들 기사가 하나 나오면 수백 개의 유사한 기사가 양산되는 이유가 여기에 있다.
'2014년 신문사별 모바일 광고 매출 분석' 결과에 따르면 하루 평균 50~60만 트래픽의 경우 월 5천만 원에서 1억5천만 원을 받을 수 있다고 한다. 언론사들은 포털로부터 전재료(CP료)를 받고 뉴스를 제공하는 경우(인링크)와 단순하게 검색 제휴관계만 맺은 방식(아웃링크)으로 구분된다.

났다(Collis, 2014).

인포그래픽은 디자인적 요소를 활용하여 정보를 시각적으로 표현하는 방식으로 정보그래픽, 인포메이션 그래픽(information graphics)으로도 불린다(이승영, 2014). 데이터를 시각적으로 처리한 뉴스는 독자의 이해를 높이고 기사에 대한 관심도를 증대시키는 효과를 가져올 수 있다.

최고의 뉴스는 독자가 적절하고 중요하다고 생각하도록 만드는 기사이고 이는 다양한 관점의 취재원으로부터 검정된 정보를 포함할 때 가능하다(Kovach & Rosenstiel, 2007). 언론인의 활동은 끊임없는 판단 과정이 개입되기에 객관적이지 않고 객관적일 수도 없다. 그러나 언론인이 택한 방법들은 객관적일 수 있다. 즉 객관적인 것은 언론인이 아니라 방법이다. 따라서 다양한 목격자의 진술과 취재원들을 접촉하고 다양한 메시지 유형을 갖춘 뉴스는 기사에 대한 독자의 이해, 기억, 평가에 긍정적인 영향을 미칠 것이다.

5) 목록과 링크 활용

모바일 독자들은 목록을 좋아한다. 목록으로 작성된 글은 간결해 보여 읽기에 편한 느낌을 주기 때문이다. 목록은 어디서 하나의 요점이 끝나고 어디서 다른 것이 시작되는지를 명확히 보여주는 역할을 한다. 또한 스캐닝과 브라우징에도 최적화된 방법이라 할 수 있다.

온라인에서 사람들은 기사를 읽지 않고 신속히 스캔하는 특성을 보인다. 스캔에 도움이 되는 방법은 기사를 여러 섹션으로 나누는 것이다. 이때 각 섹션은 소제목을 갖추어야 한다. 독자는 관심 있는 소제목을 통해 전체 기사를 읽지 않고도 신속하게 요점을 파악할 수 있다. 유사한 항목들을 제시할 때는 기호를 사용하여 목록을 만드는 것도 효율적인 방법이다.

모바일 사용자들은 본질적으로 의심 많은 독자라는 연구결과도 있다. 링크가 주제와 연계되지 않는다면 신뢰성을 의심받을 수 있다. 따라서 밀접하게 관련된 링크를 만들고 적절히 작동하도록 만드는 노력이 중요하다.

그림 3-11 게시판식 모바일 뉴스 구성

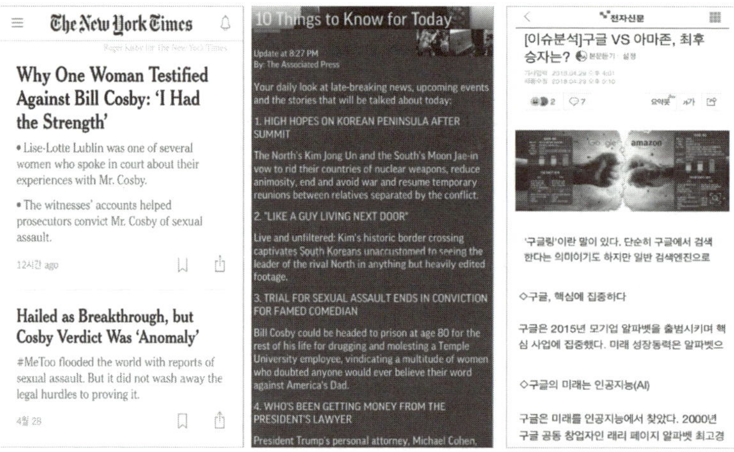

6) 시각화 프로그램 활용

디지털 환경에서 뉴스 구성 방식은 주제만큼이나 뉴스 이용자에게 중요하다(Walsh, 2011). 그래서 뉴스 이용자들이 관련 정보를 잘 활용할 수 있도록 시각화 작업도 고려할 필요가 있다. 기사의 요점이나 핵심을 강조할 때 굵게 혹은 기울임꼴을 가끔씩 사용하는 것도 효과적인 방법이다. 하지만 장식적 목적을 위한 기교로서 사용하는 것은 지양되어야 한다. 시각적 주목도를 떨어뜨릴 수 있기 때문이다.

또한 검색엔진에 연결될 수 있는 키워드나 문구를 고려한 뉴스 작성도 필요하다. 검색 기능에 최적화될 때 기사의 노출빈도도

그림 3-12 위치 및 시간 기반 기사 구성

◀ Google Maps Engine을 이용하면 왼쪽과 같은 형태의 기사를 만들 수 있다. 여러 위치들을 그룹으로 만들어 사용할 수 있다. 콘텐츠 이용자들이 아이콘을 클릭하면 원문에 접속하여 기사, 사진, 영상 등을 구체적으로 확인할 수 있는 방식이다.

◀ Infogram을 활용하여 인포그래픽같이 기사의 시각적 효과를 손쉽게 극대화할 수 있다. 콘텐츠 제작을 위한 프로그래밍이나 디자인 기술도 필요치 않다. 제공된 툴은 뉴스 포털, 언론인, 블로그를 대상으로 개발되었다. 왼쪽의 타임라인에서 여론조사 결과는 저자가 임의로 제시한 것이다.

증대될 수 있다. 뿐만 아니라 뉴스 검색어들은 기사의 초점을 신속하게 파악하는 데 도움을 주기도 한다.

위치와 시간에 기초한 스토리텔링 방식도 온라인을 통해 활성화되고 있다. 상호작용성이 강화된 지도들과 사진, 비디오, 텍스트를 배치시키는 방식을 통해 뉴스를 시각화하는 것도 유용한 방법이다. 인터넷에는 기사를 시각화할 수 있는 다양한 프로그램들이 제공되고 있다. 구글(Google) 지도 서비스를 이용하여 뉴스가 발생한 지역을 표시하고 관련 문자, 사진, 영상을 제공할 수 있다. 위치 정보에 기반한 뉴스 서비스 방식이다. 또한 인포그램(infogram)은 타임라인(timeline)이나 다양한 차트나 그래프를 웹에서 구현할 수 있도록 지원하고 있다. 'Tableau Public'도 유사한 서비스를 제공하고 있다.

7) 로봇 저널리즘

각종 데이터를 문장화시키는 일련의 알고리즘을 활용한 로봇 기자들도 등장하고 있다. AP(Associated Press)는 경제 관련 뉴스 속보를 위해 'Automated Insights' 프로그램을 활용하고 있다. 경제전문 잡지인 〈포브스(Forbes)〉도 로봇을 활용하여 2012년부터 투자 관련 기업 뉴스를 생산하고 있다. 기고자(byliner)가 'Narrative Science'로 표기된 것은 로봇을 활용한 뉴스를 의미한다. 2014년 3월 로스앤젤레스의 지진을 최초 보도한 것도 〈로스앤젤레스타임스(LA Times)〉에서 만든 로봇이었다. 하지만 현장 피해 산정, 전문가 인터뷰, 스토리의 다양성 등과 같은 심층적 뉴스를 만들 수 없다는 점은 자동화된 저널리즘의 한계로 인식되고 있다.

스웨덴에서 수행된 연구결과에 의하면 소프트웨어로 작성된 뉴스는 현실 기술적이고 지루하고 객관적인 내용으로 인식되지만, 언론인이 작성한 글과 명확히 구분하기는 어려운 것으로 나타났다. 실험에 참여한 학생들은 컴퓨터 프로그램이 작성한 뉴스를 재미있게 읽고 싶다고 판단하지는 않지만 작성된 기사가 정보지향적이고 신뢰할만한 내용이라 판단하였다(Sankin, 2014).

〈뉴욕타임스(New York Times)〉는 2014년 3월 로봇을 활용하여 기사를 제공한 바 있다. 특정 규모를 넘어서는 지진에 대한 경보가 지질 연구소에서 들어올 때마다 관련 보고서를 추출하도록 프로그램된 로봇시스템인 '퀘이크봇(Quakebot)'이 만들어낸 속보뉴스이다. 약 3분 만에 뉴스를 보도하여 다른 매체를 시간에서 압도한 것으로 알려져 있다. 심지어 2014년 6월 일본에서는 뉴스를 읽어주는 로봇 뉴스 진행자인 '오토나로이드(Otonaroid)'가 소개되기도 하였다.

알고리즘을 통해 만들어진 뉴스는 현재까지 통찰력 있는 스토리를 목표로 하지는 않는다. 영향력을 분석하거나 인터뷰를 수행하거나 다양한 측면에서 뉴스가치를 파악하고 기사를 작성할 수는 없지만 기존 뉴스 제작 방식을 보완하기 위해 유용하게 사용될 수 있다. 이러한 측면에서 로봇 기자는 대체재가 아닌 조력자로 인식될 수 있다(오종환 · 이준환, 2016).

로봇 기자는 뉴스 제작 시간을 절약하는 데 도움이 되고 기초정보를 신속, 정확하게 제공하는 데 유용할 수 있다. 방대한 자료도 빠르고 정확하게 분석할 수 있고 단순 반복 작업도 효율적으로 처리할 수 있다(이준환 · 김동환, 2015). 특히 뉴스 속보에 도움이 될 수 있다. 이는 로봇이 데이터에 기반한 알고리즘을 통해 무엇이 기사가 되고 어떻게 구성되는지 판단할 수 있기에 가능하다. 언론인은 속보성 뉴스를 토대로 깊이 있는 분석 기사를 작성하는 방향으로 언론 전문화를 이뤄가야 할 것이다.

2. 디지털 뉴스 서비스 방식

뉴스 콘텐츠를 제공하는 방식들도 변화되고 있다. 앞서 디지털 시대 이미지의 중요성을 언급하였듯이 뉴스 제공 형태도 이미지를 활용한 방식이 늘어나고 있다. 〈허핑턴포스트(Huffington Post)〉의 경우, 다양한 이미지와 여유 있는 편집체계를 갖추어 독자의 주목도를 높이고 접근성을 높였다는 평가를 받고 있다. 또한 전문적이고 심층적인 보도를 강화하기 위해 전통 언론사의 유명 언론인들을 채용하고 설립 당시부터 기사 내용에 대한 오류나 오탈자를 즉각 수정하려는 적극성을 보여왔다.

출범 5년 만에 전통적 매체인 〈뉴욕타임스〉의 웹사이트 방문자를 추월(2011년)한 〈허핑턴포스트〉의 콘텐츠 매니지먼트 시스템(CMS: Content Management System)도 눈여겨볼 필요가 있다. 텍스트, 영상 등과 같은 다양한 콘텐츠를 체계적으로 관리하고 배급하는 시스템을 통해 콘텐츠 활용 가능성도 높이고 차별화된 서비스도 제공하고 있다. 서비스되는 콘텐츠는 소속 기자들과 검정된 블로거들의 집필을 통해 폐쇄적으로 관리되면서 분야별 정보 품질도 개선되어 왔다. 따라서 양질의 기고자를 지속적으로 확보하려는 전략이 무엇보다 중요하다. 심지어 기사에 광고가 게재되더라도 기사를 읽는 흐름을 방해하지 않도록 노력하여야 한다. 이용자들이 소셜네트워크서비스를 통해 커뮤니케이션하면서 뉴스에 대한 관여도와 트래픽을 높인 부분도 〈허핑턴포스트〉의

성공 요인으로 평가된다.

〈허핑턴포스트〉의 편집과 비교해볼 때 국내 언론사들은 작은 화면에 너무 많은 뉴스를 제시함으로써 뉴스 접근성과 이용성이 다소 떨어진다는 평가를 받고 있다. 모바일 이용자의 관심을 끌고자 한다면 모바일에서 제시되는 폰트 사이즈 등을 고려하여 웹과 차별화될 수 있는 편집체계를 가져가는 것이 무엇보다 중요해 보인다. 또한 기사들이 기존 글쓰기 방식으로 제작되는 것도 개선되어야 한다. 뉴스 제공 방식의 변화만큼이나 신선한 글쓰기나 뉴스 구성이 필요해 보인다.

다음 〈그림 3-13〉은 지면뉴스와 온라인 뉴스가 어떠한 차이가 있는지를 명확하게 보여주고 있다. 형식과 내용 면에서 나타나는 차이점을 통해 디지털 뉴스 서비스의 특성을 확인할 수 있다.

먼저 문장 정렬 방식의 차이를 확인할 수 있다. 지면에서의 양쪽 정렬은 온라인에서 왼쪽 정렬 방식으로 변화되었다. 온라인 기사가 하나의 단으로 서비스되면서 공간적 여백을 보여주어 시각적으로 편안함을 주는 효과가 있다.

온라인 뉴스 서비스는 줄과 단락 사이의 여백이 넓다. 특히 단락 간 여백을 확대하여 온라인 가독성을 높이는 서비스를 하고 있다. 또한 지면의 첫줄 들여쓰기도 온라인과 차별적이다. 여백이 많고 한 단으로 서비스되기에 굳이 들여쓰기를 하지 않아도 읽는 데 문제가 없다. 인터뷰 질문과 답변도 지면과 달리 Q&A 형식으로 제시되었고 답변은 전체 들여쓰기를 통해 가독성을 높이고 있다.

온라인에서 제시된 순서는 제목, 인터뷰이 사진, 리드문, 중간제목, 영상, 본문 순이었다. 시각에 대한 집중도를 고려한 순서로

그림 3-13 지면과 온라인 뉴스 서비스 방식[36]

닐슨라이트 영국 채텀하우스 연구원
북·미 만남은 김정은엔 승리 뜻해
트럼프 곤경 빠지거나 빈손 위험
북, 군사옵션 우려해 대화 나선 듯

"김정은 북한 노동당 위원장에게 도널드 트럼프 대통령과의 만남은 상징적이고 중요한 '승리'인 반면 트럼프 대통령과 미 관료들의 준비와 논의는 부족했다. 북측에 의해 곤경에 빠지거나 빈손으로 돌아오는 위험을 막으려면 북·미 정상회담을 매우 신중하게 다뤄야 한다."

영국 왕립국제문제연구소 채텀하우스의 존 닐슨라이트(사진) 동아시아 선임연구원은 '트럼프-김정은' 회담 결정을 이렇게 진단했다.

닐슨라이트 연구원은 지난 7, 10일(현지시간) 중앙일보와의 인터뷰에서 "북한의 핵 포기 조건은 북한의 안전과 김정은 정권의 존속 보장일 것"이라며 "주한미군과 함께 주일미군의 철수까지 최대한 요구해 올 가능성이 있다"고 말했다. 그는 "트럼프 대통령의 충동적 성격을 고려하면 동맹국들이 긴장할 수 있다"며 "주한미군의 규모나 배치 등이 다뤄질 수 있겠지만, 실제 철수 가능성은 작다"고 말했다.

그는 또 "4월 남북 정상회담이 북한이 비핵화에 얼마나 진지한지를 판단하게 하는 중요한 계기"라며 "5월 북·미 정상회담이 실제 열릴지는 4월 회담의 결과에 좌우될 것"이라고 전망했다. 다음은 문답.

-트럼프 대통령이 김정은의 제안을 전격 수용한 배경은.

"자신을 괴롭히는 국내 문제들의 돌파구로 좋은 계기가 되길 바라고 있을 것이다. 트럼프로선 전임자들과 달리 북한과의 진전을 이루는 결정적인 거래 성사자로 자리매김할 수 있다는 유혹을 떨치기 어려웠을 것이다. 특히 문재인 대통령의 전략적인 대처는 트럼프에게 정치적으로 승리했다고 주장할 기회를 제공했다."

-김정은의 파격 제안은 어떻게 평가하나.

"동시에 여러 시도를 하는 것 같다. 우선 미국의 선제 군사적 행동을 늦추는 것이다. 최근 북한에 다녀온 러시아 관계자들에 따르면 북한 관리들은 트럼프가 군사력 사용을 심각하게 숙고한다고 우려했다. 평창올림픽 때 남측에 특사를 보내는 등 국내외적으로 평화 정착에 관심 있는 건설적 지도자라는 이미지를 보강하려 했다. 그러면서 북한의 안전과 정권 존속을 위한 협상에 나선 것이다."

-북핵 문제가 급물살을 타는데.

"트럼프는 북한으로부터 최대한 양보를 끌어내기 위해 필요한 준비를 충분히 고려하지 않고 성급하게 대응한 측면이 있다. 북·미 회동은 군사적 충돌의 위험을 최소화하기 때문에 폄하돼선 안 되지만, 악마는 4월에 이뤄질 합의의 세부 내용에 있을 것이다."

-북한 비핵화는 어떤 로드맵을 따라야 할까.

"전례가 있다. 2005년 9·19 공동성명이다. 당시 북·미 합의를 6자회담 참가국인 한국과 일본, 중국, 러시아가 지지했다. 먼저 북한이 모든 실험을 동결하고 검증 가능한 사찰을 수용하며, 그 대가로 미국과 다른 참가국이 단계별로 '행동 대 행동'에

〈이하 생략〉

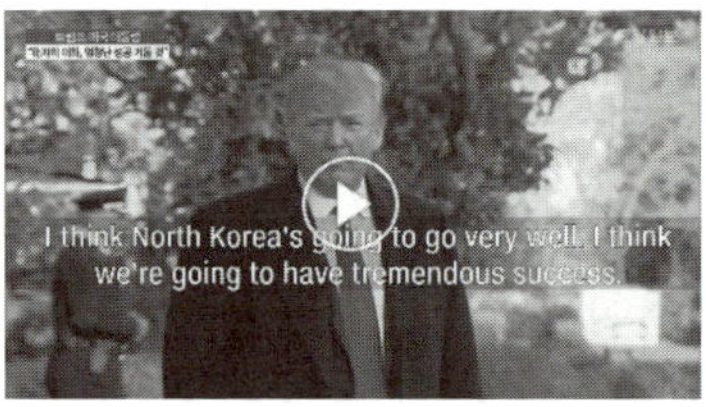

추천영상 더보기 ▾

닐슨라이드 연구원은 지난 7, 10일(현지시간) 중앙일보와의 인터뷰에서 "북한의 핵 포기 조건은 북한의 안전과 김정은 정권의 존속 보장일 것"이라며 "주한미군과 함께 주일미군의 철수까지 최대한 요구해 올 가능성이 있다"고 말했다. 그는 "트럼프 대통령의 충동적 성격을 고려하면 동맹국들이 긴장할 수 있다"며 "주한미군의 규모나 배치 등이 다뤄질 수 있겠지만, 실제 철수 가능성은 작다"고 말했다.

그는 또 "4월 남북 정상회담이 북한이 비핵화에 얼마나 진지한지를 판단하게 하는 중요한 계기"라며 "5월 북미 정상회담이 실제 열릴지는 4월 회담의 결과에 좌우될 것"이라고 전망했다. 다음은 문답.

Q 트럼프 대통령이 김정은의 제안을 전격 수용한 배경은.

A "자신을 괴롭히는 국내 문제들의 돌파구로 좋은 계기가 되길 바라고 있을 것이다. 트럼프로선 전임자들과 달리 북한과의 진전을 이루는 결정적인 거래 성사자로 자리매김할 수 있다는 유혹을 떨치기 어려웠을 것이다. 특히 문재인 대통령의 전략적인 대처는 트럼프에게 정치적으로 승리했다고 주장할 기회를 제공했다."

존 닐슨라이트

"김정은 북한 노동당 위원장에게 도널드 트럼프 대통령과의 만남은 상징적이고 중요한 '승리'인 반면 트럼프 대통령과 미 관료들의 준비와 논의는 부족했다. 북측에 의해 곤경에 빠지거나 빈손으로 돌아오는 위험을 막으려면 북·미 정상회담을 매우 신중하게 다뤄야 한다."

> **닐슨라이트 영국 채텀하우스 연구원**
> **북·미 만남은 김정은엔 승리 뜻해**
> **트럼프 곤경 빠지거나 빈손 위험**
> **북, 군사옵션 우려해 대화 나선 듯**

영국 왕립국제문제연구소 채텀하우스의 존 닐슨라이트(사진) 동아시아 선임연구원은 '트럼프-김정은' 회담 결정을 이렇게 진단했다.

〈이하 생략〉

---

36) 중앙일보, 2018년 3월 12일 8면과 중앙일보 인터넷신문(http://joongang.joins.com)

이해된다. 중간 제목만으로도 전체 기사가 잘 요약되고 있다.

내용적 측면에서는 온라인에서 가능한 동영상 콘텐츠가 추가되었다. 기사 관련 영상이 추가되었을 뿐만 아니라 '추가 영상 더보기'를 통해 다양한 영상들을 서비스하고 있다. 해외 영상들은 번역된 자막과 함께 제공되어 언어적 문제를 극복하고 있다. 중앙일보의 경우 국내 관련 영상은 JTBC, 해외 영상은 CNN을 통해 제공받고 있다. 이는 중앙미디어 계열사들이 통합 뉴스룸을 효과적으로 활용하고 있음을 간접적으로 보여주는 것이다.

모바일이 개인화된 매체임을 고려하면 향후 뉴스 상호작용성도 강화되어야 한다. AP 모바일 뉴스의 경우 하나의 기사에 텍스트, 사진, 비디오, 인포그래픽, 포토갤러리, 데이터 시각화가 이뤄지는 경우가 상대적으로 많고 상호작용성도 강한 것으로 나타났다. 하지만 우리나라 언론사의 경우 이미지 확대와 같은 상호작용성(interactivity) 기능도 적고 설정된 프레임 사이즈도 작아 모바일에서의 독이성이 떨어지는 경우가 많다.

스마트 환경에서 뉴스는 정치, 경제, 문화 등과 같은 큰 분류보다 특정 주제별로 섹션을 손쉽게 구성할 수 있다. 이러한 구성은 〈허핑턴포스트〉의 한국어판에서 실행되고 있는 방식이기도 하다. 예를 들어 '더 많은 섹션' 아래 시의적인 다양한 이슈들이 목록으로 서비스되고 있다. 이밖에도 영상뉴스로 구성된 '비디오', 파격적이고도 풍자적인 표현들이 많은 '코미디'도 차별화된 뉴스 목록이라 할 수 있다. '코미디'에 있는 뉴스들은 단순한 오락적 차원을 넘어 사회성 높은 이슈들을 재치있게 다루는 경우가 많다.

향후, 모바일을 통한 뉴스 이용이 강화되면서 뉴스 제작과 전달 과정들이 다양한 방식으로 서비스될 것으로 예측된다. 비록 학문적으로 검증된 방식들은 아니라 할지라도 그 현황과 추이들을 지속적으로 모니터링하는 것은 매우 중요해 보인다. 디지털 시대 지식격차의 가능성이 너무나 크기에 선점효과로 인한 후발주자의 피해는 예상보다 클 수 있기 때문이다.

기사가 독자들에게 서비스되는 데 있어 모바일에 맞는 글쓰기와 편집체계도 필요해 보인다. 기존 웹 디자인을 모바일로 옮겨오는 수준이 아니라 모바일에 맞는 레이아웃과 기사가 도입되어야 한다. 이는 모바일 기기의 모니터 사이즈와 뉴스 이용 환경과 이용의도가 과거와는 다른 양상으로 나타나기 때문이다. 따라서 뉴스 전달력을 강화하고 이용자의 참여도를 높이기 위해 명료한 기사 구성, 메시지 형태의 다양화, 상호작용 극대화 등의 전략이 필요해 보인다. 또한 뉴스 제작 방식에서 시각화 프로그램이나 로봇에 의한 속보 활동도 언론사 특성에 따라 논의되어야 할 것이다.

앞으로 뉴스 사업자는 불특정 독자를 넘어 독자별로 차별화된 서비스를 제공하도록 노력하여야 할 것이다. 독자들의 뉴스 이용 분석을 체계적으로 파악할 수 있는 독자 분석 시스템을 갖추는 것도 고려할 필요가 있다. 단순히 기사 트래픽을 모니터링하여 편집에 활용하는 수준이 아니라 독자의 기사 이용 패턴을 읽어낼 수 있는 도구가 필요하다. 이를 활용하여 뉴스 소비 경향을 분석하여 독자 기호에 기초한 뉴스 서비스를 제공해야 할 것이다.

나아가 뉴스 생산과 유통 과정에서 독자의 참여를 끌어내는 것도 매우 중요하다. 〈허핑턴포스트〉의 경우 독자들은 뉴스 운영에도 참여한다. 부정적 댓글 삭제를 요청, SNS로 게시글 공유,

댓글 작성자와 네트워크 형성 등을 행하는 독자들을 분류하여 배지를 부여함으로써 자발적 참여를 독려하는 체계를 갖추고 있다. 함께 만들어간다는 인식이 오늘의 〈허핑턴포스트〉를 만들었다는 사실은 모바일 전략 수립에서 숙고되어야 할 부분이다.

한편 인터넷 포털업체들의 뉴스 제공 서비스도 변화되어 왔다. 가장 두드러진 변화가 뉴스 클러스터링(clustering) 도입이다. 이는 여러 언론사들이 동일한 주제의 기사를 만들어 낸 것을 한 개의 묶음으로 제시하는 방식을 말한다. 뉴스 클러스터링은 다양한 기사의 뉴스를 한 번에 확인할 수 있도록 서비스를 제공하는 방식이다. 이러한 방식은 과거 포털이 실시간 검색이나 주요 키워드에 맞춰 기사를 생산해내는 방식이 언론사들의 어뷰징(abusing)[37]을 초래했고 이를 방지하기 위한 대책으로 제시되었다.

하지만 새로운 시스템이 시작되었음에도 불구하고 일부 언론사들이 기사 중 제목과 본문에 다수의 키워드를 반복 삽입하는 경우가 지속적으로 발생하는 등 새로운 시스템에 맞춘 어뷰징도 나타나고 있다. 이로 인해 여전히 언론 생태계가 위협받고 있다는 시각이 팽배해 있다. 또한 클러스터링 기법이 '첫' 기사와 '주요' 기사를 걸러내지 못한다는 지적도 있다. 단순히 관련 기사들

37) 영어 어뷰징(abusing)은 오용, 남용 등을 의미하는 단어이다. 포털 사이트에서 언론사들이 자신이 제공한 기사에 대한 클릭수를 의도적으로 늘리기 위해 동일한 제목의 기사를 지속적으로 전송하거나 제목만을 수정한 기사를 내보내는 것 등을 말한다. 포털의 인기 검색어에 맞춘 기사 제공도 어뷰징의 사례라 할 수 있다. 이러한 현상이 발생하는 근본 원인은 트래픽이 언론사의 영향력 그리고 광고수입과 직결되기 때문이다.
포털 사이트는 검색어 서비스를 제공하지만 개인 정보 노출, 명예훼손, 범죄, 상업적인 악용, 음란성 등의 문제가 우려될 경우 삭제하고 있다. 삭제는 기계적으로 배제어를 적용하거나 자체적인 파악 또는 피해자의 신청 등을 통해 이뤄진다.

을 묶어주는 역할만 수행하여 기사의 가치에 대한 판단이 이뤄지지 않는다는 말이다.

어뷰징 기사를 정화하기 위한 전략들도 다양하게 논의되어 왔다. 먼저 뉴스 유형별 기사 제공도 한 방안으로 언급되고 있다. 특정 사안에 대해 한 언론사가 취재한 다양한 보도사진 기사들이 클러스터링 서비스에 제공된다면 상대적으로 다른 언론사의 기사가 노출될 가능성은 줄어들 수밖에 없다. 이러한 측면에서 다양하고 균형 있는 뉴스 제공을 위해서는 보도사진 기사와 일반 기사를 분리하는 것, 바이라인 제공, 관련 기사 총량제 등도 고려해볼 수 있다. 나아가 어뷰징 기사에 대해 언론중재위원회가 관여하는 경우 관련 내용을 상단에 배치하고 이를 공시하는 노력도 언론사의 자정노력을 자극하는 촉매제가 될 수 있다. 하지만 무엇보다 중요한 것은 언론사들이 스스로 자율규제를 강화하고 저널리즘 본연의 자세로 돌아가 시민들에게 책임 있게 봉사하려는 자세일 것이다.

4 Chapter

언론 법과 윤리의 이해

언론인은 언론 법을 알고 윤리의식을 가지고 기사를 작성하여야 한다. 그릇된 언론 활동은 뉴스 불신을 초래할 뿐만 아니라 소송 대상도 될 수 있다. 따라서 국민의 알 권리 충족 못지않게 책임 있는 공적 보도자세가 필요하다. 또한 국민들의 권리의식도 향상되었기에 공익과 사익을 비교형량하거나 보도 가능 여부를 판단해야 하는 언론인들의 부담도 늘어나고 있다.

디지털 기술로 인해 플랫폼이 다양화되면서 언론 영역도 확장되고 있다. 특히 포털이 뉴스 소비의 주된 매체가 되면서 이를 중심으로 한 법률적 책임도 논쟁적이었다. 서울고등법원[1)]은 언론매체의 핵심 기능은 취재, 편집, 배포와 관계되어 있으며 네이버도 밀접하게 관계되어 있다는 판결을 내린 바 있다. 이 판결은 디지털로 인해 새롭게 등장할 플랫폼이 언론매체로 인식될 수 있는지를 판단하는 유용한 지침일 수 있다.

네이버를 언론매체로 바라보는 시각에는 다음과 같은 세 가지 평가가 개입될 수 있다(김선호 · 박아란, 2017). 먼저 네이버는 여러 언론사와 제휴관계를 맺고 수많은 기사를 매일 독자에게 전달하면서 댓글 공간까지 제공하는 배포 기능을 가지고 있다. 포털의 이 기능은 기존의 어떤 매체보다도 월등한 것으로 평가받는다.

둘째, 포털이 언론사들의 기사를 분야별로 분류, 배치하는 편집 기능을 수행한다는 점이다. 심지어 알고리즘으로 뉴스를 선별, 배치하더라도 편집 기능을 벗어났다고 인정하기는 어렵다.

---

* 제4장은 구교태(2013)의 〈미디어글쓰기 원리와 실전〉에서 다룬 언론법과 윤리 이슈들을 토대로 최근 논의를 업데이트하였고 디지털 시대의 주요 이슈를 추가 · 보완하여 재구성하였음을 밝힌다.

1) 서울고등법원 2008. 1. 16. 선고 2006나92006 판결

왜냐하면 알고리즘 구성에는 포털 사업자의 가치기준이 반영되기 때문이다.

마지막으로 제휴 언론사들로부터 뉴스를 제공받아 게시하지만 이는 기존 언론사들이 뉴스통신사로부터 뉴스를 공급받아 게재하는 것과 비슷하기에 유사 취재 기능을 수행하는 것으로 평가될 수 있다. 이들 특성들이 포털을 단순한 뉴스 매개자나 전달자로 인식할 수 없는 이유이다.

포털을 언론매체로 바라보는 판결로 인해 포털의 분야별 뉴스에 배치한 기사가 명예훼손 내용을 가지고 있다면 언론사와 마찬가지로 법적 책임을 질 수 있다. 단순한 검색이나 접근 기능을 제공하는 것을 넘어 특정 내용을 전파한 행위이기에 불법행위에 대한 책임을 벗어날 수 없게 되었다. 따라서 피해자로부터 게시물에 대한 삭제 요구를 받았을 때는 물론 직접적인 요구가 없더라도 문제가 되는 게시물에 대한 관리, 통제가 필요하다. 나아가 상당기간 그러한 내용물에 대한 삭제 처리를 하지 않을 경우 부작위에 의한 불법행위로 평가받을 수도 있다.

시대적 흐름에 따라 법의 잣대도 일정 부분 변화되기에 언론관련 법률에 대한 지속적인 관심도 필요하다. 디지털 미디어가 활성화되면서 새롭게 주목받는 이슈들도 있다. 예를 들어 디지털 시대 개인의 의견개진이 활성화되면서 명예훼손 가능성도 높아졌다. 의견을 표현의 자유로 인정해야 한다는 주장은 '의견의 특권'으로 간주되어 부정적인 온라인 여론을 만드는 한 요인이 되기도 하였다. 하지만 표현의 절대적 자유에 대한 주장은 의견과 사실의 구분이 모호하여 나타나는 법적인 문제들을 간과한 측면도 있었다. 이로 인해 표현된 의견은 상상적인 표현(imaginative expression), 수사적인 과장(rhetorical hyperbole) 또는 강렬한 특성 묘사(vigorous epithet)에 한정되어 보호받는 것으로 마무리되었다.[2)]

의견은 정정이나 반론보도청구 대상이 아니다. 하지만 표현된 의견이 허위 또는 오류의 사실을 암시하는 경우에는 면책받기 어렵다. 물론 정정이나 반론청구도 가능하다(박용상, 2017). 이처럼 디지털 환경에서 바람직한 공적 글쓰기를 수행하려면 기존 언론법 관련 이슈들을 새롭게 점검해야 할 것이다.

따라서 이번 장의 제1절은 미디어 취재 및 보도와 관련된 주요한 법적 이슈들은 다루고 있다. 제2절은 취재보도의 자율 규제에 해당되는 윤리적 측면을 논의하고 있다. 법과 윤리 간에는 높은 상관관계가 존재한다. 언론윤리가 제대로 작동하지 않을 때 법률에 대한 요구가 커지기 때문이다.

제1절 글쓰기 관련 법률적 이슈

미디어 글쓰기를 수행하는 언론인은 취재원 보호를 위해 올바른 법률 지식을 가져야 한다. 이러한 법적 규정들은 언론 활동을 위축시킬 수 있는 여지도 있지만 공적 도구로서의 언론이 감내해야 할 부분이기도 하다. 언론법 가운데 '명예훼손', '초상권', '프

2) 1990년 미국 연방대법원의 말코비치 위증 비난 사건은 의견 면책 논리를 거부하는 판결을 내렸다(박용상, 2007).

라이버시권'은 언론 규제적 측면이 강하다. 그러나 언론 활동을 지원하는 법률도 존재한다. '취재원 비닉권', '정보공개법', '액세스권' 등은 언론의 자유로운 활동을 보장하는 대표적인 언론법이다.

1. 명예훼손

타인의 인격권을 침해하지 않는 언론 활동은 중요하지만 현장에서 이를 완벽하게 지켜내기란 쉽지 않다. 기자들은 인격권 보호에 늘 주의를 기울여야 하지만 이로 인해 취재 및 보도 활동이 위축되는 것(chilling effect)도 문제다. 따라서 올바른 언론 활동을 위해서는 이와 관련된 논의들을 살펴볼 필요가 있다.

명예는 생명, 신체와 함께 매우 중대한 보호법익이고 인격권으로서의 명예권은 물권의 경우와 마찬가지로 배타성을 가지는 권리이다. 따라서 사람의 품성, 덕행, 명성, 신용 등의 인격적 가치에 관하여 사회로부터 받는 객관적인 평가인 명예를 위법하게 침해당한 자는 손해배상(민법 제751조) 또는 명예회복을 위한 처분(민법 제764조)을 구할 수 있다. 또한 인격권으로서의 명예권에 기초하여 가해자에 대하여 현재 이루어지고 있는 침해행위를 배제하거나 장래에 생길 침해를 예방하기 위하여 침해행위의 금지를 구할 수도 있다.

박재선(2006. 4)에 따르면 명예훼손(defamation of character)[3]

3) 명예는 사람의 인격적 가치에 대한 사회적 평가이다. 형법상 명예훼손이 성립되려면 불특정 또는 다수인이 인지할 수 있는 상황에서 사실 또는 허위의 사실이 적시(摘示)되어야 한다.

이 성립되기 위해서는 뉴스의 내용이 피해자에 관한 것으로 인정되어야 하며(피해자 특정), 피해자의 사회적 평가를 떨어뜨릴 만한(사회적 평가 저하) 구체적인 사실의 적시(구체적 사실 제시)가 있어야 한다.

과거 명예훼손이 인정되는 집단의 크기는 두 자리 숫자에 그쳤었지만 최근에는 대상의 숫자가 증대되는 양상이다. 2010년 국회의원의 여자 아나운서 비하 내용이 언론을 통해 보도되면서 한국아나운서협회에 등록된 여성들이 모욕죄로 고소하는 사건이 벌어졌다. 피고인은 유죄에 대해 구성원의 수가 많고 변화 가능성이 있는 아나운서 일반을 지칭하였기에 피해자가 특정되지 않았다는 이유로 무죄를 주장하였다. 그러나 항소심은 다음과 같이 명예훼손 성립을 판결하였다.

이 사건 피해자들은 공중파 아나운서들로 구성된 한국아나운서협회에 등록된 회원들로서 등록을 통하여 그 경계가 분명하고, 특정되어 이 사건 발언은 여성 아나운서들 집단의 개별 구성원, 적어도 한국아나운서협회에 등록되어 있는 회원들인 이 사건 피해자들에 대한 사회적 평가를 저하시킬 위험성이 있는 경멸적 표현에 해당한다고 할 것이다(서울서부지방법원 2011. 11. 10. 선고 2011노529 판결).

위 판결은 대상 집단의 구성원 수가 명예훼손 성립의 중요한 기준이 아님을 시사한다. 앞으로는 집단의 경계가 있고, 특정할 수 있는 경우 비록 수백 명이 넘는 다소 큰 규모의 집단도 '집단 표시에 의한 명예훼손'을 인정할 가능성이 높아졌다.

보도내용이 공공성과 진실성을 갖춘 경우라면 명예훼손적인 성격이 있더라도 위법성이 소멸되어 법적 책임을 지지 않는다. 여기서 명예훼손이 성립되는지 여부와 명예훼손으로 법적 책임을 지는지는 구분되어야 한다.[4)]

기자가 익명으로 기사를 작성하더라도 독자나 시청자들이 주변 상황을 종합하면 기사나 영상에 등장한 사람을 알 수 있고 많은 사람이 이 사실을 안다면 피해자는 특정된다. 예를 들어 “S방송사의 수목드라마에 출연 중인 미스코리아 출신의 L양(25세)이 금융사기에 관여되었다는 소문이 있다.”를 접한 독자가 주변 정황과 이니셜을 종합하여 그녀가 누구인지 아는 경우 피해자는 특정될 수 있다. 따라서 익명으로 보도한 경우 명예훼손이 모두 부정되는 것은 아니다.[5)]

그러나 앞서 언급된 L양이 사기혐의로 검찰에 소환되어 수사 중이라는 사실을 보도한 경우라면 객관적인 사실을 보도하였기 때문에 명예훼손 문제에서 자유로울 수 있다. 사실에 대한 기자의 의견이나 논평도 위법하지 않다. 하지만 의견 표명이 인신공격에 해당된다면 불법으로 인정되어 손해배상의 대상이 될 수 있다.

다른 언론사의 보도 내용을 지적할 경우 철저한 확인 과정은 필수적이다. 과거 미국산 쇠고기의 광우병 위험을 보도했던 방송

---

4) 특정 언론사의 인격권 보장은 다른 언론사의 언론 자유를 제약하는 결과를 초래할 수 있어 언론사간 감시와 비판 기능은 그것이 악의적이거나 현저히 상당성을 잃은 공격이 아닌 한 제한되지 않는다(대법원 2012. 11. 15., 2011다86782 참조).

5) 익명보도의 경우 소송이 신중하게 제기될 수 있고, 법원이 위자료를 계산할 때 이를 참작할 수 있다(박재선, 2006. 4).

사의 내용이 허위 또는 과장됐다는 취지의 보도를 한 언론사는 해당 방송사에 4,000만 원을 배상하라는 판결을 받은 바 있다. 1심 재판부는 명예훼손에도 불구하고 기사의 공익을 근거로 손해배상청구 소송을 기각했지만 2심에서는 기자가 아무런 추가 취재 없이 막연한 주장만 믿고 기사를 작성했다는 점을 지적하며 손해배상을 판결하였다. 혐의사실의 진실성을 뒷받침할 충분한 취재를 해야 한다는 주의 의무를 다하지 않았다는 것이 판결의 요지였다.

언론은 국민의 알 권리 충족을 근거로 재판 전 피의사실들을 적극적으로 보도하는 경향이 있다. 그러나 재판이 열리기 전 검찰의 일방적 주장을 사실처럼 보도하면 무죄추정의 원칙과 공판중심주의를 훼손하는 것이다. 또한 보도 후 반대되는 정보가 나와 기존 정보가 잘못된 것으로 판정된다면 명예훼손 소송도 제기될 수 있다.

대중매체의 범죄사건 보도는 공공성과 관련된 측면도 있다. 사회적 대책을 강구하는 등 여론형성에 필요한 정보를 제공하는 측면도 있기 때문이다. '공공성과 진실성' 또는 '공공성과 영향성'이 인정될 경우 언론은 법적 책임으로부터 자유롭다. 특히 범인이나 범죄 혐의자가 공적 인물이면 실명이나 초상의 보도 등 신원 공개도 가능하다.

그러나 범죄사건 보도가 공적 인물이 아닌 평범한 시민과 관련될 경우 범인이나 범죄 혐의자에 대한 신원 공개는 불법이기에 익명보도가 원칙이다.[6] 대법원은 원고 등이 공적 인물이 아닌 평

6) 실명보도의 기준으로서 법원은 "신원 명시의 가부를 결정함에 있어서는 범인이 공적 인물인지의 여부, 범죄사건의 중요성, 배경 또는 비범성 등을 고려하

범한 시민인 경우 언론사가 범인이나 범죄 혐의자에 대한 신원까지 보도하는 것은 정당하지 않다는 입장을 밝혀왔다(대법원 1998. 7. 14. 선고 96다17257 판결). 이는 언론의 범죄사건 보도가 공공적인 성격이 있음을 인정하면서도 "범죄 자체를 보호하기 위하여 반드시 범인이나 범죄 혐의자의 신원을 명시할 필요가 있는 것은 아니다."라는 입장이다. 즉 범죄에 대해 아는 것은 정당할지라도 그 범인이 바로 원고라는 것까지 알아야 하는 것은 아니라는 것이다.

2018년 3월 대구지방경찰청 홍보담당관실에서 작성한 보도자료 상단에는 제공되는 정보가 가져올 명예훼손적인 부분에 대한 기자들의 주의를 당부하는 다음 내용이 소개되고 있다. 보도자료 내용은 혐의일 뿐이라는 무죄추정의 원칙을 적용하고 피의자를 특정하지 않음으로써 관련자의 명예를 훼손하지 않으려는 예방 조치라 할 수 있다.

> 이 자료는 국민의 알 권리, 범죄예방 등 공익을 위한 보도목적으로만 사용할 수 있습니다. 공개되는 사실은 혐의일 뿐 확정된 사실이 아닙니다. 개인이나 단체를 특정할 수 있는 성명, 직업, 주소, 상호 등은 보도되지 않도록 특별히 주의하시기 바랍니다.

사고 관련 보도에서도 피해자들의 사생활과 인격을 보호하기 위한 노력이 중요하다. 특히 사고 관계자가 일반인이라면 더욱

여 개인의 익명성에 대한 이익과 공공의 정보의 이익을 비교형량하여야 할 것"을 명시하고 있다(서울고법 1996. 2. 27. 선고 95나24946 판결).

주의해야 한다. 예를 들어 2013년 3월 10일 발생한 산불 관련 보도자료에서 해당 경찰청은 사상자에 대한 정보를 '사망 1명 안00(80세, 남), 포항 00동' 등으로 표현하고 있다. 부상자에 대해서도 '김00(81, 남)' 등의 형태로 피해자에 대한 정보를 약식으로 제공하였다. 이는 정보노출로 인해 관련자들이 경험할 수 있는 피해를 최소화시키기 위한 것이다.

언론보도로 인한 명예훼손 피해자는 언론사를 상대로 언론중재법에 있는 손해배상청구, 정정보도청구, 반론보도청구, 추후보도청구를 행사할 수 있다(박재선, 2006. 8). 손해배상청구는 인격권을 침해당한 피해자가 언론사를 상대로 불법행위로 인한 손해에 대하여 금전적 배상을 요구하는 것이다. 기사를 작성한 기자 개인에 대한 손해배상청구는 언론중재위원회의 조정·중재로 구제받을 수 없고 법원 소송을 통해 가능하다. 언론중재법이 아닌 민법상의 손해배상청구권을 행사하여야 한다. 손해배상책임을 면하려면 언론은 가능한 한 공식 발표에 근거하여 취재 보도해야 한다. 특히 피의사실이 진실이라고 믿을만한 신뢰도 높은 취재원을 확보하여 보도하려는 자세가 중요하다.

정정보도청구는 보도된 내용의 전부 또는 일부가 진실하지 아니한 경우 이를 바로잡아 줄 것을 요청하는 조치이다. 이는 언론보도가 진실하지 않은 경우에 허용된다. 따라서 정정보도를 청구하려는 자는 해당 보도가 사실적 주장에 관한 것인지 단순한 의견표명인지를 확인할 필요가 있다.

언론중재법은 정정보도청구에 대해 언론사가 고의 또는 과실로 위법을 행하였는지를 묻지 않는다. 잘못된 부분이 있다면 언론사가 손해배상책임을 벗어나더라도 정정보도를 하여야 한다.

이는 공공 이익을 위해 언론의 자유가 지켜져야 하지만 진실이 훼손되어 타인의 권리를 침해하는 것은 문제라는 시각에서 비롯되었다.

반론보도청구는 사실적 주장에 관한 보도로 피해를 입은 자가 그 보도내용에 관한 반론보도를 언론사에 청구하는 것이다. 보도에서 언급되었거나 관계된 자는 보도에 대해 자신의 반론을 실어달라고 주장할 수 있다. 예를 들어 특정 혐의에 대한 보도가 있었다면 해당 관계자는 이를 부인하기 위한 반론을 제기할 수 있다.

한편 언론을 통해 범죄혐의가 있거나 형사상의 조치를 받았다고 보도되거나 또는 공표된 자는 자신에 대한 형사절차가 무죄판결 또는 이와 동등한 형태로 종결된 경우 추후보도 게재를 청구할 권리를 가진다. 무죄판결을 받은 경우 판결 선고일로부터 3개월 이내에 청구하여야 한다. 무혐의처분 등의 불기소처분을 받았다면 불기소처분 통지서가 본인에게 송달된 때로부터 3개월 이내 행사할 수 있다.

디지털 시대로 인해 인터넷 매체를 상대로 한 기사삭제청구 비율도 매년 증가추세를 보이고 있다. 피해구제 방법으로 기사삭제청구는 2014년 2.9%, 2015년 5.5%, 2016년 6.4% 등 지속적으로 늘어나고 있다. 이는 주로 다른 피해구제 방법과 병합해 진행되고 있다.[7)]

7) 기사삭제청구는 인격권 침해를 이유로 한 방해배제청구권으로서 기사삭제청구의 당부를 판단할 때는 그 표현내용이 진실이 아니거나 공공의 이해에 관한 사항이 아닌 기사로 인해 현재 원고의 명예가 중대하고 현저하게 침해받고 있는 상태에 있는지를 언론의 자유와 인격권이라는 두 가치를 비교 · 형량하면서 판단된다(대법원 2013. 3. 28. 선고 2010다60950 판결 참조). 대법원

2. 초상권

언론보도에서 타인의 초상을 사용할 경우 초상 주체의 동의가 필요하다. 초상 주체의 동의 없이 촬영된 사진이나 영상은 초상권과 프라이버시권을 침해할 가능성이 있다. 초상권(right of likeness)은 사람이 자기의 초상[8]에 관하여 함부로 촬영되어 공표되지 아니하며 광고 등에 영리적으로 이용되지 아니할 인격적, 재산적 권리를 말한다. 박재선(2006. 5)에 따르면 초상권 내용에는 초상을 함부로 촬영, 작성되지 아니할 권리(촬영·작성거절권), 촬영된 사진 또는 작성된 초상이 함부로 공표 또는 복제되지 아니할 권리(공표거절권), 초상이 함부로 영리에 이용되지 아니할 권리(초상영리권)를 포함하고 있다.

사회적 물의를 일으킬만한 중대한 불법적 행위를 포착한 공익적 언론 활동은 통상적으로 인정되지만 비밀 녹음이나 몰래카메라를 이용한 단순취재는 법적 제재를 받을 수 있다. 뉴스 보도에서 공적 또는 시사적 인물의 초상권 보호는 다소 제한적으로 적용된다. 그러나 불법 녹음된 타인의 대화 내용을 공개하는 것은 통신비밀보호법 위반으로 기소될 수 있다. 물론 보도 목적의 정당성, 법익의 균형성, 수단의 상당성 및 비례성 등의 요건을 모두 충족하여 위법성이 조각된다고 판단될 경우 무죄판결을 받을 수

의 판결은 법률에 명문 규정은 없지만 허위 기사에 대한 삭제청구권도 인정된다는 의미였다. 심지어 명예훼손으로 형사고소했다가 혐의없음 처분을 받았거나 민사상 손해배상청구를 했다가 기각된 경우라도 해당 기사의 삭제를 청구하는 것은 인용될 수 있다는 판결이다.

8) 사람의 얼굴 또는 사회 통념상 특정인임을 식별할 수 있는 신체적 특성을 말한다.

도 있다.[9)]

비록 개인 정보에 대한 자기결정권을 침해할지라도 그 내용이 극히 중대한 공적인 사항에 관련되고 정당한 공중의 관심 대상이라면 언론은 이를 보도할 수 있다. 그러나 중대한 공익상의 필요에 의하여 불법적인 정보공개가 허용되더라도 언론기관은 권리침해를 최소화하기 위한 노력을 기울여야 한다. 공익적 이익을 위해 불법 녹음한 내용을 보도할 수는 있지만, 전문을 개재한다면 유죄가 인정될 수도 있다. 공중의 정당한 관심사와 관계없는 내용을 보도함으로써 개인의 기본권 침해를 최소화하려는 충분한 주의와 노력을 기울이지 않았기 때문이다.

비록 통일된 정의는 없지만 일반적으로 공인(public figure)은 공직자(public official), 전면적(pervasive) 공인, 제한적(limited) 또는 논쟁적(vortex) 공인으로 분류될 수 있다(박재선, 2006. 5). 공인이라 하더라도 유명인의 초상을 상업적으로 사용한다면 재산권적 성격인 배포권(publicity)을 침해하는 것일 수 있다.

공직자는 정부의 중요 정책 결정자, 선출직 공직자나 후보자, 검찰/경찰/군 고위 간부 등을 지칭한다. 이런 측면에서 하위직 공무원은 공인으로 간주하기 어렵다. 전면적 공적 인물은 유명인사로서 프로선수, 연예인, 대기업 총수 등을 의미한다. 그 사람이 사회에 대해 가지는 영향력이나 매체에 대한 접근 가능성을 고려하여 판단될 수 있다. 마지막으로 논쟁적인 공적 인물은 공인이나 유명인은 아니지만 공적 논쟁에 관계되면서 인지도가 올라간 인물을 말한다. 그러나 범죄 혐의를 받고 있는 피의자는 이 범주

9) 조각사유란 위법성을 깨뜨리는 사유, 위법성을 없게 하는 사유라는 뜻이다. 위법성조각사유, 책임조각사유 모두 같은 의미로 사용된다.

에 속하지 않는다.

공인과 달리 일반인의 초상 사용은 대다수 불법인 경우가 많다. 하지만 풍경, 날씨, 관중석, 집회나 시위, 스케치 사진 등에서 사용된 초상은 한 장면 또는 장소에서 부수적인 것으로 인정되어 초상권 보호 대상이 아니다. 사건·사고 현장의 촬영에서도 초상 사용이 대부분 가능하지만 사생활 침해가 될 수 있는 장면이 있다면 자제하거나 모자이크 처리하는 것이 관례이다. 이는 사건 현장들의 끔찍한 사진이 사고 피해자들의 프라이버시권을 침해할 수 있기 때문이다.

3. 프라이버시권

프라이버시권(right of privacy)은 개인이 자신의 의사에 반해 개인 생활의 비밀이 함부로 공표되지 아니할 권리를 의미한다.[10)]프라이버시권은 다음과 같은 네 가지 유형의 행위를 불법으로 보고 있다. ① 개인의 사생활이나 평온을 침해하는 것, ② 난처한 사적 사실을 공개하는 것, ③ 개인에게 부당한 대중적 주목을 받게 하는 것, ④ 개인의 이름이나 유사성을 타인이 자신의 이익을 위하여 사용하는 것 등이다. 앞의 세 유형은 자신을 대외적으로

10) 우리 「헌법」 제10조는 "모든 국민은 인간으로서의 존엄과 가치를 가지며, 행복을 추구할 권리를 가진다."라고 명시하고 있으며, 같은 법 제17조는 "모든 국민은 사생활의 비밀과 자유를 침해받지 아니한다."라고 규정하고 있다. 사람은 개인 사생활의 비밀을 함부로 타인에게 공개당하지 아니할 법적 이익을 가진다는 것을 의미한다. 따라서 언론사는 공공의 이해와 관련되어 공중의 정당한 관심의 대상이 아니라면 개인 사생활을 비밀로서 보호하여야 한다. 이를 부당하게 공개하는 것은 불법행위이다(대법원 1998. 9. 4. 선고 96다11327 판결 참조).

노출하지 않거나 자신이 원하는 방법으로 외부에 자신을 표출할 수 있는 기본권적인 성격이 강하다. 네 번째는 자신의 이름이나 유사성을 대외적으로 판매할 수 있는 권리와 관계된다. 자신의 이름이나 모습이 상품성을 가지는 유명인에게는 중요한 권리라 할 수 있다. 이러한 권리를 좀 더 적극적으로 해석하여 초상, 이름, 목소리 등의 사용을 독점하는 권리를 보호해야 한다는 주장은 퍼블리시티권(right of publicity)으로 다뤄지고 있다.[11] 그러므로 퍼블리시티권은 광의의 프라이버시권에 속하는 개념이라 할 수 있다.

박재선(2006. 7)은 다음과 같은 보도 사례들을 통해 프라이버시권 침해 문제를 설명하고 있다. '미혼인 여성 연예인이 재벌 2세와 동거한다는 사실 또는 숨겨둔 자식이 있다고 보도'하거나 '유명인사의 자식이 배우자의 아이가 아니라 혼외정사에 의하여 낳은 아이라는 소문을 보도'한 경우는 문제가 될 수 있다. 관련 내용들은 내밀영역, 비밀영역에 해당되기에 일반에 노출되어서는 안 될 사적 비밀에 관한 사항들이기 때문이다.

특히 성폭력 사건 피의자, 처참한 사고 피해자, 청소년 관련 범죄, 환자 관련 보도 등에서는 이들에 대한 사생활 침해가 발생하지 않도록 각별한 주의가 요구된다. 개인의 사생활을 엿보고자 하는 관음증적 보도 태도는 피해자에게 정신적 고통을 수반할 수도 있다는 점을 명심하여야 한다.

공인의 경우 그 보도 내용이 일부 사람의 호기심이 아닌 '공중

11) 미국의 경우 퍼블리시티권의 법적 성격은 재산권으로 인정되며 주에 따라 양도성과 상속성도 인정되고 있다. 우리나라의 경우 재산권으로 보는 입장과 인격권으로 보는 입장이 혼재되어 있다.

의 정당한 관심'의 대상이 된다면 사생활이라도 공개가 가능하다. 예를 들어 '국회의원이 배우자가 아닌 여인과 호텔방에서 바람을 피웠다는 사실을 보도하는 경우'와 '인기 연예인이 올 가을에 결혼한다는 보도'는 공적인 부분에 영향을 미치는 내용일 수 있다. 첫째 보도는 국회의원이 품위유지 의무를 위반했다는 범죄 측면에서 다뤄질 수 있다. 또한 인기 연예인의 결혼도 공중의 정당한 관심사로 인정될 수 있다. 그러나 결혼에 대한 보도가 진실이 아닌 경우에는 허위보도가 될 수 있다.

이밖에도 기자의 취재 욕심이 과하여 불법적으로 자료를 취득하는 과정도 문제가 될 수 있다. 미디어 기술의 발달로 몰래카메라 설치와 촬영이 용이해져 이로 인한 피해도 증대되는 추세이다. 시사 고발성 탐사보도 프로그램의 경우 몰래카메라 기법을 사용하지 않고는 제작이 어려운 점도 있지만 불법적인 도청을 통해 정보를 수집한 경우 심각한 법적 문제에 직면할 수 있다.

「통신비밀보호법」 제3조는 "누구든지 이 법과 형사소송법 또는 군사법원법의 규정에 의하지 아니하고는 우편물의 검열·전기통신의 감청 또는 통신 사실 확인 자료의 제공을 하거나 공개되지 아니한 타인간의 대화를 녹음 또는 청취하지 못한다."라고 규정하고 있다. 그리고 제16조는 이를 위반하는 자는 10년 이하의 징역과 5년 이하의 자격정지에 처함을 밝히고 있다.

4. 취재원 비닉권[12)]

취재원의 비밀을 보호한다는 것은 익명으로 커뮤니케이션할 권리를 허용한다는 의미이다. 언론 취재 활동은 공식채널을 통해서만 이뤄지는 것은 아니다. 자신의 신분을 숨기고 정보를 제공하려는 많은 시도들이 존재하기 때문이다. 특히 비민주적 사회라면 취재원을 보호하기 위한 언론의 노력은 매우 중요하다. 이러한 측면에서 취재원 보호법은 언론과 표현의 자유 그리고 권력기관에 대한 언론의 감시와 견제 기능을 보장하기 위한 필수 조건에 해당된다(최진봉, 2015).

언론이 가지는 표현의 자유를 보장하기 위해서는 취재원과 취재물의 보호가 무엇보다 중요하지만 여기에도 예외가 있다. 미국에서는 기자가 명백하게 범죄 관련 정보를 가지고 있으며, 그 정보가 표현의 자유를 침해하면서까지 획득할 만큼 중대하며, 그 정보를 통해 얻는 사회적 이익이 압도적으로 우세할 때 취재원 공개를 허용하고 있다.

우리나라의 경우 취재원 보호를 명문화한 법은 1980년 12월에 제정된 언론기본법이다.[13)] 하지만 1987년 이 법이 폐지되면서 언론 자유와 독립에 관한 내용들은 「언론중재 및 피해구제 등에 관

12) 취재원의 비밀을 은닉해주는 권리를 말한다. 이 권리는 일명 방패법(Shield Law)으로 알려져 있다. 이는 취재원 신분 노출에 대한 수사당국의 요구를 언론이 방패처럼 막아준다는 의미로 해석되기 때문이다. 미국에서 취재원 보호법인 방패법이 최초로 제정된 것은 1896년이며 메릴랜드 주에서다.

13) 언론기본법 제8조 제1항은 “언론인은 공표 사항의 제보자 등의 신원이나 공표 내용의 기초가 된 사실에 관하여 진술을 거부할 수 있다.”라고 언론인의 진술거부권을 밝히고 있다. 또한 제8조 제2항에서도 “기사 내용에 기초가 된 사실을 확인 또는 수사할 목적으로 압수·수색할 수 없다.”라고 명시하고 있다.

한 법률」 등으로 흡수되었지만 취재원 보호 관련 규정은 조문화되지 못하였다(최진봉, 2015). 이러한 법적 규정 미비는 언론사의 압수수색이나 언론과 표현의 자유를 침해하는 빌미가 되었다. 수사기관의 언론사 압수수색이 여러 차례 있었던 것도 이와 무관하지 않다. 정부를 비판하고 견제하는 언론사와 언론인들을 대상으로 한 수사는 결국 언론의 자유와 표현의 자유 침해로 이어질 수 있다는 인식이 필요하다.

1974년 미국 닉슨 대통령이 사퇴하게 된 워터게이트 사건은 〈워싱턴 포스트〉의 두 기자가 딥스롯(deep throat)으로 불린 익명의 취재원을 통해 획득한 정보로부터 비롯되었다는 점은 널리 알려져 있다. 해당 기자들은 31년 동안이나 취재원의 신원을 밝히지 않았다. 이러한 취재원 보호 원칙은 다양한 취재원들이 언론을 통해 진실을 밝히고자 하는 동기가 될 수 있다. 취재원의 익명성이 보장되지 않는다면 언론자유가 위축되는 효과(chilling effect)가 나타날 수 있다. 따라서 취재원의 비밀을 보호하여 언론에 대한 신뢰도를 높이고 이를 통해 자유롭고 책임 있는 언론 활동이 이뤄져야 할 것이다.

5. 정보공개법

언론인이 정보 수집을 위해 국가 정보에 접근할 수 있는 법률적 근거가 정보공개법이다.[14] 정보에 대한 인간의 자유를 표명한 최초의 문건은 1948년 12월 공표된 '세계 인권 선언'이라고 한다.

14) 우리나라는 1996년 「공공 기관의 정보공개에 관한 법률」이라는 이름으로 정보공개법을 제정·공포하고 1998년 1월 1일부터 시행하고 있다.

이 법은 일반 국민이면 누구나 국가가 보유, 관리하고 있는 정보의 공개를 청구할 수 있어야 한다고 주장한다. 이 법의 취지는 「공공기관의 정보공개에 관한 법률」 제1조에 제시된 것과 같이 국민의 알 권리를 보장하고 국정에 대한 국민의 참여와 국정 운영의 투명성을 확보하는 데 있다.[15)]

알 권리는 정보 기기의 이용을 통하여 정부와 국민 사이, 국민과 국민 사이의 의사소통을 촉진시키는 기능을 담당한다. 이를 통해 일반인의 정치적 무관심을 타파하고 공공 문제에 대한 다양한 표현과 참여를 유도할 수 있다(지성우, 2015). 이는 민주주의의 토대이기도 하다.

알 권리는 정보를 수령, 수집하거나 정보공개를 청구할 수 있는 헌법상의 권리이다. 비록 성문화가 된 것은 아니지만, 이는 「헌법」 제1조에 규정된 국민주권주의, 제21조 언론 출판의 자유, 제10조 인간으로서의 존엄과 가치, 제34조 제1항의 인간다운 생활을 할 권리와도 관계있다.

알 권리를 위한 정보공개청구권(freedom of information)이 적용되지 않는 분야도 있다. 국가의 중대한 이익을 현저히 해칠 우려가 있는 국가안전보장 및 외교관계 정보나 진행 중인 재판 관련 정보 등이 대표적인 예라 할 수 있다. 그러나 예외조항의 입증 주체가 누구인지는 여전히 논란이 되고 있다. 언론기관인지 피청구권자인지에 따라 권리의 활용 가능성이 달라질 수 있다.

한편 정보공개 운동은 대규모 문서, 복잡한 문서, 혹은 대량의

15) 공공기관은 정보공개청구를 받으면 그 청구를 받은 날부터 10일 이내에 공개 여부를 결정하여야 한다. 만약 부득이한 사유가 있을 경우 추가적으로 10일의 범위에서 결정할 수 있다. 이 경우 해당 기관은 연장된 사실과 연장 사유를 청구인에게 지체 없이 문서로 통지하여야 한다.

구조화된 데이터를 활용할 수 있는 기술을 필요로 한다. 데이터를 처리할 능력은 데이터 저널리즘[16] 강화를 의미하기도 한다. 특히 디지털 시대가 되면서 대량의 데이터를 시각적으로 처리할 수 있는 빅데이터(Big Data) 분석 기법들도 보편화되고 있다. 디지털 시대의 언론인들은 방대한 양의 데이터로부터 의미 있는 정보를 추출하여 독자들에게 복잡한 세상을 효과적으로 설명할 수 있도록 노력해야 한다. 최근 한국언론진흥재단의 빅카인즈(BigKinds) 서비스는 기사들에 대한 체계적 분석을 수행할 수 있는 효과적인 도구로 인식되고 있다.

6. 액세스권[17]

액세스권(right to access to media)은 엄밀히 말하면 언론에 대해 행사할 수 있는 국민의 권리이다. 이는 국민이 원하는 정보를 언론에 요구하고 자신의 사상이나 의견을 발표할 수 있는 권리를 의미한다(일명 매체이용권). 이 법의 출발은 미국의 미디어 법학자인 배론(J. A. Barron)의 논문에서 비롯되었다. 그에 따르면 '사상의 자유시장'은 국가 권력뿐만 아니라 언론 독과점에 의해서도 왜곡될 수 있다. 그래서 언론 기관에 대한 시민들의 액세스권이 보장되어야 하며, 이를 토대로 표현의 자유도 확대될 수 있다고 보았다.

16) 데이터 저널리즘이란 용어는 2010년 팀 버너스 리(Tim Berners Lee)가 데이터 분석이 저널리즘의 미래라고 주장하면서 확산되었다.

17) 알 권리는 일반적으로 접근할 수 있는 정보를 받아들이고 취사선택할 수 있는 소극적 자유의 권리 그리고 여론형성에 필요한 정보를 적극적으로 수집할 수 있는 적극적인 자유의 권리로 구분될 수 있다.

결국 액세스권은 미디어가 거대화되고 독점화되는 상황에서 소외된 시민들의 정보 주권을 회복시키려는 조치로 이해될 수 있다. 액세스권을 통해 국민의 알 권리(right to know)가 확대될 가능성도 있다. 이러한 권리는 언론에 의견광고나 반론(反論)을 게재 또는 방송하도록 요청하는 권리나 미디어에 대해 비판, 항의, 요구할 수 있는 권리 등으로 폭넓게 활용되고 있다.

7. 저작권[18)]

저작권은 문화발전을 위해 생각이나 감정을 표현한 창작자의 결과물을 보호하고자 만들어졌다. 어떠한 사실(fact)보다 사실이 표현(expression)된 것을 중심으로 저작권이 보호된다. 이를 고려하면 뉴스 자체는 저작권 보호 대상이 아닌 것처럼 해석될 수 있다. 그러나 기자는 발생한 사실을 자신의 방식으로 표현하여 전달하는 경우가 많아 저작권 보호 대상이 될 여지가 높다. 예를 들어 언제 어디서 회담이 열렸다는 뉴스는 사실보도로서 저작권에서 제외될 수 있지만, 회담 전망이나 분위기에 대한 기자의 관점이 기사에 포함된다면 하나의 저작물로 인정된다. 특히 사설, 칼럼, 논평 등과 같이 저자의 주관과 의견이 가미된 피처 뉴스들은 저작물로 인정될 가능성이 매우 높다.

18) 저작자가 갖는 권리는 크게 저작인격권과 저작재산권으로 구분된다. 저작인격권은 저작자의 명예와 인격을 보호하는 권리를 의미한다. 여기에는 저작물을 공표할 권리(공표권), 이름을 표시할 권리(성명표시권), 저작물의 내용과 형식에서 동일성을 유지할 권리(동일성 유지권)가 들어있다. 저작재산권(economic right)은 저작자가 자신의 저작물에 대해 가지는 재산적 권리를 의미한다. 이는 복제권, 공연권, 공중송신권, 전시권, 배포권, 대여권 등 경제적인 권리로 이뤄져 있다.

사실만을 보도한 경우라도 부정이용의 원리(doctrine of misappropriation)에 의해 저작권 침해가 인정될 수도 있다. 이대희(2008)에 따르면 언론사 A가 어느 지역에서 배포한 뉴스를 B라는 언론사가 A의 뉴스에 포함된 사실을 바탕으로 A보다 먼저 다른 지역에 제공하는 경우가 이에 해당된다. 사실은 보호되지 않는다는 규칙에 대한 예외로서 'hot news doctrine'과 유사하다. 정보가 시간에 민감하다는 의미인 'hot news'는 사실과 마찬가지로 저작권으로 보호될 수 없는 것처럼 보이지만 부정이용의 원리에 의해 보호될 수 있다는 원칙이다.

미국 판례에 의하면 'hot news doctrine'이 적용되기 위해서는 ① 원고가 일정한 비용으로 정보를 창출 및 수집하고, ② 정보가치가 시간에 매우 민감하여야 하며, ③ 피고가 정보를 사용함으로써 원고가 정보를 창출하거나 수집한 노력에 무임승차하며, ④ 피고가 정보를 사용함으로써 원고가 제공한 상품이나 서비스와 직접적으로 경쟁하며, ⑤ 원고의 노력에 무임승차하여 원고가 제품이나 서비스 생산 동기를 감소시켜 그 존재나 품질이 상당한 위협을 받는 경우에 한정된다.

위 논의들은 지상파 3사와 JTBC 간 소송을 통해서도 확인될 수 있다. 2014년 3월 지방파 3사는 공동예측조사 위원회를 구성하여 6.4지방선거 결과를 예측하기 위한 '당선자 예측 출구조사'를 실시한 바 있다. 그런데 조사 관계자가 영업비밀 보호 의무를 어기고 관련 내용을 유출하였고 JTBC 기자가 이를 입수하여 보도한 사건이 발생하였다. JTBC는 이날 오후 6시 정각 4개 광역단체장에 대한 자체 예측조사 결과를 발표한 뒤 6시 49초부터 '지상파 출구조사'란 타이틀로 서울시장 후보에 대한 예상득표율을 공개했는데, 이는 MBC 뉴스보다 3초 정도 늦은 시점이었다. 심지어 KBS와 SBS는 일부 지역에서 JTBC보다 조사결과를 늦게 공개하기도 하였다. 이에 지상파 3사는 출구조사에 소요된 비용 전액을 요구하는 민사 소송을 제기하였다.

손해배상청구 소송에서 대법원은 "선거 당선자 예측조사 결과는 지상파 3사의 투자와 노력으로 만들어진 성과"라며 투표 종료 후 공표해야 정보가치가 높은 예측조사 결과를 방송사의 동의 없이 방송사와 거의 동시에 공개한 행위는 사회적으로 용인될 수 없다고 판시하였다. 형사 재판에 대해서도 재판부는 JTBC가 자료 출처를 지상파 3사로 밝혔더라도 이는 공정 거래 질서에 반하는 불법행위이자 영업비밀 침해행위에 해당된다고 판시하였다. 2심 재판부도 JTBC가 방송사에 손해배상금을 물어야 한다는 원심을 유지했다. 그러나 JTBC 예측조사 결과 상당부분을 지상파 3사 발표 이후에 보도했고 해당 수치가 '지상파 출구조사 결과'임을 명확히 밝혔다는 점 등을 고려하여 배상액을 절반으로 낮춘 바 있다.

결국 사실 정보에 대한 접근이 제한되는지 여부는 그 정보가 일반인의 공유 영역(public domain)에 들어갔는지에 따라 결정될 수 있다. 공유 영역에 들어가기 전에 권리자는 정보에 대한 재산권을 가지지만, 공유 영역에 들어간 경우 저작자의 권리는 상당히 제한되거나 존재하지 않을 수 있다. 방송에서 이뤄지는 스포츠 경기에 대한 포털에서의 문자중계 사례가 이에 해당된다. 경기 내용을 기사화하더라도 저작권에서 벗어날 수 있다.

디지털 시대로 진입하면서 링크를 통한 추가적 정보제공이 저작권을 침해(복제권이나 공중송신권)하는지에 대한 논란도 있었다. 하지만 대법원은 인터넷 링크(internet link)가 링크하고자 하는 웹페이지나 웹사이트 등의 서버에 저장된 개개의 저작물 등의 웹 위치 정보나 경로를 나타낸 것에 불과하다고 판시하였다. 비록 인터넷 이용자가 링크 부분을 클릭함으로써 링크된 웹페이지나 개개의 저작물에 직접 연결된다 하더라도 링크 행위가 저작권법이 규정하는 복제 및 전송에 해당되지 않는다고 판결한 바 있다.[19] 따라서 언론사들은 디지털 환경에 맞게 링크를 포함한 기사 구성을 적극적으로 시도해볼 필요가 있다.

일반적으로 대다수의 기사는 언론사 소속 기자들에 의해 작성된다. 이러한 경우, 기자가 소속된 언론사가 뉴스에 대한 저작권을 가진다. 그러나 프리랜서 기자가 작성한 경우에는 몇 가지 요인에 따라 저작권자가 달라질 수 있다(이대희, 2008). 먼저 기사 저작권은 프리랜서 기자와 언론사의 계약에 의해 결정될 수 있다. 계약관계가 없다면 언론사가 프리랜서 기자 기고에 대한 약관을 두고 있고, 그것이 「약관의 규제에 관한 법률」 등에 유효할 경우 그 약관에 의해 저작권자가 결정된다. 마지막으로 계약이나 약관도 없다면 프리랜서 기자의 작업에 대해 언론사가 지급한 기고료 등에 의해 저작권 소유자가 결정된다. 많은 돈을 지불했다면 당연히 해당 언론사가 저작권을 가질 수 있다.

19) 대법원 2015. 3. 12. 선고 2012도13748 판결 참조

제2절 글쓰기 관련 윤리적 이슈

사람들은 지켜야 할 도리나 덕목에 관한 윤리적 기준들을 가지고 있다. 윤리는 법의 영역을 넘어 포괄적으로 정의되는 특성이 있다. 인간이 지켜야 할 기본적인 윤리가 있지만 직업별로 요구되는 윤리기준도 있다. 특히 의사, 변호사, 언론인 등과 같은 전문직들은 나름의 엄격한 윤리기준을 가지고 있다.

윤리는 성문화된 것은 아니지만 법의 정신을 포함하고 사회구성원들의 공통된 규범을 반영한다. 하지만 윤리적 기준이 다소 추상적이고 모호한 부분이 있어 논쟁의 대상이 되기도 한다. 대다수의 논쟁들은 언론의 자유와 사회적 책임을 어떻게 조화롭게 하는가와 관련되어 있다. 윤리적 규제는 외부 세력의 힘에 의해서가 아니라 자율적으로 이뤄지는 측면이 강하다. 그러나 세계 언론사는 언론 자체의 노력이 부족할 경우 법적, 제도적 규제가 강제될 수 있음을 보여줘 왔다.

언론의 영향력을 고려할 때 기자들은 투철한 직업윤리를 가져야 한다. 언론인들은 취재 및 보도할 권리가 국민으로부터 위임받은 것임을 인식하여 자유로운 언론 활동을 통해 국민의 알 권리 충족과 진실 보도의 의무를 다하고자 노력해야 한다. 대다수 언론사들은 언론윤리를 지키고자 윤리강령을 제정하는 등 다양한 노력을 기울이고 있다. 한국기자협회도 회원들이 지켜야 할 행동기준으로 다음의 10가지 윤리강령을 제정하고 이를 준수할 것을 대내외에 표방하고 있다(www.journalist. or.kr).

① **언론자유 수호**: 우리는 권력과 금력 등 언론의 자유를 위협

하는 내·외부의 개인 또는 집단의 어떤 부당한 간섭이나 압력도 단호히 배격한다.

② **공정보도**: 우리는 뉴스를 보도함에 있어서 진실을 존중하여 정확한 정보만을 취사선택하며, 엄정한 객관성을 유지한다.

③ **품위유지**: 우리는 취재 보도의 과정에서 기자의 신분을 이용해 부당이득을 취하지 않으며, 취재원으로부터 제공되는 사적인 특혜나 편의를 거절한다.

④ **정당한 정보 수집**: 우리는 취재 과정에서 항상 정당한 방법으로 정보를 취득하며, 기록과 자료를 조작하지 않는다.

⑤ **올바른 정보 사용**: 우리는 취재 활동 중에 취득한 정보를 보도의 목적에만 사용한다.

⑥ **사생활 보호**: 우리는 개인의 명예를 해치는 사실무근한 정보를 보도하지 않으며, 보도 대상의 사생활을 보호한다.

⑦ **취재원 보호**: 우리는 어떠한 경우에도 취재원을 보호한다.

⑧ **오보의 정정**: 우리는 잘못된 보도에 대해서는 솔직하게 시인하고, 신속하게 바로 잡는다.

⑨ **갈등·차별 조장 금지**: 우리는 취재의 과정 및 보도의 내용에서 지역·계층·종교·성·집단 간 갈등을 유발하거나, 차별을 조장하지 않는다.

⑩ **광고·판매 활동의 제한**: 우리는 소속회사의 판매 및 광고문제와 관련, 기자로서의 품위를 손상하는 일체의 행동을 하지 않는다.

위 윤리강령 가운데 '갈등·차별 조장 금지' 조항은 언론의 정파주의 경향과 관련하여 논의될 수 있다. 정치적 성향에 따라 특정 정당과 정책을 지지하거나 상대방을 평가절하한다면 공정보도의 원칙을 스스로 포기하는 것일 수 있다. 특히 선거기간 후보나 정당에 대한 언론의 편파보도는 국가의 발전과 민주주의를 저해하는 주요 요인이기도 하다. 몇 개의 신문이 다수의 신문시장을 장악하고 있는 현실을 고려하면 균형감 있는 취재와 보도가 지켜져야 할 것이다.

수집된 정보에 대해 인용이 인색한 경우도 문제이다. 1차 정보 생산자가 타 언론사인 경우 정확한 인용을 결여한다면 표절에 해당될 수 있다. 그럼에도 불구하고 "한 일간지에 따르면", "유력 일간지는", "한 시사주간지는" 등의 표현이 뉴스에 등장하곤 한다. 타 언론사에 대한 배타적 관행에서 비롯된 이러한 문제가 하루속히 해결되어야 할 것이다. 기자가 콘텐츠 생산자를 정확하게 인용함으로써 언론사 간 공정하게 경쟁하고 있다는 긍정적 이미지를 시민들에게 심어주는 것이 중요하다.

신문 산업 기반이 약화되고 각 조직의 홍보 노력이 확대되면서 언론사와 기자가 '광고·판매 활동의 제한' 원칙을 지키는 것이 점점 어려워지고 있다. 매출과 이익감소에 직면하여 광고성 기사 혹은 기업이나 제품 홍보와 관련된 기사들을 무시하기 쉽지는 않다. 만약 '기사형 광고'로 소비자가 손해를 입은 경우 언론사는 손해배상책임이 있다는 판례도 있다. 언론사의 책임을 벗어나고자 한다면 '광고'라는 명백한 표시가 제시되어야 한다. 광고 표시 유무와 관련해서는 글의 형식, 바이라인 표시, 포털 사이트 내 분류 항목 등이 함께 고려된다. 신문 산업이 위축되면서 기자들이 광고 수주 업무까지 담당하는 경우도 생기면서 언론윤리강령을 준수하기가 어려운 환경이다. 이제 기자 개인적 신념으로 해결될 사안은 아닌 듯하다. 제도적 지원 정책을 통한 건전한 언론 산업 육성도 필요해 보인다.

저널리즘 영역에서는 미디어 활동에 대한 윤리적 평가기준으로 크게 세 가지 이론들이 논의되어 왔다(중용의 원칙, 공리주의 원칙, 의무의 원칙)(오택섭·강현두·최정호, 2005). 어떠한 원칙이 더욱 적절한지는 여전히 논쟁적이지만 기자들의 윤리적 판단 근거로서 오랫동안 사용되어 왔다.

첫째, 중용의 원칙[20]은 양 극단을 피하고 중간을 택할 것을 강조한다. 중간은 언론보도의 공정성을 위해 중요한 기준으로 활용될 수 있다. 이 원칙에 따르면, 논쟁적 이슈를 다룰 때 양측의 입장을 동등한 시간이나 지면을 할애하여 다루어야 한다.[21] 이러한 원칙은 선거방송 토론에서도 중요한 기준으로 활용되고 있다. 하지만 중간이 어디인가에 대한 판단이 어렵고 이슈에 따라 시간 배분을 달리할 수 없다는 단점이 있다.

둘째, 언론 활동이 윤리적인가 여부를 판단할 기준으로 공리주의 원칙[22]도 제기되어 왔다. 공리주의 입장은 윤리성에 대한 판

---

20) 중용의 원칙(the golden mean principle)은 기원전 4세기경 그리스 철학자인 아리스토텔레스(Aristotle)의 윤리학의 중심 개념이다. 중용은 행동이 양 극단 사이의 중간을 취하되 수량적 중간이 아니라 최선성(最善性)의 위치를 의미한다.

21) 1987년 미국에서는 방송보도에서 오랫동안 지지되어 왔던 동등시간의 원칙(equal time provision)이 국민의 이익과 언론자유를 침해하는 소지가 있어 위헌 판결이 나왔다. 다양한 미디어와 채널이 출현하여 방송이 제한된 자원이 아니기 때문에 이 원칙을 적용하는 것은 언론 활동을 위축시킨다는 것이 판결의 핵심이었다.

22) 공리주의(utilitarianism)는 19세기 영국의 철학자 제러미 벤담(J. Bentham), 제임스 밀(J. Mill), 존 스튜어트 밀(J. S. Mill) 등에 의해 형성된 사회사상이다. 어떤 행위의 옳고 그름에 대한 판단은 인간의 이익과 행복을 늘리는 데 도움이 되었는가라는 유용성과 결과의 좋고 나쁨에 따라 결정된다.

단을 행위의 결과가 '최대 다수의 최대 행복'에 기여하는가에 기초하고 있다. 그래서 공리주의는 과정보다는 행위의 결과를 강조하는 이론이라 할 수 있다.

국민의 알 권리 충족이라는 명제를 위해 다소 무리한 취재나 보도도 정당하다고 인정받을 수 있는 근거는 이러한 공리주의 사상에 근거하고 있다. 그러나 공리주의 원칙이 주장하는 '최대 다수의 최대 행복'을 누가 판단하며 어떻게 확인할 수 있는가와 소수자의 행복 권리에 대해서는 여전히 논쟁적이다. 자칫 잘못하면 언론인의 비윤리적 행위를 정당화시키는 수단으로 남용될 여지도 있다.

마지막으로 칸트(I. Kant)의 도덕철학에 기초한 의무의 원칙(duty-based principle)도 언론 활동의 옳고 그름을 판단하는 유용한 기준이다. 의무의 원칙은 절대적인 윤리적 기준을 중요시하는 것으로 행위의 결과보다 행위 자체의 도덕성에 초점을 맞춘 이론이다. 이 원칙은 결과가 수단을 정당화할 수 있다는 공리주의 입장과는 대조적이다. 언론인이 지켜야 할 도덕적 의무를 다하지 못한다면 윤리적 행위에서 벗어난 것으로 판단하며, 예외를 인정하지 않으려는 태도를 가지고 있다. 따라서 의무의 원칙에서 보면 중요 정보를 획득하기 위한 잘못된 언론 관행들은 비윤리적인 것으로 판단될 수 있다.

의무의 원칙은 절대적 기준점이 명확하다는 장점은 있지만 언론 활동의 유연성을 저해한다는 지적도 받고 있다. 언론 현장에서는 공익을 위해 도덕적 명분을 저울질해야 하는 많은 상황들이 있다. 신분을 속이고 취재하여 사회적, 국가적으로 명백한 해악들을 밝혀야 하는 경우가 이에 해당된다.

이밖에도 기자는 취재 과정에서 만난 취재원과의 약속 정도에 따라 정보 출처를 다루는 것도 달라져야 한다. 이러한 문제를 엠바고와 보도유예 의무와 관련하여 살펴보았다. 또한 보도 후 발생한 오보(誤報)와 관련된 주요 이슈들과 최근 문제가 되고 있는 가짜뉴스(fake news)도 심도 있게 다뤄졌다. 특히 '오보의 정정'은 한국기자협회의 윤리강령 중의 하나이기도 하다.

1. 엠바고와 보도유예

엠바고(embargo)는 원래 자국 내 외국국적의 선박에 대해 내리는 '출항정지명령'을 의미한다. 언론에서는 어떤 사안에 대해 공식발표 이전에 보도를 제한해줄 것을 요청하는 것으로 사용되며 '시한부 보도중지' 또는 '보도유예'로 알려져 있다. "지금 보도하지 말라. 시간이 지난 후 보도해도 좋다."라는 의미이다.

엠바고는 취재원이 언론사에 요청하고 이를 언론사가 수용하는 형식으로 이뤄진다. 기존 판례에 따르면 엠바고 대상이 아닌 언론사라도 엠바고 사실을 인지했다면 '사안에 따라서' 보도유예 의무가 발생할 수 있다. 언론사는 요청된 엠바고를 국민의 알 권리와 비교하여 그 중요성을 판단하여야 한다. 언론 활동에서 사용되는 엠바고는 4가지 유형이 있다.

① **보충취재용 엠바고**: 발표할 내용이 뉴스가치가 높지만 전문적이고 복잡한 문제가 있어 취재원이 발표 내용에 대한 보완이 필요하다고 취재기자에게 사전에 요청하여 상호합의가 이뤄진 것

② **조건부 엠바고**: 뉴스가치가 있는 사건 발생이 예측되지만 정

확한 시간을 예측하기 어려운 경우 그 사건이 일어난 이후에 기사화한다는 조건으로 보도자료를 미리 제공하는 것

③ **공공이익을 위한 엠바고:** 국가안전, 사회적 이익과 직결되거나 인명에 위해한 사건이 진행 중일 경우에 사건이 해결될 때까지 특정한 정보를 보도하지 않는 시한부 보도중지[23)]

④ **관례적 엠바고:** 아그레망[24)]과 같은 외교관례에 따라 인사명령이 공식적으로 발표되기 전 혹은 국가 간 동시 발표로 약속된 협정 또는 회담 개최에 대한 내용을 공식 발표까지 일시적으로 보도중지하는 것

엠바고는 기자가 해당 주제를 심층적으로 취재하여 더욱 명확히 보도할 수 있는 기회가 되기도 한다. 또한 취재원과 언론과의 커뮤니케이션을 보다 자유롭게 가져갈 수 있도록 분위기를 조성해주는 측면도 있다. 하지만 취재원과 언론사 간 담합성 엠바고가 취재 현장에서 공공연하게 이뤄지는 경우가 적지 않다. 이로 인한 국민의 알 권리 침해는 저널리즘 본질을 훼손하는 것이다.

---

23) '아덴만의 영웅'으로 유명한 석해균 선장의 '삼호주얼리호' 사건이 이에 해당된다. 2011년 4월 소말리아 해적에게 납치되었던 '제미니호'의 한국인 선원에 대해 외교통상부가 '보도유예'를 요청한 바 있다. 이에 따라 외교부 출입기자단은 관련 사실을 수개월 동안 보도하지 않아 여론의 질타를 받기도 하였다. 한국인 선원들은 피랍 후 1년 7개월 만에 풀려났다.

24) 아그레망(agrément)은 특정한 인물을 외교사절로 임명하기 전에 상대접수국에게 이의의 유무에 관한 의사를 조회하는 국제관례상의 제도를 말한다. 일어날 수 있는 분쟁을 미리 방지하기 위하여 파견국은 임명에 앞서 '아그레망'의 요청을 선행하는 것이 보통이다. 특정 인물이 '만족한 사람(personagrata)'이라고 생각할 때에는 '아그레망'을 부여한다. '아그레망'을 부여한 경우에는 접수국이 그 인물을 외교사절로서 접수할 의무가 생긴다(출처: 위키백과).

2. 미디어 오보[25]

미디어 글쓰기는 시민들의 의사결정을 도울 수 있는 필수적 정보들을 제공하는 중요한 역할을 수행한다. 언론이 추구하는 중요한 가치 중의 하나는 사실 중심의 객관적이고 정확한 내용전달이다. 그러나 언론의 구조적 취재 환경과 기자 개인적 요인에서 비롯된 적지 않은 실수들이 개인의 정보 환경을 위협하거나 국가적 논란이 되기도 한다. 예를 들어 정확한 취재원 확보가 어렵고 특종 경쟁으로 야기된 북한 관련 오보들[26]은 경제적, 사회적, 정치적 파장을 야기한 바 있다. 또한 우리는 2014년 발생한 세월호 침몰사고 과정에서 '전원 구조'라는 오보가 불러온 사회적 충격을 경험하기도 하였다. 오보가 피할 수 없는 결과라면 언론사들은 이러한 오류를 인식하고 적절한 관리 및 대응체계를 갖추어야 할 것이다.

언론 오보로 인한 개인적, 사회적 피해는 경제적 측면에서부터 사회의 건전한 여론형성을 방해하는 것까지 매우 다양하다. 또한 오보는 언론에 대한 불신감을 만들어 바람직한 언론 활동도 부정적으로 바라보게 하는 요소이기도 하다. 따라서 언론사는 오보 정정을 통해 정확성의 윤리를 지향한다는 점을 지속적으로 독자에게 보여줄 필요가 있다(Silverman, 2007). 언론이 오보에 대해서 사과나 정정보도를 하는 것은 독자에 대한 당연한 서비스이면

25) 언론오보 관련 내용의 일부는 '구교태(2011), 인터넷 신문의 언론 오보 대응 방안에 대한 연구, 언론정보학연구, 5-16.'에 게재된 내용임을 밝힌다.

26) 북한과 관련된 주요 오보들은 1986년 김일성 피격사망, 1994년 북한 장학금 교수 연행, 2003년 김정일 측근 망명설, 2005년 핵실험 임박, 2010년 김정은 사진 등이 있다.

서 경영적 측면에서도 고려되어야 할 사항이다.

나아가 보도 내용에 대한 균형된 시각이나 새로운 의견들을 담아내는 반론글에 대한 보도도 시민 권리 존중의 차원에서 적극적으로 모색되어야 한다. 반론글은 사실과 자료에 근거했는지에 대한 이슈보다 서로 상반되거나 상충되는 관점이나 주장들 사이의 균형감각을 이룰 수 있는 중요한 수단으로 인식될 필요가 있다. 언론보도에는 탈사실성을 포함하여 진실 규명이 어려운 상황들이 많다. 하지만 올바른 보도의 기본적인 요건은 사실과 관점의 균형이며 언론 활동을 올바로 평가하기 위해서는 사실성 검증뿐만 아니라 공정성도 확보되어야 한다(강명구, 1994).

한편 1995년부터 시작된 한국 인터넷 신문의 출현은 오프라인 매체와는 다른 취재 및 편집 시스템으로 새로운 형태의 오보 대응 환경을 보여주고 있다. 오프라인 매체와 달리 보도된 기사에 대해 독자로부터 신속한 피드백을 받을 수 있으며 거의 실시간에 가까운 지속적인 수정이 이론적으로 가능해졌기 때문이다. 신속한 온라인 취재보도가 오보의 가능성을 증대시킬 가능성도 있지만 이를 유연하게 정정할 수 있는 기회도 커졌다.

1) 오보 유형과 원인

좁은 의미로 오보는 사실과 다른 내용이나 부정확하거나 신빙성 없는 보도를 의미한다. 넓게 보면 기자의 판단이나 해석상의 차이에 따른 오류를 포함한다. 오보는 잘못된 인용, 의미 호도, 이름, 나이, 숫자, 직위, 주소, 위치, 일시 등에 대한 오류 등으로 인식될 수 있다(Nemeth & Sanders, 2009).

언론 오보는 크게 객관적 오보와 주관적 오보로 구분될 수 있다(우병동, 2002; Maier, 2005). 객관적 오보는 날짜, 장소, 이름, 시간 등 사실적 기술이 잘못된 것을 의미하는 반면 주관적 오보는 의미의 생략이나 잘못된 강조, 의미 축소, 과장 등의 맥락상 오보 등을 의미한다. 객관적 오보는 언론 관행상 만들어질 수 있고 명확히 파악될 수 있지만 주관적 오보는 의도성이 개입될 수 있어 보는 시각에 따라 상이할 수 있다(한국언론연구원, 1991).

객관적 오보의 경우라도 연도나 이름의 철자와 관련된 객관적 단순오보(text misleading report)가 있는가 하면 무혐의를 구속으로 보도하는 것과 같은 내용적 측면의 객관적인 문맥오보(context misleading report)도 존재한다. 정정보도 가운데 이름을 바꾸거나 한자표기에서 뜻이 잘못된 음을 사용한 경우와 같은 오보는 의미전달과 영향력 측면에서 문맥오보와 달리 취급될 필요가 있다. 일반적으로 오보에 대한 기자의 부담감은 단순오보보다 문맥오보를 범한 경우 더 높을 것으로 예상된다. 이러한 문맥오보는 기사 내용에 대해 상이한 관점을 만들 수 있어 더욱 문제라 할 수 있다.

오보와 허보의 차이를 구분하는 것도 중요하다(김동민, 1998). 오보에서는 그럴 수밖에 없는 상황이나 과실로 인한 불가피성을

표 4-1 언론 오보 유형

유형	내용
객관적 (사실적) 오보	날짜, 장소, 이름, 시간 등 사실적 기술이 잘못된 것
주관적 오보	의미 생략, 잘못된 강조, 의미 축소, 과장 등 맥락상 오해 전체적 인상, 기사 내용 또는 제목에 의견 삽입으로 인한 오해

의미하는 부분이 있지만 허보는 '작문'과 같이 의도적 조작이라는 비윤리적 문제를 안고 있다. 하지만 특정 방향으로 오보가 반복된다면 고의성을 의심받을 수 있으며 진실보도에 대한 의구심도 커질 수 있다.

최근 국제 간 뉴스흐름이 활발히 이뤄지면서 번역 과정에서도 오보가 빈번하게 발생하곤 한다. 2018년 3월 초 국내 일부 보수 매체들은 다음의 BBC 뉴스를 인용하면서 BBC가 문재인 대통령을 공산주의자로 평가했다고 보도한 바 있다.

> South Korean leader Moon Jae-in is either a diplomatic genius or a communist set on destroying his country and US President Donald Trump is either a master of brinkmanship or a pawn in a more devious game – depending on who you speak to.

하지만 관련된 국내 보도들은 "누구와 대화를 하느냐에 따라 문재인 대통령은 외교 천재일 수도 있고 나라를 파괴하는 공산주의자일 수도 있다."는 지극히 상투적인 표현을 왜곡한 것으로 밝혀졌다. 전체를 보지 않고 문장 일부만 자의적으로 활용한 경우에 해당된다. 번역 기사인 경우 뉴스 출처에 대한 신뢰도 검증도 필요하다. 갈등적인 이슈일 경우 중립적인 시각을 위해 동일 주제에 대한 다양한 의견들을 살펴보는 것도 중요하다.

언론사에서 글쓰기가 문제가 되는 경우는 내·외부적 요인으로 설명될 수 있다. 내부적 요인은 언론인의 자질이나 능력과 같은 인적 자원이나 취재 재원과 관련된 물적 자원의 한계로부터 나온 것과 관련되어 있다(김동규 · 김경호, 2005; 김창룡, 1994). 반면 외부적 요인은 과다한 취재경쟁 시스템, 언론사의 이데올로기, 취재원의 부정확한 정보 제공 등으로부터 야기된 문제를 말한다. 과도한 취재경쟁이 미확인 과정으로 이어져 왜곡, 과장, 부정확한 보도를 초래하거나 사건이나 이슈에 대한 잘못된 해석을 만들기도 한다.

미디어 글쓰기를 위해서 발로 뛰어야 한다는 말은 적극적이고 능동적인 글쓰기 태도를 요청하는 것이다. 이는 주어진 자료나 특정 정보원의 진술에 전적으로 의존하기보다 글쓴이가 직접 확인하고 검증하는 책임 있는 글쓰기를 해야 한다는 말이다.

표 4-2 언론 오보 요인

유형	내용
내적 요인 (개인적 측면)	언론인 자질(부주의, 과오, 미숙, 의도성, 취재원 접촉 부족), 편집 담당자의 실수나 오판(다시 쓰기)
외적 요인 (구조적 측면)	시간이나 비용의 한계(보도자료 의존경향), 언론사 이데올로기, 언론사 간 특종경쟁(과잉경쟁 구조), 취재원의 부정확한 정보

온라인 뉴스 미디어의 가장 두드러진 특징으로 즉시성(immediacy)과 상호작용성(interactivity)이 언급될 수 있다(구교태, 2011). 여기서 즉시성은 뉴스가 생성되고 소비되는 주기(cycle)가 짧아졌음을 의미한다. 이제 취재한 기사를 지속적으로 업데이트하는 것이 가능하게 되었다. 뉴스를 하루 여러 차례 수정, 보완하여 아침, 점심, 저녁으로 온라인으로 뉴스를 서비스하면서 특종을 위한 부담은 상대적으로 늘어나게 되었다.

디지털로 인한 뉴스의 즉시성은 정확성(accuracy)이 필요한 뉴스의 품질을 위협하는 요인이기도 하다. 뉴스 제작의 시간적 제약으로 인해 언론의 오보 가능성은 상대적으로 증대되었기 때문이다. 이러한 결과는 언론중재위원회를 통한 매체별 언론조정 현황에서도 간접적으로 나타나고 있다. 〈표 4-3〉이 보여주듯, 2017년 한 해 동안 인터넷 신문에 대한 조정신청 건수가 타 매체의 사례보다 압도적으로 많았으며 그 뒤를 인터넷 뉴스 서비스 사업자들이 차지하고 있다.

표 4-3 2017년 피신청인 매체 유형별 언론조정신청 현황

<table>
<tr><th rowspan="3">청구건수</th><th colspan="4">신문·잡지</th><th colspan="4">방송</th><th rowspan="3">뉴스통신</th><th rowspan="3">인터넷신문</th><th colspan="3">인터넷 뉴스 서비스</th><th rowspan="3">기타</th></tr>
<tr><th rowspan="2">중앙일간지</th><th rowspan="2">지방일간지</th><th rowspan="2">주간신문</th><th rowspan="2">잡지</th><th colspan="2">지상파</th><th rowspan="2">종합유선방송</th><th rowspan="2">종합편성채널</th><th rowspan="2">포털</th><th rowspan="2">방송사닷컴</th><th rowspan="2">기타</th></tr>
<tr><th>TV</th><th>라디오</th></tr>
<tr><td rowspan="2">계</td><td>136</td><td>125</td><td>119</td><td>23</td><td>199</td><td>10</td><td>44</td><td>108</td><td rowspan="2">206</td><td rowspan="2">1,842</td><td>159</td><td>255</td><td>2</td><td rowspan="2">2</td></tr>
<tr><td colspan="4">403</td><td colspan="4">361</td><td colspan="3">416</td></tr>
</table>

출처: 언론중재위원회(www.pac.or.kr)

2013년 3월 초에 발생한 포항지역 산불 관련 보도는 인터넷 신문의 오보가 연속적으로 재생산되는 모습을 보여주었다. 오보의 내용은 2004년 군용헬기 추락 기사와 동일한 내용이었다. 부대, 헬기종류, 사망자 수가 동일하게 보도되었다. 관련 부대에 연락만 취했어도 확인될 수 있는 사실이었다. 민간 뉴스통신사가 제공한 오보를 다른 언론사가 또 보도함으로써 오보가 지속적으로 재생산되는 모습을 보였다. 이처럼 인터넷 신문의 속보성은 큰 장점일 수 있지만 정보의 신뢰성에 있어서는 여전히 많은 과제를 안고 있다.

제공된 뉴스의 하이퍼링크는 자사의 뉴스와 연결된 내부적 링크(internal link), 자회사의 결과물에 연결된 준 내부적 링크(quasi-internal link), 뉴스에 언급된 기관의 웹사이트나 관련 데이터에 연결된 외부적 링크(external link) 유형으로 구분된다. 하나의 오보가 연속적 반응을 불러일으킬 수 있는 구조이기도 하다. 하지만 인터넷 신문의 상호작용성으로 인해 온라인 뉴스 이용자들은 뉴스 내용에 대해 즉각적으로 반응할 수 있게 되었다. 이제 참여 의지만 있으면 뉴스 콘텐츠에 대한 지속적인 확인 작업도 가능하다.

2) 오보 정정 체계

언론 오보로 인한 피해에 대하여 언론이 신속하고도 적절하게 대처할 때 보도 대상이나 정보 이용자의 피해를 최소화할 수 있다. 미국 〈워싱턴포스트〉는 오보 정정에 대해 다음과 같은 가이드라인을 제시하고 있다(Washington Post, 2006. 5. 14). 이 원칙은 간결하고도 명확하다. 특히 문제가 되는 뉴스 내용을 직접 수정하여 인터넷 검색에서도 수정된 뉴스만을 볼 수 있도록 조치하고 있다.

> 정정은 명확하고, 간결하며, 직접적이어야 한다. 정정은 최초의 기사를 읽지 않은 사람들도 이해할만한 수준으로 작성되어 무엇이 잘못되었는지 그리고 어떻게 정정되었는지를 충분히 알 수 있도록 처리되어야 한다.

2017년 국내에서 이뤄진 언론조정 신청인 유형을 살펴보면 개인의 조정신청이 가장 많은 것으로 나타났다.27) 다음으로 회사, 일반단체, 지자체나 공공단체인 것으로 드러났다. 개인적 측면의 조정신청 건수가 지배적인 현실을 고려한다면 보다 쉬운 온라인 조정신청 방법을 위한 언론사의 노력도 필요해 보인다.

〈뉴욕타임스(New York Times)〉는 전자메일과 무료 전화번호를 제공하고 있다. 국내 언론사의 경우 중앙일보는 교환을 통해 직접 기자와 접촉하여 의견을 제시하는 방식으로 운영되어 이용자의 편의성이 제한되어 있다. 조선일보의 경우 '토론마당'의 '투고·제보'를 통해 의견을 보내는 체계이다. 기사 정정과 같은 의견 개진과 연관된 단어가 아니라 이용자의 혼선이 예측된다. 반면 동아일보는 독자서비스센터의 '기사의견' 항목을 통해 의견을 개진하고 관련 답변도 확인할 수 있다. 잘못된 사실이 공개되어 모두가 확인할 수 있는 방식이다.

디지털 미디어 환경을 고려하면 국내 인터넷 신문들도 오보에 대한 의견을 즉각적으로 접수 및 처리할 수 있어야 한다. 특히 인터넷이라는 매체 특성을 활용한 언론조정신청 체계를 구축하는 것도 도움이 될 수 있다. 예를 들어, 하이퍼링크를 통해 의견을 신속하게 접수하고 피드백할 수 있다. 이때 신청을 손쉽게 할 수 있도록 절차를 간소화하고 불필요한 정보를 축소하는 등 절차

27) 2017년도 신청인 유형별 언론조정신청 처리 현황

청구 건수	개인	일반 단체	회사	교육 기관	종교 단체	국가 기관	지자체·공공단체
3,230	2,077	246	495	93	57	94	198

출처: 언론중재위원회(www.pac.or.kr)

를 간소화하여야 한다.

국내 인터넷 신문에서도 반론보도의 경우 최초 기사에 대한 수정이나 보완 없이 최초의 기사가 제공되고 마지막에 신청자의 반응으로 '알려왔습니다'를 공지하는 형태를 취하고 있다. 이는 독자로 하여금 무엇이 사실인지를 바르게 판단하는 것을 어렵게 할 수 있다. 예를 들어 정치후보자의 학력이 학사로 최초 보도된 후 반론보도로 석사를 요청한 경우 최초 기사에 대한 확인이 이뤄지고 정확한 정보가 무엇인지를 밝히는 작업이 결여되어 있다. 독자는 기자가 학사 학위라 했지만 보도 대상이 석사 학위를 주장한다면 최종 확인 작업을 통해 무엇이 오류인지 검토하여 하나만을 독자에게 서비스하는 것이 바람직하다. 기자의 입장과 보도 대상의 입장을 개별적으로 나열하는 것은 무엇이 정확한지를 판단하는 부담을 독자에게 돌리는 것이다.

오보 정정에 대한 〈워싱턴포스트〉의 가이드라인 내용처럼 정정 내용은 무엇이 잘못 보도되었는지, 무엇이 정정될 내용인지를 명확하게 밝혀야 한다. 나아가 최초 기사를 접하지 않은 사람들에게 무엇이 최초 기사였는지를 제공함으로써 독자의 정보 판단을 도우려는 언론의 자정 노력이 필요하다. 그리고 기존 기사가 정정된 경우 이에 대한 설명을 기사 말미에 첨부하여 최초의 기사에서 무엇이 정정되었는지를 밝혀야 한다. 비록 오보를 수정하여 정확한 기사를 제시하더라도 처음 접하는 독자도 언론사의 처음 오보를 인식할 수 있어야 한다.

국내 인터넷 신문들도 온라인의 특성을 활용하여 정정보도와 더불어 최초 기사를 확인할 수 있는 방식으로 기사 운영이 이뤄져야 하며 정정 내용이 순차적으로 이뤄질 경우 이에 대한 정정보도도 업데이트되어야 할 것이다. 이러한 과정은 보도된 기사마다 최선의 노력을 통해 정확한 보도를 하고 있다는 언론사의 태도를 보여준다는 측면에서 매우 중요한 조치이다.

언론 오보를 완전히 막기는 불가능하다. 그러나 언론 오보가 발생하는 패턴이 있는지 살펴보고 문제점이 있다면 이에 대한 효과적인 대응을 강구해야 한다. 적절하고도 합리적인 오보 대응 방안은 독자들의 높은 신뢰와도 관련되어 있다.

「언론중재법」 제15조 제6항은 언론사가 정정보도를 원보도와 동일한 효과를 발생시킬 수 있는 방법으로 하여야 한다고 규정하고 있다. 법조항의 의미를 고려한다면 정정보도의 위치나 크기 등과 같은 편집 노력이 필요하고 기사 구성에 있어서도 기존 관행을 탈피하여 피해구제의 실효성을 높이려는 노력이 절실해 보인다.

정정보도도 속성상 하나의 뉴스로 간주되어야 한다는 주장도 있다. 이러한 관점에서 정정보도는 정보 소비자에게 흥미를 끌 수 있도록 구성될 수 있다. 기존 정정보도의 제목으로 자주 이용된 '정정보도문' 형식은 독자의 관심을 끌지 못하는 요소가 있어 뉴스 이용자에게 외면당할 가능성이 높다. 이에 대한 개선으로 '…에 대한 정정보도문'과 같은 내용이 추가되어야 한다는 목소리도 있다. 나아가 정정보도를 보다 일반적인 기사 내지 속보성 보도 형식으로 다룰 수도 있다. 즉 새로운 제목을 발췌하여 하나의 기사를 구성하는 것이다.

예를 들어 A국회의원이 불법 정치자금을 받았다는 초기 보도에 대한 정정보도를 생각해보자. 기존 관행을 쫓는다면 단순히 '정정보도문'으로 원보도 내용을 수정보도하였을 것이다. 그러나 대안으로서 제시된 안을 따른다면 'A의원 불법정치자금 수수에 대한 정정보도문'이 될 것이다. 나아가 'A의원 불법정치자금 누명 벗다'와 같은 제목으로 하나의 자연스런 기사로 재구조화될 수도 있다.

3. 가짜뉴스

통신기술의 발전에 따른 정보의 신속성과 확장성은 정보가 생성, 유통, 소멸되는 주기를 더욱 가속화시켜 잘못된 정보의 잠재적 해악은 더욱 증대하게 되었다. 문제가 되는 정보가 연쇄적으로 파생 정보를 생성할 가능성이 높고 이로 인한 사람들의 인식과 행위에 지대한 영향력을 행사할 수 있기 때문이다. 이러한 측면에서 향후 공공 정보를 생산하는 사람들의 책임성은 더욱 강조될 것으로 보인다.

최근 정보품질 관련 논쟁이 정치권을 중심으로 급속하게 확산된 것은 가짜뉴스(fake news)가 유권자의 그릇된 판단을 초래하여 민주주의의 건전성을 해칠 수 있다는 우려에서 비롯되었다. 즉 실제보다 높게 혹은 낮게 후보를 평가하도록 만드는 가짜뉴스에 대한 노출이 후보자 선택에 영향을 미쳐 합리적 투표를 방해함으로써 참여민주주의의 정신을 훼손할 수 있다는 입장이었다. 비록 대다수 가짜뉴스와 관련된 논쟁들이 정치적 이해관계 속에서 주도적으로 논의되어 왔지만 과학과 같은 상이한 분야에서도 동일한 차원으로 평가받을 수 있다.

온라인 매체의 특성은 가짜뉴스에 대한 책임의 문제를 명확히 밝히는 데 한계가 되기도 한다. 이로 인해 가짜뉴스 생산자 못지

않게 유통자나 유통 매체에까지 비난이 이어지기도 한다. 이에 대한 대응방안들도 법적, 제도적으로 강화되는 추세이다. 예를 들어 구글(Google)은 팩트를 자체적으로 확인하지 않고 PolitiFact, Snopes 등과 같은 독립된 팩트체킹 기관에 의존하여 일부 정보들을 서비스하고 있다. 팩트체킹 내용과 기관을 제공하고 논란이 되는 이슈 관련 기존 정보들을 함께 제시하는 형태이다. 프랑스는 선거보도의 영향력을 고려하여 후보자 관련 캠페인 활동에 대한 보도를 투표마감 전 44시간 동안 금지하는 법률을 가지고 있다. 이로 인해 투표일에 임박하여 생산된 가짜뉴스가 주류 미디어의 보도를 통해서는 생산되기 어려운 구조를 갖추었다.

가짜뉴스는 뉴스 이용 측면에서 저널리즘 활동에도 많은 영향을 미치는 것으로 나타났다. 〈그림 4-1〉은 지난 미국 대통령선거의 마지막 3개월 동안 선거와 관련된 가짜뉴스가 전통적인 언론사의 선거보도보다 얼마나 빈번하게 페이스북을 통해 활용되었는지를 보여주고 있다. 그림에 따르면 가짜뉴스들은 19개 주요 언론사(뉴욕타임스, 워싱턴포스트, 허핑턴포스트, NBC뉴스 등)의 선거뉴스보다 페이스북에서 더욱 빈번하게 인게이지먼트(engagement)[28] 된 것으로 나타났다. 빈번하게 노출된 상위 20개의 가짜뉴스들은 약 870만 건의 공유, 댓글, 추천 등이 이뤄진 반면 주요 미디어의 선거뉴스는 약 730만 건의 인게이지먼트가 발생하였다.

이들 상위 20개 선거관련 가짜뉴스 중 17개 기사가 도널드 트럼프 후보자에 우호적이거나 힐러리 클린턴 후보에 대해 부정적

---

28) 인게이지먼트(engagement)는 페이스북 메시지에 대한 추천('좋아요'), 공유, 댓글 전체 건수를 말한다.

그림 4-1 상위 20개 선거 기사 관련 페이스북 인게이지먼트

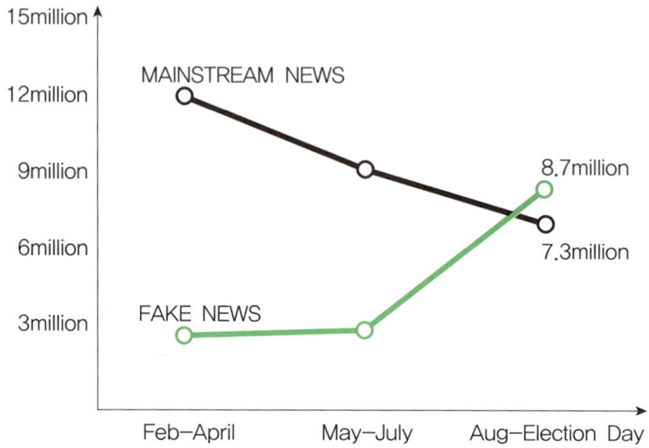

출처: 버즈피드 뉴스(www.buzzfeed.com)

인 기사인 것으로 밝혀졌다. "클린턴 후보자가 ISIS에게 무기를 판매하였다."라는 기사와 "교황이 트럼프를 지지하였다."는 스토리가 가장 많이 이용된 기사로 나타났다. 지속적으로 드러난 여론차이에도 불구하고 우호적인 가짜뉴스가 많았던 도널드 트럼프가 당선됨으로써 선거결과에 미친 영향력을 명확히 파악할 수는 없지만 가짜뉴스의 바이럴 마케팅 파워에 대한 의심의 눈초리가 여전히 많은 것도 사실이다.

2016년 미국 대선에서 소셜 미디어를 통해 유통된 가짜뉴스 현황과 역할에 대한 조사가 이뤄지기도 하였다(Allcott, 2017). 수용자 데이터, 팩트체킹 아카이브, 온라인 서베이 결과에 의하면 미국인들은 평균 0.92건의 친 트럼프 기사를 보았고 기억하는 것으로 나타났지만 친 클린턴 기사는 0.23건에 불과하였다. 조사 응답자의 과반 이상이 가짜뉴스가 선거결과를 변화시키고 가짜

뉴스 하나가 36개의 TV 캠페인 광고와 같은 설득효과를 가진다고 믿는 것으로 나타났다.[29)]

가짜뉴스는 잘못된 기사의 범주보다 더욱 넓은 의미를 가지고 있다. 스토리는 사실이더라도 문맥적인 구체성이 결여된 경우도 있다. 검증할만한 사실이나 취재원을 포함하지 않은 사례도 있다. 어떤 기사는 기본적으로 검증할만한 사실을 가지고 있지만 적절한 세부 내용을 생략하거나 하나의 관점만 제시함으로써 의도적으로 선동적인 메시지를 내보내기도 한다. 넓은 의미에서 가짜뉴스는 오류와 가짜 정보라는 하나의 큰 스펙트럼 속에서 존재한다. 클레어 워들(Claire Wardle)은 이러한 정보 생태계를 설명하기 위하여 다음 〈표 4-4〉와 같은 분류체계를 만들었다.

오류보다는 가짜 정보에 대한 우려가 크다. 가짜뉴스는 주로 소셜 미디어를 통해 특별한 메시지를 수용하거나 공유하려는 사람들을 목표로 하고 있다. 자신이 신뢰하는 동료들 간의 네트워크를 통해 유포되기에 전파 속도도 빠르다. 체계적인 수정대안도 쉽지 않아 부정적 영향은 장기적으로 지속될 수 있다. 가짜뉴스를 지속적으로 양산하는 조직이 있다면 특정 대상이나 이슈를 좌우 지향적으로 바라보는 조직이라기보다 건전한 공론장을 파괴하면서 사회에 위해가 되는 혐오 집단(hate group)에 더 근접한

29) 미국 연방선거위원회(Federal Election Commission) 자료에 따르면 2016년 미국대선에서 힐러리 클린턴 후보의 총 지출액(약 56,292만 달러) 가운데 가장 큰 지출 항목은 콘텐츠 제작을 제외한 '매체집행(Media Buy)' 항목이었으며 약 7,200만 달러(한화 860억 원)가 집행된 것으로 나타났다. 그리고 온라인 광고 지출비용은 약 1,574만 달러로 집계되었다. 매체집행 가운데 가장 많은 부분이 정치 광고들을 위한 방송시간 구매비용임을 고려하면 가짜뉴스는 선거전에서 더티밤(dirty bomb)과 같은 역할을 수행할 가능성이 높아 보인다.

표 4-4 오류(misinformation)와 가짜(disinformation) 정보 형태

풍자 및 패러디	호도 정보[30]	기만 정보	가짜 정보
해를 끼칠 의도는 없으나 속을 수도 있는 정보	이슈나 개인을 '틀 짓기' 하고자 호도하는 정보	특정 취재원을 가장한 정보	100% 거짓이며 속이거나 유해 목적의 정보

오류 ⟵⟶ 가짜

잘못된 연계	잘못된 정보	조작된 정보
내용과 무관한 제목, 시각자료, 캡션	잘못된 문맥으로 전달된 정보	속이고자 조작된 정보

것으로 분류될 수 있을 것이다.

오류(misinformation)는 실수나 부주의하게 만들어지고 확산된 그릇되거나 부정확한 정보를 말한다. 속이려는 의도는 없는 경우이다. 반면 가짜뉴스는 의도적으로 만들어지고 여론에 영향을 미치거나 진실을 가리기 위하여 의도적으로 만들어지고 확산되는 악의적 정보를 말한다. 즉 가짜뉴스는 이익이나 영향력을 목적으로 기만적 정보나 잘못된 정보를 공표하는 신중한 시도라 할 수 있다.

온라인에서 정보 복사, 붙임, 접근, 공유가 기술적으로 용이해지면서 문제가 되는 뉴스의 확산은 더욱 용이해졌다. 정서적 반응을 유발하고자 특정 뉴스를 기획하거나 뉴스 확산을 위해 특정 공간에 유통시키기도 한다. 잘못된 정보들이 양산되는 요인들은 이윤창출을 위한 욕구, 정치에 영향을 미치려는 열정 등과 같은 심리적 혹은 개인적 요인으로부터 24시간 뉴스 생산과 특종을 부추기는 외부적 환경에 이르기까지 다양할 수 있다. 또한 독자를 현혹시키기 위한 선전의 형태나 경제적 동기로 클릭 수를 높이고자 만

30) 호도는 'misleading'이며 기만은 'deceiving'을 지칭한다.

들어지기도 한다. 〈표 4-5〉는 다양한 가짜 정보가 양산되는 요인들을 보여주고 있다(Wardle, 2017).

▌표 4-5▌ 오류와 가짜 정보 발생 요인

요인	풍자/패러디	잘못된 연계	호도된 정보	잘못된 정보	기만 정보	조작된 정보	가짜 정보
저질언론		✓	✓	✓			
패러디	✓				✓		✓
도발					✓	✓	✓
열정				✓			
당파심			✓	✓			
이윤		✓			✓		✓
정치적 영향			✓	✓		✓	✓
선전			✓	✓	✓	✓	✓

거짓 정보 생태계는 정보의 진위 여부, 콘텐츠 제작 동기, 표현 과정들을 유형화함으로써 더욱 명료하게 이해될 수 있다. 뉴스 생산자의 의도성, 내용의 사실성, 취재의 완결성에 해당된다. 객관성을 내세운 편파적인 보도는 공정성의 측면에서 문제가 되지만 인식과 판단의 조작과 통제가 더욱 두드러진 허위 정보의 심각성은 불량한 수준을 넘어 개인과 사회에 위해가 될 수 있다. 이러한 측면에서 문제가 되는 불량 저널리즘(poor journalism)과 가짜 저널리즘 영역은 마치 불량품 vs. 위해물의 형태로 평가받을 수 있을 것이다.

불량 저널리즘은 조직적으로 허위 정보를 생산하는 취재원의 진술에 지나치게 의존하거나 검증 과정이 미흡한 경우 양산될 수 있다. 특히 사건사고에 대해서는 노출을 꺼리지만 미담이나 행사와 관련된 취재에서는 다소 과장된 취재원의 태도들과 언론사의 재원투자가 부족한 가운데 특종만을 부추기는 환경도 허위 정보를 만드는 요인이다. 불량 저널리즘은 언론사가 개선 방법을 탐색하고 노력하면서 수정과 정정을 통해 일부 회복될 수도 있다. 반면 위해의 심각성으로 인해 가짜 정보의 경우는 대다수 법적 절차를 통해 해결되는 편이다.

표 4-6 사실성과 의도성 유형별 저널리즘 영역

유형	사실		허위	
	내용 완결	내용 부분	내용 완결	내용 부분
비의도적	이상적	일반적	불량	불량
의도적	편파적 (propaganda)	극 편파적 (extreme bias)	악의적 가짜 (fake news)	기만적 가짜 (fake news)

2017년 대통령선거에서 가짜뉴스 형태로 적발된 사례 중 검찰이 밝힌 다음 세 가지 사례들로 저널리즘 영역을 검토할 수 있다.[31)]

① 당내경선에서 A후보가 사퇴하지 않았는데도 지난 3월 네이버밴드에서 'A후보가 사퇴하고 B후보와 함께 하겠다고 선언했다'는 글 게시

② 다른 정치인이 북한 김정일에게 보냈던 편지를 제시하며 'C후보가 김정일에게 보낸 편지'라는 글을 인터넷 신문사 블

31) 노컷뉴스(2017년 5월 10일). 검찰 '가짜뉴스' 등 대선 흑색선전 1.5배 늘어

로그에 게시

③ 재외선거에는 출구조사가 없지만 네이버밴드에 '속보 19대 대선 해외투표 출구조사 D후보 현재 1위'라는 글 게시

비록 뉴스 생산자의 의도성을 엄격히 파악하기는 어렵지만 선거 상황에서 후보의 사퇴 여부는 쉽게 파악될 수 있다는 점을 고려하면 ①은 기만적 가짜뉴스로 분류될 수 있다. 허위 사실을 의도적으로 만들어 사실을 호도하도록 만든 가짜뉴스가 되는 것이다. 이와 달리 ②와 ③은 기만적 가짜뉴스보다 더 악의적으로 작성된 가짜뉴스에 해당된다. 구체적 자료를 객관적 증거처럼 사용하는 경우 단순히 타인을 기만하는 수준을 넘어 명백한 해를 끼치려는 행위로 판단될 수 있기 때문이다. 작성자를 언론사로 꾸미거나 출처나 근거까지 제시하여 보도하였기 때문이다.

가짜뉴스는 겉보기엔 뉴스의 형식을 갖추고 있지만 조작된 내용과 허위 사실로 포장되어 온라인에서 유통되는 콘텐츠라 할 수 있다.[32] 최근 정치 영역에서 가짜뉴스가 언론의 가치를 훼손하고 유권자의 올바른 판단을 저해함으로써 민주주의를 위협한다는 우려가 확산되고 있다. 가짜뉴스의 문제점은 한 번 확산되면 피해 회복이 어렵고 사실관계를 확인하더라도 그 결과를 돌이키기 불가능하다는 점이다.

한국언론진흥재단(2017)은 〈미디어 이슈〉를 통해 가짜뉴스 의심 정보를 접한 경로를 조사한 바 있다. 조사결과에 따르면 응답

32) 단순한 오보나 패러디까지 가짜뉴스의 범주에 포함시키는 것은 과도한 규제를 불러와 언론자유를 침해할 여지가 많다. 따라서 가짜뉴스의 개념을 "허위의 사실임을 인정하고 의도적으로 허위 사실을 뉴스 형식으로 퍼뜨리는 것"으로 한정하려는 박아란(2017)의 주장이 타당해 보인다.

자의 18%는 카카오톡과 같은 문자메시지를 통해 팩트체크 뉴스보다 가짜뉴스로 의심되는 정보를 더 많이 경험한 것으로 나타났다. 다음으로 페이스북과 같은 SNS가 13%, 유튜브와 같은 팟캐스트(Potcast) 사이트가 8%로 나타났다. 한편 포털 사이트 뉴스에서는 가짜뉴스를 찾기 어렵지만 블로그, 댓글 등을 통해서는 전파될 위험성이 상존해 있다.

전반적으로 뉴스는 과거가 대상이며 하나의 가설과도 같이 제시된다. 실재를 정확하게 알 수는 없지만 내용체계가 일관성이 있고 내부의 다른 것들과도 조화되는지를 분석해보아야 한다. 그리고 해당 뉴스의 진실은 자료와 증인을 통해 제시되기에 이에 대한 정보도 면밀히 관찰해야 한다. 제시된 정보가 사실적이고 완결적인 구조로 공정하고도 객관적으로 진술되는지를 검토해야 한다. 언론이 신뢰를 잃을 때 미디어 이용자들은 진실을 찾아 새로운 취재원을 탐색할 수밖에 없다. 따라서 저널리즘 본연의 기능과 역할이 회복될 때 가짜뉴스는 감소 혹은 지양될 것으로 보인다.

나아가 정보 혼돈의 시대에 미디어 이용자의 정보처리 능력을 높이기 위한 정책적, 교육적 노력도 필요하다. 특히 접하는 정보를 어떻게 판단하고 처리해야 할지에 대한 지속적인 교육이 중요하다. 이를 통해 가짜 정보에 대한 시민들의 감시와 견제 능력을 키워야 할 것이다. 다양한 노력들이 투자될 때 가짜뉴스의 입지도 좁혀질 수밖에 없다.

4. 지역 언론

지역 언론의 활성화는 지역 발전과 자치의 필요조건이다. 언론은 주민들을 대신하여 정책을 감시·비판하며 지역 정치제도 및 행정에 대해 주민들에게 교육·홍보하는 역할을 담당하기 때문이다. 또한 지역 언론은 지역 사회의 유대와 공동체의식을 조성하여 지역 구성원들을 연결시키고 다양한 지역 현안들에 대한 지역민의 관심과 참여를 끌어내는 효율적인 수단이기도 하다.

지역 언론의 중요성에도 불구하고 중앙에 종속된 언론보도 행태가 이뤄지는 것은 제도적 환경을 논하기에 앞서 언론인들의 개선의지 부족과도 맞물려 있다. 미국의 경우 지역뉴스가 메인으로 나온 후 전국뉴스가 편성 보도되는 사실들을 고려한다면 삶의 중심인 지역성 회복을 위해 언론이 스스로 앞장서는 모습을 보여야 한다.

지역 발전을 위해 지역 언론은 어떠한 모습을 보여야 하는가? 이러한 문제에 대한 명확한 해답은 없지만 대중의 관심을 끌기 위한 소위 '꼬투리 잡기' 저널리즘(gotcha jounalism)이나 일회적 사건보도 등은 최소한 자제되어야 할 것이다. 그래서 특정인의 실수나 해프닝을 집중보도하는 흥미 위주의 보도관행이나 지역 사회가 직면한 구조적 이슈들과 지역 사회의 비전을 회피하는 무책임한 언론 활동은 지양되어야 한다. 이제 지역 언론인들은 1990년대 이후 주목받고 있는 '시민 저널리즘(civic journalism)', '공공 저널리즘(public journalism)', 혹은 '공동체 저널리즘(community journalism)'이라 불리는 새로운 취재보도 활동을 진지하게 고민하여야 한다.

시민 저널리즘은 공공의 삶을 돕기 위해 단순히 문제점이나 모순에 대해서만 생각하도록 보도하지 않고 그 해결책에 대해 숙고할 수 있는 뉴스 제작을 주문하고 있다. 이러한 시민 저널리즘 활동은 시민들이 공공정책의 제안과 결정에 적극적으로 참여하도록 유도함으로써 민주주의 발전과 성숙에도 기여할 수 있다. 시민 저널리즘을 추구하는 언론인들이라면 시민들은 공공 사안과 관련하여 방관자가 아닌 참여자라고 인식하여야 할 것이다. 그리하여 공공 사안에 대한 공적 토론을 자극하고 시민들의 생각과 주장을 담아내는 취재보도 관행을 추구해야 한다.

시민 저널리즘 보도를 간략히 요약하면 ① 시민들이 중요하게 생각하는 핵심가치를 파악하고, ② 생산적이고 숙의적인 시민토론을 조장하며, ③ 주요 이슈에 대한 심층보도를 제공하고, ④ 적극적, 능동적인 시민들이 문제해결에 어떻게 성공하고 있는가를 보여주는 기사들을 적극적으로 제공하는 것이다. 특히 민주주의 기본 이념을 고려할 때 다양한 시민들의 목소리가 언론을 통해 전달되고 논의되는 것은 무엇보다 중요하다. 공공 토론을 조장하기 위해 신문은 독자 투고란을 확대할 수 있으며, 방송은 시민 참여 프로그램이나 여론 점검 프로그램들을 제작할 수 있다. 기존 저널리즘 활동과 차별화되는 시민 저널리즘의 특성들은 〈표 4-7〉과 같다.

지방정부는 지역 구성원들에게 지역 정보를 신속하게 제공하고 지역민들과 소통하기 위해 지역 매체를 효과적으로 활용해야 한다. 이는 지방자치의 의미와 지역민들의 정보욕구, 행정 참여 욕구를 고려하면 더욱 그러하다. 다양한 플랫폼으로 정보를 생산해내기 위한 지방정부의 고민이 절실한 이유이다. 특히 효율성

▌표 4-7▌ 전통적 vs. 시민 저널리즘

항목	전통적 저널리즘	시민 저널리즘
언론 철학	자유주의	사회책임주의, 공동체주의
언론의 기능	파수견 (watch-dog)	안내견 (guide-dog)
언론의 공신력	객관성, 무관여	공공성, 공동체 연대감
뉴스가치	언론인중심	시민중심
뉴스 의제설정	상의하달식 (top-down)	하의상달식 (bottom-up)
보도 초점	문제 보도 (problem-reporting)	문제 해결 (problem-solving)
보도의 역할	정보전달	공론장

측면에서 디지털 매체의 특성을 활용하여 민의를 읽어내고 정책 집행을 하려는 자세도 중요하다. 지방정부는 언론관계에 대한 능동적이고 유연한 인식과 태도를 가져야 할 것이다.

또한 다양한 지역 매체들의 수적 증가에도 불구하고 지방정부를 감시하고 견제하는 지역 언론의 역할에 대한 비난도 적지 않다. 지역 언론은 지방자치의 세 주체가 되는 지방정부, 지방의회, 지역 주민을 연결하는 커뮤니케이션 매개체로서의 역할을 성실히 수행하여야 할 것이다. 특히 지역 주민들이 지방자치에 관한 정보의 대부분을 언론에서 얻는다는 현실을 고려하면 주민들의 판단력을 돕기 위한 지역 언론의 자세가 무엇보다 중요해 보인다. 지역 언론의 바람직한 역할 속에서 시민들은 지역 문제에 대해 방관자가 아닌 참여자로 나아갈 수 있다. 이러한 언론 역할을 고려하면 지역 언론 활동은 지방의원과 자치단체장 선출 못지않게 지방자치 발전의 필수적인 요소라 할 수 있다.

지방정부와 언론은 지역 발전을 위해 건전한 긴장(緊張)관계 속에서 지역민을 위한 최선의 방안이 무엇인지 머리를 맞대야 할 것이다. 지역 언론의 정보를 가지고 시민들이 토론하고 여론을 형성하며 이것이 지역 정책 의제로 설정되는 순환적 과정을 통해 지역의 민주성이 개선될 수 있을 것이다.

5

Chapter

맺음말

사람들이 무엇을 안다고 인식하거나 판단할 때 지식의 생성 과정을 그다지 심각하게 숙고하지는 않는다. 하지만 앎의 과정을 캐다 보면 미디어를 통해 매개되고(mediated), 구성된(constructed) 경우가 많음을 깨달을 수 있다. 사람들의 인식과 판단에 대한 미디어의 영향력은 커뮤니케이션 관련 이론들을 통해서도 강력하게 지지되고 있다.[1] 이들 이론들은 사람들이 무엇을, 어떻게 생각해야 할지를 미디어가 강제할 수 있다는 점을 지지해 왔다.

미디어를 통해 구성된 메시지의 대표적 형태는 뉴스이다. 특히 뉴스에 대한 객관적 신화는 사람들의 현실 인식과 판단에 깊숙이 개입한다. 뉴스는 일반인들이 경험하지 못한 사건들에 대한 정보뿐만 아니라 다양한 해석 틀도 제공한다. 물론 현실 이해 과정에는 인구사회학적 변인과 같은 다양한 요인들이 관여할 수 있다. 그럼에도 불구하고 대다수의 해석은 그렇게 개별적으로 이뤄지지 않는다. 뉴스가 익숙한 요소를 주목하고 상이한 것을 간과하도록 만드는 틀을 제공하여 사람들이 유사한 세계관을 공유하기 때문이다. 이러한 지식의 보편성은 우리 삶에 파고드는 미디어 편재성(omnipresent)으로 인해 더욱 강화되고 있다. 결국 미디어 의존성이 심화될수록 다원주의(pluralism)보다 보편주의(universalism)적 가치가 확산될 여지가 많다.[2] 미디어 현상에 대한 의존성이

1) 미디어가 중요하게 다루는 의제(agenda: a set of issues)를 사람들이 중요한 것으로 인식한다는 주장은 의제설정기능이론(agenda-setting function theory)을 통해서도 지지되고 있다. 나아가 미디어 틀짓기(media framing)이론은 미디어가 어떤 측면을 선택, 강조하여 제시하지만 다른 부분은 소홀히 다뤄지는 보도 성향을 설명하고 있다. 이러한 차별화는 개인의 뉴스 해석 프레임에도 영향을 미친다.

2) 스키마를 통해 수집된 보편적인 정보는 분류, 해석, 평가를 효율적으로 수행하는 데 도움이 되는 긍정적 측면도 있다.

강화되면서 미디어 정보에 대한 비평적 사고가 무뎌지는 이유이기도 하다.

디지털로 인해 정보가 생산, 유통, 소비되는 흐름은 더욱 가속화되고 있다. 이로 인해 미디어의 의미체계는 과거에 비해 더 이상 일관되지도 안정적이지도 않다. 언론보도를 접한 사람들은 자신의 감성과 이성을 통해 세상을 이해하고 경험하고자 한다. 또한 디지털 기술로 인해 스토리텔링도 더욱 다양해지고 있다.

네트워크로 연결된 미디어 공간에서 사람들은 공동의 목표를 위해 다양한 의미들을 창출할 수 있게 되었다. 협력적 글쓰기를 통해 의견을 교환하고 상호 연대하는 등 더 쉽고 신속한 행동도 가능해졌다. 연계된 커뮤니케이션 활동은 집단지성[3]을 강화시켜 다양한 분야에서 새로운 경험과 가능성을 창출하고 있다. 이는 삶의 문제들을 바로잡고 개선시킬 수 있는 잠재력이기도 하다.

한편 미디어를 통해 매개되고 구성된 이미지들 간 경쟁은 더욱 심화될 것이다. 신문 일면을 차지하거나 주요 방송뉴스가 되고자 경쟁하며 인기 검색어 상단에 오르거나 우호적인 댓글을 받고자 한다. 이로 인해 원본 이상으로 현실을 압도하는 가상현실(hyper-reality)이 우리의 삶을 강하게 지배하는 상황에 직면해 있다. 그러나 인기영합적인 경쟁이 심화되면서 뉴스의 질이 하락하고 있다는 지적도 쏟아지고 있다.

사고나 사건 피해 현장에 대한 사진과 글에도 많은 변화가 있었다. 충격적인 장면 포착과 묘사도 더욱 경쟁적이다. 미디어 이

3) 디지털을 통한 글로벌 차원의 공유는 개별 차원을 넘어 새로운 지식창출을 도모하는 데 도움이 된다. 상호 협력과 경쟁을 통해 집단적 능력이 만들어낸 결과물을 지칭한다. 이는 집단지능이나 협업지성과도 같은 의미이다.

용자들은 보다 자극적인 메시지를 탐닉하도록 내몰리고 있다. 생생하고 자극적인 불행한 소식들이 가정으로 배달되고 고통스런 장면들이 대화의 소재가 되면서 소위 19금 뉴스가 나올 지경이 되었다.

변화된 메시지에 대한 미디어 이용자의 무뎌짐과 익숙함도 문제이다. 미디어 내용이 더 자극적인 메시지로 넘쳐나지만 이를 지적하는 날카로움은 상대적으로 약하다. 이러다 보니 관음증적 만족감을 자극하는 메시지 수위도 점차 높아져 간다.

지난 한 세기 동안 언론이 자본의 논리 속에서 낡은 것을 지속적으로 파괴, 도태시키고 새로운 것을 만들어 가려는 창조적 파괴(creative destruction)에 중독된 것은 아닌지 되새겨볼 때이다. 산업적 측면에서 생존을 위해 자신의 정체성을 탈바꿈해 왔기 때문이다. 특히 다매체 다채널 시대가 되면서 언론이 가졌던 생존 부담감은 더욱 커 보인다. 정보 폭증의 시대에 의미의 정확성과 안정성보다 시민들의 주목을 받기 위해 이미지의 화려함을 쫓는 이유가 되었다. 이러한 상황은 메시지 선택과 구성의 중요한 기준으로 작동되고 있다.

정보 주기는 가속화되고 있지만 작성된 글들의 흔적은 디지털 특성으로 인해 더욱 깊고 강하다. 정보 확산이 빠르고, 지속적인(persistent) 상황에서 미디어 글쓰기는 어떠해야 할까? 무엇보다 언론은 외형적인 경쟁에 몰두하기보다 미디어 글쓰기의 근본으로 돌아가야 한다. 제1장에서 논의된 미디어 글쓰기의 특성을 되새겨봐야 한다. 또한 왜 언론인이 되고자 하였으며, 저널리즘의 기능과 역할은 무엇인지 성찰해보는 것도 필요하다.

언론인이라면 무엇보다 남을 '배려하는 글'을 써야 한다. 무엇을 어떻게 써야 할지를 고민하고 글의 파급효과를 숙고한다면 타인을 배려하는 노력이 묻어날 것이다. 또한 글쓴이는 자신이 작성한 글이 누구에게 유익 혹은 해가 될 것인지 따져보아야 한다. 이는 객관성과 공정성을 확보하기 위한 기법으로도 활용될 수 있다.

노사 문제를 취재하는 기자가 노동조합이 엘리트주의적 현상을 보인다고 지적하는 보도를 했다고 생각해보자. 귀족노조 문제를 지속적으로 다룬다면 노사관계에서 사측은 유리한 여론을 확보하고 노조 활동은 위축될 수밖에 없다. 자신이나 조직의 이익을 위한 편협한 글쓰기는 정보 시장을 혼탁하게 만들고 관련된 주체들에 예기치 않은 영향을 미칠 수 있다. 책임 있는 언론 활동을 위해 기존 언론들이 추구했던 윤리적 덕목들을 주목해야 할 이유이기도 하다.

미디어 글쓰기의 중요성은 영상 메시지와 비교, 해석되는 부분이 많다. 영상시대가 가속화되면서 미디어 글쓰기의 기능과 역할이 퇴조하리라는 예측도 있었지만 다매체 시대가 확산되면서 글쓰기 기회는 확대되는 추세이다. 블로그, 미니홈피, 인터넷 토론 공간 등에서 다양한 방식으로 글쓰기가 이뤄지고 있다. 기회가 늘어나는 것만큼 글쓰기 활동 방식도 다양해졌다. 멀티미디어 정보들이 결합되면서 형식적 단조로움을 탈피하여 보는 즐거움도 더해졌다. 또한 다양한 글쓰기 보조 및 지원 프로그램도 활성화되면서 글의 맥락이 더욱 풍성하게 만들어지고 있다.

발표하고 전달하는 자유는 인간 존엄과 가치를 유지하고 행복을 추구하며 국민주권을 실현하는 데 필수적이다. 이는 대한민국 「헌법」 제21조 제1항은 "모든 국민은 언론·출판의 자유와 집회

·결사의 자유를 가진다."에 담겨있다.[4] 또한 이 조항은 발표와 전달에 앞서 사상과 의견의 자유를 전제한다. 다양한 사상과 의견을 자유롭게 교환할 수 있는 열린 공간의 확보는 인간의 기본 권리를 지켜내기 위해 무엇보다 중요하다.

한편 광고주의 이해관계나 국가적 이익과 충돌하면서 미디어 내용에 대한 내외부적 통제 수단도 더욱 정교해지고 있다. 과거 이라크 전쟁 관련 보도를 생각하면 쉽게 떠올릴 수 있는 영상 중의 하나는 전투기의 조준 좌표 안에 있던 건물이 제거되는 장면이다. 많은 부분이 권력에 의해 통제되고 관리된 정보였다.[5] 정치 권력자와 자본가들은 자신들의 이익을 추구하고자 언론을 지속적으로 통제하려 한다. 오랜 동안 축적된 통제 지식은 우리의 삶 속에서 지속적으로 재생산되고 있다.

언론에 의해 사건 자체가 연출되기도 하지만 보도를 위해 사건이 기획되기도 한다. 축제의 장면을 사진이나 영상으로 담을 때 디 즐깁고 자극적인 장면을 연출하려는 언론인도 있지만, 언론보도 가능성을 높이고자 극적인 장면을 연출하는 취재원도 있다. 동물애호가의 시위에서 연출되는 누드 시위가 대표적인 사례에 속한다. 언론인은 이러한 과정에서 배제되고 선택된 것은 무엇인지 반문할 수 있어야 한다.

언론에 대한 직간접적인 부당한 간섭과 통제에 맞설 수 있는

4) 언론의 자유는 민주국가의 존립과 발전을 위한 토대가 되기에 다른 기본권에 비해 우월적인 지위를 점하는 것이 현대 헌법의 특징이라 할 수 있다. 이로 인해 언론기관의 면책 사유는 상대적으로 넓게 인정되고 있다.

5) "전쟁보도가 원인이 되어 베트남 전쟁에 대한 국민들의 지지가 감소했던 것을 경험한 집권자들은 걸프 전쟁에서 똑같은 실수를 되풀이하려 하지 않았던 것이다." 마르틴 슈스터(Martin Schuster), '찰칵, 사진의 심리학', 이모영 옮김(2010), p.157, 갤리온.

언론인의 체계화된 노력도 중요하다. 권력에 대해 편집권이 결집하지 못하고 언론인들 간 연대의식이 희박하다면 효과적인 대응이 쉽지 않다. 언론인은 깨어 있어야 한다. "주의하라. 깨어 있으라. 그때가 언제인지 알지 못함이니라."라는 말씀처럼 언론인은 자신과 주변에 대해 민감하게 대처할 수 있는 능력을 개인적·조직적으로 길러가야 한다. 정진하는 가운데 언론정신이 움직일 것이다.

미디어 글쓰기는 공중을 위한 것이지만 자신과의 끊임없는 대화의 과정이기도 하다. 글쓰기를 통해 정체성도 형성된다. 다양한 글쓰기를 통해 이 시대의 철인(哲人)으로 성장하여 의미 있는 역사의 기고자(byliner)가 되길 기대한다.

| 참고문헌 |

강명구 (1994). 한국 저널리즘 이론. 나남.

강석·남유원 (2015). “디지털 저널리즘, 독자 개발에 길이 있다”. 2015 해외 미디어 동향. 한국언론진흥재단.

공훈의 (2001). 디지털 뉴스 핸드북. LG상남언론재단.

구교태 (2011). 인터넷과 커뮤니케이션. 한경사.

구교태 (2013). 미디어글쓰기 원리와 실전. 계명대학교 출판부.

김광협 외 (2005). 커뮤니케이션과 미디어. 창경사.

김동규·김경호 (2005). “신문사 취재조직체계와 관행의 문제점과 개선방안”. 사라지는 신문독자. 커뮤니케이션북스.

김동민 (1998). “조선일보와 안보상업주의 1: 언론시평-오보, 거짓말, 그리고 조선일보”. 사회평론 길, 98(11), 80-81.

김병철 (2004). 미디어 글읽기와 글쓰기. 한국외국어대학교 출판부.

김선호·박아란 (2017). 4차 산업혁명과 뉴스 미디어 정책. 한국언론진흥재단.

김성희·노윤주 (2012). “인터넷신문 섹션별 뉴스기사 본문의 하이퍼링크에 대한 분석: 조선닷컴과 워싱턴포스트를 중심으로”. 정보관리연구, 43(4), 119-142.

김숙현 (2005). 디지털 시대의 기사취재에서 작성까지. 범우사.

김열규 (2010). 공부. 비아북.

김창룡 (1994). 보도의 진실, 진실의 오보. 나남.

김창회 (2017). 멀티미디어 시대 실전취재보도론. 뉴스통신진흥총서.

마르틴 슈스터 (2010). 찰칵, 사진의 심리학(이모영 옮김). 갤리온.

명승은 (2008). 미디어 2.0: 미디어 플랫폼의 진화. 한빛미디어.

박규홍 · 신재기 · 윤정헌 (2008). 사고와 표현. 그루.
박상건 (2011). 언론 입문을 위한 기사작성 실무. 푸른사상.
박용상 (2017). "의견표현에 의한 명예훼손의 새로운 이해". 언론중재, 144, 76-85.
박원달 (2006). 프로듀서는 기획으로 말한다. 커뮤니케이션북스.
박재선 (2006. 4). "명예훼손? 어떻게 쓰느냐가 좌우!". 신문과 방송, 44-48.
박재선 (2006. 5). "공익 위한 불법과외 보도도 개인 교습실 촬영하면 사생활 침해". 신문과 방송, 190-193.
박재선 (2006. 7). "남녀 관계는 절대적으로 보호". 신문과 방송, 164-167.
박재선 (2006. 8). "위법성 없어도 정정보도는 해야". 신문과 방송, 170-173.
손태규 (2004). 서술적 보도와 해석적 보도: 신문 정치면 비교분석. 미디어연구소.
송준호 (2012). 좋은 문장 나쁜 문장. 살림.
오세욱 · 이성규 (2016). "동영상은 뉴스의 미래인가? 내용과 형식을 위한 디지털 스토리텔링 도구". 2016 해외 미디어 동향, 5월호. 한국언론진흥재단.
오종환 · 이준환 (2016). "국내 최초 파이낸셜 뉴스의 로봇 저널리즘: 로봇 기자는 인간 기자 대체재 아닌 조력자". 신문과 방송, 3월호, 52-56.
오택섭 · 강현두 · 최정호 (2005). 미디어와 정보사회. 나남.
우병동 (2002). "뉴스 보도의 정확성 연구". 언론과 사회, 11, 34-65.
유세문 (2014). 영화 제작 기획서 쓰는 법. 커뮤니케이션북스.
이건호 (2010). 언론 글쓰기, 이렇게 한다. 한울.
이대희 (2008). "뉴스저작권의 범주와 법적 해석에 관한 연구: 재산권으로서 뉴스저작권에 관한 국내외 판례 분석 연구". 한국언론학회 뉴스 저작권의 현황과 과제 세미나 발표 논문.

이승영 (2014). “인터넷 신문 인포그래픽 뉴스의 유형분석에 관한 연구”. 한국디자인문화학회지, 20 (1), 495-507.

이외수 (2012). 글쓰기의 공중부양. 해냄.

이인화 (2014). 스토리텔링 진화론. 해냄.

이준환 · 김동환 (2015). “로봇 저널리즘 현황과 전망: 로봇 저널리즘 국내 실험 사례”. 신문과 방송, 11월호, 26-30.

이재경 (1998). 기사 작성의 기초. 나무와숲.

이재경 · 김학희 (1998). 방송뉴스 취재와 보도. 나무와숲.

이창현 (1995). 재난에 대한 한일간 방송보도 비교 연구. 한국방송개발원.

이홍천 (2017). “뉴스 콘텐츠와 플랫폼의 공존 가능성: 일본 뉴스 서비스의 사례”. 2017 해외 미디어 동향. 한국언론진흥재단.

임정섭 (2012). 글쓰기훈련소. 경향미디어.

임철순 외 (2013). 내가 지키는 글쓰기 원칙. 이화출판.

장해랑 · 이상요 (2017). 디지털시대, 프로듀서와 프로그램을 묻다. 청문각.

전동성 (2007). 유비쿼터스 시대의 신문편집. 이지출판.

정연구 (1998. 8). “한국 언론의 재난보도 준칙과 보도 시스템 구축에 관한 연구”. 재난보도와 발전 방향 모색 세미나 발표 논문.

정일권 · 김예란 (2010). “온라인 뉴스의 양식과 속성에 관한 연구: 언론사 온라인 뉴스와 블로그 뉴스의 비교분석을 중심으로”. 한국언론학보, 54(3), 146-166.

정철 (2016). 카피책(당신이 쓰는 모든 글이 카피다). 허밍버드.

정형기 (2015). 방송 프로그램 연출. 내하출판사.

지성우 (2015. 6). “취재윤리와 알 권리에 대한 법률적 재고찰”. 신문과 방송, 534호, 33-36.

차성진 (2011). 지역신문 편집을 위한 멘토링. 커뮤니케이션북스.

최민재 · 양승찬 · 이강형 (2013). 디지털 미디어 시대의 저널리즘: 쟁점과 전망. 한국언론진흥재단.

최진봉 (2015. 6). "디지털 환경에서의 취재원 보호법". 신문과 방송, 534호, 93-96.

채석용 (2011). 논증하는 글쓰기의 기술. 소울메이트.

최남일・이재훈 (2013). 저널리즘 글쓰기의 논리. 커뮤니케이션북스.

최영재・양영철 (2011). 방송뉴스. 한림대출판부.

최영준 (2009). 방송제작 연출실무. BESTCite.

최진 (2010). 대통령의 독서법. 지식의숲.

최진순 (2017). "소셜미디어 시대의 저널리즘 역할과 과제". 언론중재, 144호, 6-21.

한국언론연구원 (1991). 한국언론의 현주소.

한국편집기자협회 (2006). 신문, 세상을 편집하라. 한국편집기자협회.

황성근 (2005). 미디어글쓰기. 박이정.

Altschull, H. J. (1984). *Agents of Power*, NY : Longman.

Allcott, H. (2017). "Social media and fake news in the 2016 election". National Bureau of Economic Research.

Bliss, E., & Hoyt, J. L. (1994). *Writing News for Broadcast*. NY: Columbia University Press.

Bruns, A. (2014). "Social media and journalism during times of crisis". In J. Hunsinger, & T. M. Senft, *The Social Media Handbook*(pp.159-175). Tayler & Francis Group.

Collis, M. (2014). 6 powerful tips to effective content curation. Available in http://www.huffingtonpost.com.

Gans, H. J. (1980). *Deciding What's News: A Study of CBS Evening News*, NBC Nightly News, Newsweek, and Time. NY: Vintage.

Garrison, B. (2010). *Professional Feature Writing*(5th ed.). NY: Routledge.

Kovach, B., & Rosenstiel, T. (2007). *The Elements of Journalism: What Newspeople Should Know and the Public Should Expect*, completely updated and revised. 이재경 (2014) 옮김. 한국언론진흥재단.

Maier, S. R. (2005). "Accuracy matters: A cross-market assessment of newspaper error and credibility". *Journalism and Mass Communication Quarterly*, 82(3), 533-551.

Metz, W. (1977). *Newswriting*. NJ: Prentice-Hall.

Mitchell, A., Simmons, K., Matsa, K. E., & Silver, L. (2018). Publics globally want unbiased news coverage, but are divided on whether their news media deliver. www.pewglobal.org.

Nemeth, N., & Sanders, C. (2009). "Number of corrections increase at two national newspapers". *Newspaper Research Journal*, 30(3), 90-104.

Olen, J. (1988). *Ethics in Journalism*. NJ: Prentice-Hall.

Optimind Technology Solutions (2013. 8. 12). 26 digital marketing statistics you shouldn't miss. Available at www.myopimind.com.

Pavio, A. (1986). *Mental Representation: A Dual Coding Approach*. NY: Oxford University Press.

Pew Research Center(2018. 1. 11). Publics globally want unbiased news coverage, but are divided on whether their news media deliver. www.pewglobal.org.

Rich, C. (1994). *Writing and Reporting News*. CA: Wadsworth Publishing Company.

Richardson, B. (2007). *The Process of Writing News: From Information to Story*. Boston, MA: Pearson Education.

Sankin, A. (2014. 3. 4). The future of journalism just got a little more robotic. Available at www.dailydot.com.

Shoemaker, P. J. & T. K. Chang & N. Brendlinger (1987). "Deviance as a predictor of newsworthiness: Coverage of international events in the U.S. media". In M. McLaughlin(ed.), *Communication Yearbook*, 10, Newbury Park, CA: Saga.

Shoemaker, P. J. & S. D. Reese (1996). *Mediating the Message : Theories of Influences on Mass Media Content*, NY: Longman, 2nd ed.

Silverman, C. (2007). *Regret the Error: How Media Mistakes Pollute the Press and Imperil Free Speech*. NY: Union square Press.

Silverman, C. (2016. 11. 17). This analysis shows how viral fake election news stories outperformed real news on Facebook. www.buzzfeed.com.

Tu, D. L. (2015). *Feature and Narrative Storytelling for Multimedia Journalists*. MA: Focal Press.

Walsh, I. (2011. 9. 4). How to write content for mobile phone users. Klariti.com.

Wardle, C. (2017. 2. 16). Fake news. It's complicated. https://firstdraftnews.com.

Washington Post (2006. 5. 14). The right way to admit a mistake. Online-available: http://www.washingtonpost.com/wp-dyn/content/article/2006/05/12/AR2006051201855.html.

Williams, R. (1977). *Marxism and Literature*. NY: Oxford University Press.

| 찾아보기 |

| 저자소개 |

구교태

계명대학교와 고려대학교 신문방송학과에서 학사와 석사 학위를, 미국 아칸소 주립대학교와 오클라호마대학교에서 저널리즘 석사와 커뮤니케이션 박사 학위를 취득하였다. 현재 계명대학교 언론영상학과 교수로 〈커뮤니케이션 이론〉, 〈미디어정치의 이해〉, 〈미디어글쓰기〉 등을 강의하고 있다.

디지털 시대의 미디어 글쓰기

2018년 6월 25일 1판 1쇄 인쇄
2018년 6월 28일 1판 1쇄 발행

저 자 | 구교태
발행인 | 이수영
발행처 | 도서출판 청람
서울시 마포구 독막로 288(대흥동, 세양상가 109호)
전 화 | 02)3272-2601~2
팩 스 | 02)3272-2603
이메일 | crbooks@daum.net
홈페이지 | http://www.crbooks.co.kr
등 록 | 2000년 8월 26일 제6-0509호

ISBN 978-89-5972-640-0 93800 [정가 16,000원]